최고의 예배자가 되라

복음주의 경배와 찬양 가이드북

worshipleader. **워십리더**

최고의 예배자가 되라
복음주의 경배와 찬양 가이드북

초판 1쇄 발행 2016년 9월 10일

지 은 이 이 천

펴 낸 이 가진수
펴 낸 곳 ㈜워십리더미디어
편집디자인 윤민지

전　　화 070) 4632-0660
팩　　스 070) 4325-6181
등 록 일 2012년 5월 21일
등록번호 제 387-2012-000036호
이 메 일 wlm@worshipleader.kr

판권소유 ⓒ 도서출판 워십리더 2016
값 23,000원

ISBN 979-11-951889-9-4 03230

"도서출판 워십리더는 교회와 예배의 회복과 부흥을 위해 세워졌습니다. 예배전문 출판사로서 세계의 다양한 예배의 컨텐츠를 담아 문서선교의 사명을 감당할 것입니다. 한국 교회의 목회자, 워십리더, 예배세션뿐만 아니라 모든 크리스천들이 하나님의 임재를 경험할 수 있도록 열정을 다하고 있습니다."

「이 책의 모든 내용은 저작권 보호를 받으므로 무단전재와 복제를 할 수 없습니다.」

(Printed in Korea)

하나님 앞에 진실된 예배자가 되기 위한 준비

최고의 예배자가 되라

복음주의 경배와 찬양 가이드북

이 천 지음

worshipleader® 워십리더

추천사

———— 예배는 우리에게 가장 큰 축복이면서 동시에 언제나 온전하게 잘 드리고 싶은 거룩한 부담입니다. 그러면서도 많은 성도들이 예배에 대하여 잘 모르고, 특히 찬양에 대해서는 부르기만 하지 그 자세한 내용과 의미, 축복에 대해서는 거의 알지 못합니다. 그래서 이천 목사님의 이 귀한 책이 너무나 반갑습니다. 한국교계의 가장 대표적인 찬양사역자이면서, 또 교회에서 매주 감동과 은혜의 찬양을 인도하는 워십리더이기 때문입니다. 그러면서 또한 신학을 공부하고 목양의 사역을 하는 주님의 마음을 가진 목회자이기에, 이 책에는 그 모든 것이 다 들어있습니다. 경배와 찬양의 이론과 실제, 그리고 그 영성의 아름다운 것이 정말 귀하게 담겨있는 그런 책입니다. 이 책을 통해 얼마나 많은 성도들이 더 바르고 깊고 아름다운 예배를 드릴 수 있을지 생각하면 정말 주님께 감사를 드리지 않을 수 없습니다.

유진소 목사 부산 호산나교회 담임

A worshipper, be the best
최고의 예배자가 되라

――――― 이 책의 출판을 축하하며 기뻐하는 마음으로 추천하는 이유를 적어봅니다. 첫째, 다루고 있는 예배 질문과 주제들의 시의 적절성과 현장성 때문입니다. 현대문화속에서 신령과 진정으로 예배하기를 바라는 예배사역자와 예배자라면 항상 마음에 품고 있던 것들인데, 저자의 오랜 목회 현장과 신학에서의 영적 순례의 통찰들을 유쾌한 설명으로 공감할 수 있게 서술되어 있습니다. 둘째, 경배와 찬양 사역에서 항상 아쉬웠던 역사적 준거를 제시하며 깊고 진지하게 토의함으로 사역자들에게 역사적 무게감을 주고 있다는 점입니다. 셋째, 경배와 찬양의 주제를 복음주의적 관점에서 조명하는데 다양한 신학적 이해를 체계적으로 잘 정리해주고 있다는 점입니다. 신사도주의적 은사주의와 같은 예민한 주제를 잘 정리된 신학적 언어로 적절히 표현하고 있는 점도 이 책이 지닌 매력입니다. 따라서, 이 책은 저자의 첫 번째 저서 〈찬양이 하늘에 닿다〉와 함께 예배사역자, 예배자, 특별히 예배에서 복음주의적 경배와 찬양의 열매를 누리기를 원하는 목회자들에게 행복한 예배로 이끄는 지혜서가 될 것입니다.

김세광 교수 서울장신대학교 예배설교학, 일반대학원 원장

사역에 있어서 열심과 헌신 그 이후에 다가오는 문제가 있다면 균형의 문제이다. 균형을 갖추기 위해서는 역사와 전통에 대한 이해와 경험에 대한 성찰이 따라야 한다. 그동안 경배와 찬양에 관한 저서들이 응급적인 차원에서 부작용에 대한 반사적인 내용을 반복해왔다면 이 책은 경배와 찬양을 교단별로 연구하고 통합적인 비전까지 제시하고 있다는 점이 그 특징이다. 저자가 실제로 다양한 교단에서 느끼며 관찰한 내용들이 예배의 비전을 성취해 나가는데 있어서 큰 지침을 줄 것이라 믿어진다. 이천 목사님의 책을 추천합니다.

정종원 목사 LA 아이엠처치 담임

A worshipper, be the best
최고의 예배자가 되라

―――― 내 친구 이천 목사는 늘 고민하는 사람이다. 이력과 은사로도 충분히 안정적인 틀 안에 머무를 수 있는 사람이지만, 늘 고민하는 사람이다. 어떻게 하면 좋은 예배자가 될 것인가? 어떻게 하면 이 시대에게 하나님이 기뻐하시는 예배를 드릴 것인가? 이런 물음을 자기 자신이나 속한 공동체로만 가져가지 않고, 한국교회와 지금 있는 이민교회전체를 대상으로 끌고 들어가길 좋아한다. 찬양과 예배에 대한 역사와 흐름을 체계적으로 잘 정리해놓은 이 책은 분명히 예배의 현장 안에서 고민하는 많은 문제와 의문들을 해갈해줄 수 있는 좋은 지침이 될 것이라고 확신한다. 내 친구 이천 목사가 자랑스럽다.

정유성 목사 프뉴마워십대표, 덴버북부한인교회담임

―――― 경배와 찬양의 뿌리부터 시작하여 교파들이 갖고 있는 다양한 신학적, 영성적 워십 색채를 총체적으로 다룬 근래 들어 예배자들이 꼭 읽어야 할 서적이라 생각이 된다. 무엇보다도 한국의 대표적인 워십 작곡자이면서 열정적인 워십리더인 이천 목사의 고심이 묻어난 훌륭한 서적에 감탄하지 않을 수 없다!

지명현 목사 나성영락교회, 소리엘

여는 글

──── 저는 예수전도단에서 찬양사역을 시작하였습니다. 그리고, 교단적으로는 장로교회, 침례교회, 순복음교회 등, 여러 교단과 지역적으로는 한국, 미국, 중국 등 다양한 나라의 예배 현장에서 경배와 찬양을 인도하였습니다. 그러면서 다양한 신앙전통 만큼 경배와 찬양의 모습도 교회마다 다양하다는 것을 발견하였고 몸소 체험하게 되었습니다. 그런데, 자신의 신앙 전통과 경배와 찬양의 영성이 잘 맞으면 아름답게 드려지고, 그렇지 않으면 오히려 많은 혼란을 야기하는 것을 보게 되었습니다. 경배와 찬양에 있어서, 교회마다 그 목적과 방향이 다르기에 그에 맞는 경배와 찬양이 필요했던 것이었습니다. 그렇기 때문에 저는 자신의 교회에 맞는 경배와 찬양의 옷을 제대로 입는 것이 정말 중요하다는 깨달음을 얻게 되었습니다. 자신의 교회의 신앙 전통과 맞는 경배와 찬양을 바르게 드리게 되면 예배가 역동적이 되고 살아나게 되는 것입니다.
이에 대한 연구와 정립이 필요하다는 생각을 주님께서 주셨고, 서울장신대학교 예배찬양사역 대학원에서 배운 내용들은 그 기초가 되었습니다. 부족하나마 졸업 후 이 중 개혁적 예배와 찬양을 중심으로 연구한 내용을 책으로 출간하기도 하였습니다.(찬양이 하늘에 닿다. 누가 출판사

2008년) 그리고, 지금까지 저는 다양한 각 교회에 맞는 찬양을 정립하기 위해 공부와 실제 예배인도를 통한 실습을 병행하며 스스로의 연구를 진행해 오고 있습니다.

──── 제가 근래 계속 지적하며 주장하던 바가 있습니다. 그것은 각 교단의 신학교들이 교회 현장의 필요를 듣고 자신의 신앙 전통에 근거하면서도 다양한 시대적 변화에 대처할 수 있는 예배와 찬양을 섬길 찬양 인도자를 배출해야 한다는 것이었습니다. 하루 속히 교단 신학교들이 교회음악 대학원이 있는 것처럼, 예배찬양사역 대학원을 세우거나, 아니면 목회학 안에 세부 전공으로 찬양 전공을 두어서 교회 예배 및 경배와 찬양을 담당하고 인도할 찬양 인도자 및 찬양 목사를 배출해야 할 것입니다. 그렇지 않으면, 예배와 찬양의 혼란은 잠잠해지지 않을 것이고 특히, 찬양을 통해 역사하시는 하나님의 은혜를 여전히 마음껏 누리지 못하는 상황이 지속될 것입니다. 또한, 담임 목회자와 찬양사역자 간의 갈등도 여전할 것입니다.

──── 요즘 보면, 기독교 안에 은사주의적 신앙이 상당히 성장하였습니다. 주류 전통적인 교파들 안에 은사주의적 신앙을 가진 성도가 상당히 많아졌습니다.[01] 더 나아가서 신사도적 은사주의 신앙을 가진 성도들도 많아졌습니다. 특히, 경배와 찬양에 있어서 은사주의의 영향과 신사도적 은사주의의 영향은 실로 큰 상태입니다. 은사주의 및 신사도적 은사주의가 옳으냐 그르냐를 떠나 복음주의 교회들이 은사주의에 대해 그리고 신사도주의 또는 신사도적 은사주의에 대해서 너무 모른다는 것이 문제입니다. 그것에 대해 연구하여 어떤 부분은 조심하고 어떤 부분은 참조하고 하는 것이 아니라, 무방비 상태로 받아드려지고 있습니다.

─────── 요즘, 특히, 복음주의 교회 젊은이들의 예배나 자녀들의 예배 모습을 살펴보면 많은 경우, 은사주의 교회들 및 신사도주의를 추구하는 독립 은사주의 교회들의 예배 및 찬양의 모습과 거의 같습니다. 그러니까, 이런 젊은이들이나 자녀들의 경우는 예를 들어, 내면에는 개혁신앙이 흐르는데 겉 예배 모습은 은사주의인 것입니다. 이런 자녀들은 혼란을 겪을 수밖에 없는 것입니다. 그런데, 누구하나, 이런 예배를 드리는 자녀들이 혼란을 가질 수 있다는 생각을 못하는 것이 안타깝습니다. 이 중적이고 혼합된 예배를 드리는 자녀들에게 어떤 것을 조심하고 어떤 것은 주의를 기울이고 어떤 것은 자유롭게 마음을 먹어도 되는지 가르쳐 주는 이가 아무도 없습니다. 사실상, 어른들도 이런 상황을 어떻게 극복해야할지 모르기 때문입니다.

─────── 이를 해결하려면, 먼저는 자신의 신앙 전통에 맞는 예배 그리고, 경배와 찬양을 바로 세우는 노력이 먼저 있어야 합니다. 그리고 나서는 다른 신앙 전통들의 경배와 찬양의 장단점을 연구하는 것이 있어야 합니다. 왜냐하면, 자신의 신앙 전통의 예배와 찬양을 보안하기위해 다른 신앙의 장점을 바로 가져와 접목하기위해서입니다. 다른 신앙 전통들의 예배 그리고, 경배와 찬양의 모습들 중에 어떤 부분을 또는 어느 부분까지를 자신들의 예배 발전을 위해 접목하거나 수용할지를 교회마다 정하는 노력이 있어야 하는 것입니다. 그리고, 더 나아가, 은사주의와 신사도주의에 대해서 연구하여 이에 대해서 어떻게 대처할지 또는, 접목할 수 있는 부분들이 있다면 어떻게 접목할 것인지를 연구해야 하는 것입니다.

─────── 제일 먼저 해야 할 것이 자신의 예배와 경배와 찬양을 세워 나가는 것임을 다시 강조하고자 합니다. 왜냐하면, 자신의 신앙 전통에 맞는 경배와 찬양을 제대로 세울 때 다른 신앙 전통의 경배와 찬양의 필요한 장점을 접목한다하여도 혼란이 없이 바르게 오히려 더 풍성하게 경배와 찬양을 드릴 수 있을 것이기 때문입니다. 모든 교회가 은사주의와 신사도주의에 대해 연구해야한다는 사실 또한 다시 강조하고자 합니다. 특히, 경배와 찬양과 관련하여 섬기는 자들이라면 더욱 연구해야 합니다. 어른 자녀 할 것 없이 모든 세대가 은사주의에 영향을 받고 있으며 특히, 젊은이 세대와 자녀 세대들은 더욱 영향을 받고 있기 때문입니다.

─────── 이런 종류의 연구는 초교파 신학교나 해외 신학교들에서 약간씩 하고 있는 형편입니다. 제가 알기로 한국에서는 아직까지 정식 석사 학위가 인정되는 예배찬양사역 대학원 과정은 서울장신대학교에 유일하게 있는 것으로 압니다. 아무쪼록, 각 교회의 온전한 예배와 찬양을 위해 각 교단마다 예배찬양사역 대학원이 세워지길 기도하며 아울러, 교단 신학에 뿌리를 두고 있는 찬양인도자의 배출이 속히 이루어지길 소망해 봅니다.

─────── 아직 많은 경우, 교회 예배 현장은 경배와 찬양을 드리는 데에 있어서 혼란을 가지고 있습니다. 교회마다 자신의 교회 예배에 맞는 경배와 찬양 스타일이 무엇인지 잘 알지 못하고 또한, 교회 성도들도 훈련과 교육이 되어 있지 않다보니 경배와 찬양을 향한 기대와 목적이 제각각입니다. 이로 인한 혼란으로 심지어 논쟁에 휩싸여 있는 교회들도 많이 있습니다.

─── 저는 복음주의 위에 서 있습니다. 그리고, 복음주의 입장에서 경배와 찬양을 고찰하고 있습니다. 물론, 복음주의 안에는 개혁 신앙과 웨슬리 신앙 및 성결 신앙과 오순절 신앙 등 다양한 지류의 신앙이 존재합니다. 사실, 그래서, 경배와 찬양의 연구가 쉽지만은 않습니다. 그리고, 앞서 언급한 것처럼, 은사주의의 영향도 상당합니다. 앞으로 더 강력하여 질 것이라 생각됩니다. 저는 지금이 복음주의 교회가 복음주의스럽게 예배를 바로 세워 나아가는 것에 대해서 심사숙고할 때라 생각합니다. 그리고, 필자는 일찍이 이 부분을 마음에 품고 수년 동안 연구해 왔습니다. 부족하나마 필자의 연구 내용이 복음주의 교회가 자신의 신앙 전통에 맞는 경배와 찬양을 바로 세우는 일에 도움이 되길 소망해 봅니다.

─── 총 9편으로 구성되어 있습니다. 9편의 대략적 내용을 이야기하면 다음과 같습니다.

─── 첫째, 먼저는 복음주의에 대해서 살펴볼 것입니다. 복음주의 교회들의 바른 경배와 찬양을 세워 나아가는 것을 이야기함에 있어서, 복음주의를 제대로 정의해야만 이야기를 전개해 나갈 수 있을 것이기 때문입니다.

─── 둘째, 다음으로, 경배와 찬양의 역사와 뿌리를 살펴볼 것입니다. 경배와 찬양이 단순히 언제 어떻게 시작되었는가를 아는 것을 넘어서 경배와 찬양의 뿌리와 등장의 역사로 인하여 경배와 찬양이 어떤 자

체적 성격을 가지고 있는지를 살펴 볼 것입니다. 경배와 찬양의 성격을 제대로 파악해야만 경배와 찬양을 다루어 가는 데에 있어서 바른 방향을 설정할 수 있기 때문입니다. 앞으로 살펴보겠지만, 경배와 찬양은 오순절적이고 은사적인 성격을 포함하고 있습니다. 그러므로, 경배와 찬양을 복음주의로 잘 다듬어가려면 경배와 찬양의 성격을 잘 살펴야 할 것입니다.

─────— 셋째, 3편에서 7편까지는 경배와 찬양을 복음주의스럽게 다듬어가는 이야기를 담고 있습니다. 먼저, 3편에서는 은사적 색채를 가지고 있는 경배와 찬양을 복음주의 관점으로 만들어가는 내용을 다룹니다. 그리고, 4편과 7편에서는 좀 더 구체적으로 전통적 복음주의, 성결적 복음주의, 오순절적 복음주의적으로 변모하기위한 내용을 다루게 됩니다. 개신교 신앙은 교단적 신학에 따라서 그 추구하는 예배가 다 다릅니다. 그런 예배들에 걸맞는 경배와 찬양이 되기 위해서는 이런 세부적인 연구와 노력이 필요한 것입니다. 이렇게 제대로 연구하여 경배와 찬양을 드리게 될 때 예배자들은 혼란 없이 주님을 예배할 수 있게 되는 것입니다. 앞으로 살펴보겠지만, 전통적 복음주의는 구원론을 잘 살펴서 경배와 찬양을 세워나가야 합니다. 칼빈적 신앙과 웨슬리적 신앙은 특히, 구원론의 차이로 예배의 차이를 보이고 있습니다. 경배와 찬양도 이 차이를 발견하여 적용함으로 각각 신앙 전통에 맞는 경배와 찬양이 되게끔 해야 하는 것입니다. 전통적 복음주의 예배에서 또 하나 중요시 여기는 것은 예배의 질서입니다. 그러므로, 은사적 자유함의 특성을 지니고 있는 경

배와 찬양을 전통적 복음주의의 예배 질서 안에 접목시키려면 전통 예배 철학에 근거한 예배학적 질서를 경배와 찬양에 불어넣어주는 노력이 필요합니다. 그 일환으로 여기서는 기존 전통 예배 안에 경배와 찬양을 예배학적으로 바르게 접목하기, 경배와 찬양 자체의 구조를 정립하기 등을 살펴보게 될 것입니다.

———— 성결적 복음주의와 오순절적 복음주의 예배는 기존의 전통적 복음주의 예배와 특히, 성령론에서 차이를 보입니다. 19세기 이후 등장한 신앙 전통들인 이들은 성령 체험과 집회적 예배 영성이라는 두 가지 뚜렷한 특징을 가지고 있습니다. 이로 인하여 말씀과 함께 찬양이 아주 중요한 예배적 요소로 등장하게 되었습니다. 전통 신앙에서는 상상하기 힘들 정도로 찬양이 극 부상한 것입니다. 경배와 찬양을 이들 신앙에 접목하는 데에 있어서는 바로 이 부분들을 잘 고려해야 하는 것입니다. 예배에 있어서 전통 신앙만큼 예배의 질서가 강조되지는 않습니다. 예배의 질서를 무시한다는 것이 아니라, 예배의 질서보다 위에 있는 것이 있다는 것입니다. 그것이 바로 성령입니다. 예배의 질서는 성령 체험을 위해서 조절될 수 있습니다. 이것이 바로 집회적 예배 영성이기도 한 것입니다. 성결 신앙과 오순절 신앙에 접목되는 경배와 찬양은 바로 이 부분을 제대로 이해할 필요가 있는 것입니다. 그러므로, 경배와 찬양을 성결적 복음주의와 오순절적 복음주의에 접목함에 있어서 성령론을 필두로 기존 전통적 복음주의와 다른 부분을 발견하여 적용하는 노력을 하게 될 것입니다.

─── 넷째, 8편에서는 신사도주의 및 신사도적 은사주의의 신앙적 내용과 찬양에 대해서 살펴보게 될 것입니다. 앞서 2편에서 은사주의에 대한 개념을 바로 잡게 될 것인데 이를 토대로 이곳에서는 신사도주의 및 신사도적 은사주의에 대해서 그리고, 신사도적 은사주의 찬양에 대해서 살펴보게 될 것입니다. 복음주의 교회들은 현재 이 신사도주의 및 신사도적 은사주의에 알게 모르게 많은 영향을 받고 있습니다. 그리고, 경배와 찬양의 경우는 특히, 더합니다. 이에 신사도적 은사주의와 신사도적 찬양에 대해서 살펴보고 이를 적용하는 부분에 대한 심도 깊은 비판적 고찰을 하게 될 것입니다.

─── 다섯째, 이제 결론을 내리게 됩니다. 결론에서는 바른 경배와 찬양에 대한 제언과 통합적 경배와 찬양에 대한 비전을 나누며 마무리하게 됩니다.

─── 아무쪼록 부족하나마 필자의 연구를 통해서 이 땅의 예배자들이 더 깊은 예배와 찬양을 드릴 수 있길 간절히 기도합니다. 그래서, 더욱 아름답게 주님을 찬양할 수 있길 소원합니다. 할렐루야!

"여호와여 주는 나의 하나님이시라 내가 주를 높이고 주의 이름을 찬송하오리니 주는 기사를 옛적에 정하신 뜻대로 성실함과 진실함으로 행하셨음이라" (이사야 25:1)

004 • 추천사

008 • 여는 글

018 • 1편
신앙 회복 운동과 복음주의
신앙 회복 운동 개관 | 복음주의

050 • 2편.
경배와 찬양의 역사
미국에서의 경배와 찬양의 역사적 개관 1, 2 | 한국에서의 경배와 찬양 역사적 개관

084 • 3편
복음주의와 경배와 찬양
경배와 찬양의 복음주의 옷 입기 | 복음주의적 메시지 보강 | 복음주의적 형식 보강 1, 2, 3

122 • 4편
전통적 복음주의 신앙과 경배와 찬양1
전통적 복음주의의 메시지 경험 | 전통적 복음주의 경배와 찬양에서의 메시지 경험

148 • 5편

전통적 복음주의 신앙과 경배와 찬양2
예배 형식을 중요시하는 전통적 복음주의 ㅣ 전통적 복음주의 예배에로 경배와 찬양 접목 ㅣ 경배와 찬양의 구조, 전통적 복음주의 경배와 찬양의 임재 경험

214 • 6편

성결적 복음주의 신앙과 경배와 찬양
성결 신앙관련 역사 ㅣ 성결 신앙의 내용 ㅣ 성결적 복음주의 경배와 찬양의 메시지 경험 ㅣ 성결적 복음주의 경배와 찬양의 임재 경험(성령 체험)

254 • 7편

오순절적 복음주의 신앙과 경배와 찬양
오순절 신앙관련 역사 ㅣ 오순절 신앙의 내용 ㅣ 오순절 복음주의 경배와 찬양의 메시지 경험과 성령 체험 ㅣ 오순절적 경배와 찬양 접목과 관련한 고찰

298 • 8편

신비신학과 신사도주의
신비신학, 신사도주의 관련 역사와 내용 ㅣ 신사도적 찬양 ㅣ 신사도적 찬양 접목과 관련한 고찰

388 • 9편

결론
바른 경배와 찬양을 향한 제언 ㅣ 신앙전통간의 통합적 경배와 찬양

404 • 미주

1편

최고의 예배자가 되라
복음주의 경배와 찬양 가이드북

신앙 회복 운동과 복음주의

| 1장 복음주의 운동이전 신앙 회복 운동 개관

신앙 회복 운동과 예배 갱신
신앙 회복 운동들 1
신앙 회복 운동들 2
신앙 회복 운동들 3

| 2장 복음주의

신앙 회복 운동들 4
복음주의의 내용
복음주의 운동과 예배 갱신 운동
이 책에서 사용될 복음주의 개념들

1장

복음주의 운동이전
신앙 회복 운동 개관

1. 신앙 회복 운동과 예배 갱신

역사적으로 보면, 교회와 신앙에 문제가 있거나 무너질 때 나름대로의 신앙 운동들이 일어나곤 했다. 사실상, 개신교의 등장도 신앙 운동으로 등장하였다고 볼 수 있다. 자연스러운 성장도 아니었고 단순한 연구를 통한 교화도 아니요, 목숨을 내건 신앙 개혁 운동을 통해서 개신교가 등장한 것이다. 그리고, 때마다 신앙 운동을 통하여 개신교는 성장하였다.

진정한 신앙을 회복하고자 했던 이들은 인간중심으로 흘러간 인본주의적 신앙으로부터의 회귀, 진정한 신앙적 체험대신 이성주의로 흘러간 신앙적 잘못에 대한 자각, 죄에 물들어버린 진실되지 못한 신앙에 대한 회개 등을 생각하였다. 그리고, 보통 이런 신앙의 회복을 부르짖던 신앙 운동가들은 다음의 것들을 추구하였다. 첫째, 성경 중심의 신앙생활, 둘째, 죄를 멀리하는 경건한 신앙생활, 셋째, 구원의 확신 재고, 넷째, 성령의 다스림을 받는 체험적인 예배로의 갱신, 다섯째, 전도 및 선교에로의 헌신, 여섯째, 교회 공동체의 강조 등이다.

신앙 회복 운동에 있어서 예배 갱신은 실로 중요한 부분이었다. 미국 장로교 공동 예배서 서문에는 하나님의 백성으로서 온전한 삶을 유지하기위해서 예배의 계속적인 갱신은 무엇보다 중요하다고 말하고 있으며 예배 갱신이 곧 교회 개혁이라고까지 말하고 있다.[02]

2. 신앙 회복 운동들 1
- 종교 개혁 운동과 예배 갱신

신앙 회복 운동들에는 역사적으로 어떤 것들이 있을까? 첫 번째로 생각해 볼 수 있는 것은 바로 종교 개혁 운동이다. 가톨릭이 세속화 되고 물질주의에 물들어 있을 때 진정한 신앙 회복을 부르짖으며 시작된 것이 종교개혁이다. 이 종교 개혁을 첫 번째 개신교의 신앙 회복 운동으로, 1500년대의 신앙 회복 운동이라 볼 수 있겠다.

1500년대에는 독일, 프랑스, 이탈리아, 스위스, 스코틀랜드, 영국 등에서 신앙 회복 운동이 일어났다.

이 첫 번째 신앙 회복 운동의 중심은 성경과 구원론, 그리고 예배라 할 수 있겠다. 성경 중심의 신앙을 회복하였고, 이신칭의의 구원론을 바로 세웠고, 회중으로 예배하게끔 하는 예배 갱신이 일어났다. 예배 갱신으로 인해 가톨릭 미사와 다른 개신교만의 예배적 특징들이 등장하였는데, 몇 가지만 언급해 보면, 첫째는, 성찬이 아닌 설교 중심의 예배였다. 그리고, 둘째는 바로 회중 찬양의 회복이라 하겠다.03 가톨릭 미사는 기독교에서 회중 찬양을 빼앗아 가벼렸었다. 이에 종교개혁자들은 믿음의 백성들이 예배가운데 찬양을 할 수 있도록 회중 찬양을 회복하고자 하였다. 그래서, 자국어로 찬양하는 자국어 찬양들을 도입하거나 회중 찬양을 새로 만들어 사용하였다. 독일에서는 루터(Martin Luther, 1483-1546)에 의해서 독일어 찬송(코랄)이 만들어졌고, 루터 교회에서 회중 찬양으로 사용되었다. 칼빈(Jean Calvin, 1509-1564)은 스트라스부르크와 제네바 등에서 프랑스어로 시편가를 만들었다. 그리고, 영어로 그 외 언어들로 시편가는 계속적으로 번역되거나 만들어졌다. 그래서, 개혁교회와 장로교회의 회중 찬양으로 사용되었다.

3. 신앙 회복 운동들 2
- 경건주의 운동과 찬송가

    1600년대 들어서서 일어난 신앙 회복 운동은 다름 아닌 경건주의 운동이다. 경건주의 운동은 종교 개혁 운동이 시들해지고, 가톨릭에서 나온 개신교가 자리를 잡았으나 너무 인간중심으로 흘러가고 이성주의에 빠져갈 때에 일어난 운동이라 할 수 있겠다. 경건주의 운동은 독일에서 시작되었다. 그리고, 존 웨슬리(John Wesley, 1703-1791)와 조지 휫필드를 중심으로 감리교 운동이 경건주의 운동과 같은 맥락으로 영국에서 이어서 일어났다. 그리고, 또한, 이 흐름은 조나단 에드워즈로 대표되는 미국의 1차 대각성으로 연결된다.

    이렇게 17-18세기는 개신교로써 두 번째 신앙 회복 운동의 시기라 할 수 있겠다. 이 시기에서의 중점적 회복 사항은 첫째, 인본주의의 발흥으로 개신교가 주님의 다스림보다 자아가 중심으로 흘러간 부분 둘째, 이성주의의 영향으로 초자연적인 것을 거부하고 영적인 신비를 놓쳐버린 부분이라 할 수 있겠다. 이를 회복하기위해 구원에 있어서도 회심의 체험을 강조하였고, 예배에 있어서도 영적 만남과 사귐이 있는 감동의 예배를 추구하였다. 주님과의 진정한 만남과 예배의 변화를 통해 신앙의 진정한 변화를 추구하였고 더 나아가 개인의 삶뿐 아니라, 사회의 변화까지 바라보았다. 그런 의미에서 이 시기를 부흥 운동의 시기라 말한다.[04]

한편, 진정한 체험과 만남이 있는 예배를 위해 시편 그대로를 가사로 담고 있는 시편가가 아닌, 대중의 언어로 믿음과 복음을 서정적인 가사로 풀어내는 찬송이 필요하였다. 영국의 아이작 왓츠(Isaac Watts 1674~1748), 웨슬리 형제(John Wesley, 1703-1791, Charles Wesley, 1707-1788)가 바로 그 중심인물이다. 이들이 만든 찬송을 시편가와 대조적인 개념으로 '찬송가(hymn)'라 하였다.05 이 시기에 와서 회중들이 소위 찬송을 드리며 은혜를 경험하는 일들이 등장하기 시작했다고 할 수 있다.

4. 신앙 회복 운동들 3
- 미국 중심의 성령 운동 및 선교 운동과 복음성가

1800년대와 1900년대 초는 미국의 기독교가 세계 기독교의 중심이 되는 시기라 하겠다. 1700년대까지만 해도 영국의 존 웨슬리의 영향 등 유럽의 영향이 컸다면 이제 미국의 기독교가 전 세계에 영향을 주는 상황으로 바뀐 것이다. 미국이 독립하게 되고 또한 남북 전쟁을 거치면서 어느 정도 정리 단계에 들어가는 시기와 맞물려 미국의 기독교는 세속화와 물질주의의 큰 영향을 받고 있었다. 그리고, 이런 시기에 강력한 성령의 역사가 일어났다. 1800년대 중반에는 찰스 피니(Charles Grandison Finney, 1792-1875)를 필두로 하는 제 2차 대각성 운동이 일어났다. 1800년대 후반에는 무디(Dwight Lyman

Moody, 1837-1899)를 필두로 하는 제 3차 대각성 운동이 일어나게 되었다. 그리고 1900년대 초반에는 찰스 파햄(Charles F Parham, 1873-1929)과 윌리엄 시무어(William J. Seymour, 1870-1922)가 중심이 되어 오순절 운동이 일어났다. 이 당시를 성령의 역사에 따른 신앙 회복 운동의 시기라고 할 수 있겠다.

강력한 성령의 부으심으로 대규모의 성도들이 주님께 돌아왔고, 초자연적 역사들이 수없이 일어났다. 그리고, 전도 및 선교적 운동이 동반되었다. 이 당시 예배는 대규모 전도 집회를 선호하는 성향이 강했고, 예배 자체를 전도 집회화 하는 경향성도 가졌다. 그래서, 예배용 찬송이면서 전도용 찬송일 수 있는 '복음성가(gospel)' 찬양이 등장하였다. 무디와 함께한 생키(Ira D. Sankey, 1840~1908)가 중심인물이 되겠다. 이 복음성가들은 구원, 복음, 예수님 중심의 찬양들로써 전도용으로도 사용되었고, 예배가운데 신앙을 고백하는 찬양으로 또한 구원받은 은혜를 감사하는 찬양으로도 사용되었다.

2장

복음주의

1. 신앙 회복 운동들 4
- 신복음주의 운동

20세기 초에는 세 가지 큰 신앙 운동이 일어났다. 첫 번째는 연합 운동으로써, 분열을 그만하고 하나 되자는 운동인 에큐메니칼 운동이다. 이는 선교지에서부터 시작하여 신학과 윤리 등에서 하나를 모색하자는 기독교적 연합 운동이었다. 그러나, 이는 이상에 불과했을까? 현재는 가톨릭과 정교회 등과의 하나됨을 이루는데 있어서 마음들이 갈리며, 오히려, 에큐메니칼 운동을 동의하느냐 그렇지 않느냐로 기독교가 둘로 갈라지는 결과만을 초래했다.

두 번째는 앞서 언급한 오순절 운동이다. 1900년도 초, 캘리포니아 LA를 중심으로 오순절 부흥 운동이 일어난다. 성령세례와 방언을 중심으로 일어나게 된다.

세 번째는 에큐메니칼 운동에 반대하고, 무분별한 오순절적 신앙도 반대하고 세상의 모더니즘 및 자유주의 등에 반대하여 더 정통적으로 간 근본주의 운동이다. 이들의 시작은 괜찮았다. 신앙 회복 운동차원으로 등장하였다. 프린스턴 대학교가 자유주의를 허용하자, 메이첸 등이 중심이 되어 웨스트민스터를 세우게 된다. 웨스트민스터에서도 다시 더 보수적인 칼 메켄타이어의 훼이스 신학교가 나오게 된다. 그런데, 이들은 반문화, 분리, 반지성, 반자연주의, 반기독교 세계관을 부르짖는다. 그래서, 세상을 품지 못하고 선교적인 색채를 잃어버리게 되었다.

이런 이유로 근본주의에 반대하여 1940년대에 등장한 것이 바로 신복음주의 운동이다. 그 중심인물로는 미국에서는 '복음주의의 불편한 양심'을 저작한 칼 헨리 (Carl F. H. Henry, 1913-2003), 미국 복음주의자 협회 창시자인 헤럴드 오켕가(Harold John Ockenga, 1905-1985), 빌리 그래함(Billy Graham, 1918-), CCC 창시자 빌 브라이트 (William R. "Bill" Bright 1921-2003), 영국에서는 영국 신복음주의의 대부인 성공회 신부 존 스토트 (John Stott, 1921-2011) 등이다.

원 복음주의 운동은 종교개혁 운동이 되겠다. 그리고, 요즘 복음주의(또는 복음주의 운동)라고 할 때는, 좁은 의미로는 바로 신복음주의(또는 신복음주의 운동)를 일컫는다. 그리고, 넓은 의미로는 요즘에 일어나는 모든 신앙 회복운동을 보통 복음주의 운동이라고도 말한다.[06]

이 신복음주의는 전인적인 변화, 삶속에서의 실천적 신앙, 성경에 모든 초점을 맞추는 신앙, 그리스도의 십자가에 초점을 맞추는 신앙을 추구 한다.[07] 즉, 신앙 회복적 성향이 다분하다할 수 있고, 앞서 언급한 신앙 회복 운동들을 총괄하는 총체적 특징을 가지고 있다고 볼 수 있다. 그리고, 앞으로 살펴보겠지만 경배와 찬양은 바로 이런 신복음주의의 신앙 회복적 노력에 편승하여 복음주의 예배 안에 등장한 것이다. 신복음주의가 등장하지 않았다면 아마도 복음주의 교회들안에 경배와 찬양도 없었을 것이다. 과연, 복음주의의 어떠함이 경배와 찬양을 야기 시켰을까?

2. 복음주의의 내용[08]

알리스터 맥그라스를 비롯하여 복음주의 신학자들은 복음주의를 설명하면서 기본적인 확신과 부차적인 내용을 구분한다. 그러면서, 기본적인 확신에 있어서는 어떤 복음주의도 동의해야 하고 부차적인 내용들은 각자의 신앙 전통에 따라 다를 수 있고 또 서로가 인정해주어야 함을 이야기한다. 또한, 기본적인 확신과 함께 복음주의라면 모두가 가지고 있는 독특한 성향이 있다. 다시 말해서, 부차적인 내용들에 있어서는 서로 다를 수 있으나 기본적인 확신과 독특한 성향은 복음주의라면 모두가 가지고 있어야 하는 것이다. 마틴 로이드 존스의 경우는 기본적인 확신을 본질적 부분이라 정의하고, 부차적 부분을 비본질적 부분이라 정의한다. 그가 말하는 내용을 정리하면 다음과 같다.

마틴 로이드 존스의 복음주의 본질적 부분과 비본질적 부분 09

A. 본질적 부분

(1) 성경만이 유일한 권위다.

(2) 인간의 전적 타락을 이야기하라.

(3) 인간의 어떠한 노력으로도 구원을 이룰 수 없다.

(4) 마귀의 존재 및 성령의 은사들을 무시하지 마라.

(5) 예수님께서 십자가 사건으로 구원의 길을 열어놓으셨고, 마귀의 일을 멸하셨다.

(6) 믿음으로 구원에 이른다. 또한, 의롭다 칭의를 얻는다.

(7) 교회는 성도의 사귐이다.

(8) 성찬은 제사가 아니다. 예수님의 단번제사로 끝이 났다.

B. 비본질적 부분

(1) 예정, 선택 (캘빈주의와 알미니안주의)

(2) 세례의 방법과 나이(방법 및 나이)

(3) 천년설들(전천년, 후천년, 무천년)

(4) 구원의 확신, 성화

(5) 영적은사 및 성령세례(보수교단과 오순절교단)

(6) 교회정치

등등

1) 복음주의의 기본적인 확신

(1) 최고의 권위로써 성경

성경을 하나님의 말씀으로 인정한다. 그리고, 최고의 권위로 인정한다. 이성이나 조직이나 전통이나 전승을 성경과 같은 권위로 두지 않는다. 오히려, 성경에 비추어 판단한다.

성경 저자들이 성경을 기록함에 있어서 하나님께서 불러준 것을 기계적으로 받아쓴 것이 아니라, 성경을 기록하는 저자들에게 성령으로 감동하게 하시고, 그들의 심령을 조명하시고, 죄의 세력의 공격에서 보호하셨음을 믿는다. 또한, 그들이 사용하는 언어로 하나님께서 계시한 진리를 표현하게 하는 동시에 그들의 개성, 성격, 재능, 경험, 지적 능력 등을 사용하여 성경을 기록하게 하셨다는 것을 믿는다.

어느 부분만이 아닌 모든 성경을 하나님께서 영감을 주시어 기록했다는 완전 축자영감설에 근거한 성경 무오성을 믿는다. 성경 원본은 지금 남아 있는 것이 없지만 '성경 원본은 무오하다'라는 사실을 믿는다.

성경 기록 당시에 역사하셨던 성령님은 지금 성경을 읽고 묵상하는 자들에게 또한 동일하게 역사하시어 깨닫고 감동하도록 하신다는 사실을 믿는다. 그래서, 객관적 진리로써 성경이 존재하지만 주관적으로 성도 개인이 성경을 읽고 깨달을 수 있으며 자신의 삶에 적용할 수 있다고 본다. 어떤 주관적인 적용도 가능하다는 것으로 인해 객관적 진리가 변화하지 않고, 기본적인 사항 외에 부차적 부분들에 대해서는 다양한 해석을 할 수 있다고 말한다. 예를 들어, 성만찬에 대한 해석에서 그러한 문제가 나타날 수 있다. 성경에 근거하여 정당하다면 어떠한 입장도 복음주의 안에서 용인될 수 있는 것이다. 어떤 것이 더 바른 것인가에 대한 논쟁은 유익한 것이지만 다양한 입장에 대해 배려하는 것이 복음주의의 성향임을 놓쳐서는 안 된다. 이런 성향에 대해서는 앞으로 자세히 살펴볼 것이다.

(2) 예수 그리스도의 위엄과 영광

복음주의는 삼위일체 하나님을 믿는다. 그리고, 예수님 중심의 신앙을 표방한다. 그는 참 하나님이시며 참 인간이시다. 그리고, 그분은 인간을 위해 십자가의 죽으심으로 구원의 길을 여셨다. 예수님을 믿을 때 우리는 구원을 얻을 수 있다.

현 복음주의 대표주자, 알리스터 맥그라스가 이야기하는 예수님과 연관된 복음주의의 내용의 주요한 부분은 다음과 같다.

첫째, 예수님은 평범한 역사적 인물이 아닌 놀라운 구세주이시며 성경의 주제되시는 분이시다. 그로인해서만 하나님 아버지를 알 수 있다.

둘째, 예수님은 성육신 하신 독생하시는 하나님이시다.

셋째, 십자가가 중요하다. 십자가의 대속의 사건이 강조되어야 한다. 이와 반대로 인간의 타락성도 강조되어야 한다.

넷째, 이신칭의이다. 인간의 공로가 아닌 예수 그리스도의 은혜 안에서 인간의 믿음으로 의롭다 여겨지는 것이다. 다만, 이신칭의의 해석에 있어서 웨슬리 신앙은 신인합동설로 구원을 이해하기에 이신

칭의 그대로 주장하는 칼빈적 신앙과 다소 차이가 있다. 그러나, 그리스도의 은혜로 구원을 받는 것이고 행위가 아닌 믿음으로 받는다는 사실에 대해서는 이견이 없다.

다섯째, 복음전도가 강조되어야 한다. 기독론과 복음전도 사이에는 유기적 관계가 있다. 구원받은 자는 반드시 이에 대한 응답으로 복음전도를 하여야 하는 것이다.

(3) 개인적 회심의 필요성

주님과의 인격적 교제와 사귐, 삶속에서의 동행을 강조하는 것이 복음주의이다. 이를 다른 말로 체험적 신앙을 추구한다고 이야기 할 수 있겠다. 그러므로, 복음주의적 영성은 구원에 있어서 교리에 대한 동의정도가 아니길 원한다. 주님을 인격적으로 만나 구원받는 경험을 소유하도록 촉구한다.

다만, 회심에 있어서 급작스런 회심의 경험이든지 조용하거나 점진적 경험이든지 그 방식에 있어서는 다양성을 가질 수 있다. 중요한 것은 '성령님의 인도하심가운데 회심의 경험이 있었고 지금 현재 회심된 상태인가?'이다. 즉, 어떤 상황가운데도 흔들리지 않는 죄인인 나를 구원해주신 주님에 대한 확신, 그리고, 주님을 향한 믿음과 신뢰가 있는가가 중요하다.

믿음은 들음에서 나기에 말씀 선포는 이 점에서 강조된다. 복음주의는 그런 면에서, 성경공부보다 설교를 중시 여긴다. 설교는 복음의 선포이기 때문이다. 그러므로, 복음주의적 예배는 설교가 가장 중요한 위치를 차지한다. 다만, 설교하는 방식에서는 다양함을 인정한다.

(4) 성령의 주권

체험적 신앙을 추구하는 복음주의는 성령님을 중요시한다. 성령님은 우리의 영적 지혜와 생명을 가져다주시고, 구원에 대한 확증을 하시며, 그리스도를 닮아가도록 역사하시는 분이시다.[10] 또한, 성경 말씀을 조명하여 주어 말씀을 깨닫게 하신다.

그런데, 알리스터 맥그라스는 오순절 신앙의 위험성을 인정하면서도 개신교 안에서의 은사주의의 등장을 그리스도인의 개인적 체험을 크게 풍요롭게 하기위해서, 전통적인 복음주의의 약점인 형식주의와 제도주의와 지식주의를 교정하도록 하나님께서 보내신 것으로 환영해야 한다고 역설한다.[11]

오순절 신앙이 지엽적인 것에서 개신교 전체로 영향을 미치게 된 것은 데니스 베넷(Dennis Bennett)에 의해 본격화된 신오순절 운동(Neo Pentecostal Movement)에 의해서였다.[12] 신오순절 운동과 은사주의에 대해서는 차후에 자세히 살펴보게 될 것이다.

어찌되었든, 알리스터 맥그라스의 이런 주장은 경배와 찬양에도 의미가 있다. 왜냐하면, 경배와 찬양도 결국, 오순절 신앙과 은사주의 신앙으로부터 전통적인 신앙의 약점인 형식주의와 제도주의와 지식주의를 보안하기위해 신앙 회복 운동 또는 체험적 신앙 운동 차원으로 복음주의에 등장한 것이기 때문이다.

한편, 복음주의는 부흥을 이야기한다. 부흥은 성령의 역사하심에 기인한다. 성령의 역사로 인해 믿지 않는 자들이 폭발적으로 예수를 주로 고백하는 역사가 일어나고, 믿는 자들 가운데 거룩함을 강렬히 사모하게 되고, 복음을 전하기 위해 목숨을 아끼지 않는 열정으로 수많은 이들이 헌신하며, 수많은 교회가 온 땅을 성결케 하기 위한 열망으로 사로잡히게 된다. 그러므로, 복음주의 예배자는 성령의 역사하심 가운에 일어나는 부흥을 사모한다.

(5) 복음전도의 우선권

복음주의는 말 그대로 복음을 전해야 복음주의가 되는 것이다. 지상 명령인 복음전파의 사명을 위해 목숨을 아끼지 않는 것이 복음주의다. 그러므로, 복음주의 예배, 설교, 찬양은 많은 경우, 복음 전파의 사명을 강조한다. 그리고, 복음 전파를 위해 교회들이 연합하고 하나 되어야 할 것을 강조한다. 안타깝게도 일부 주류 교회들에게서 복음전파 사명이 무시되었던 것은 사실이다. 그러나, 지금은 복음전파야 말로 세계 교회의 미래가 달려 있는 가장 중요한 일로 인식되고 있다.[13]

(6) 기독교 공동체의 중요성

복음주의는 기독교 공동체에 대한 중요성을 깊이 인식한다. 그러나, 어느 하나의 형태의 공동체를 주장하지 않는다. 의인과 죄인이 함께 혼합된 모임으로 본 칼빈의 교회관이나 오직 의인의 모임으로 본 청교도 신학자 윌리엄 에임스의 견해 다 성경적으로 타당하다고 본다.[14] 성공회, 장로교회, 회중교회의 형태 다 인정할 수 있는 것이다. 요즘 등장한 셀 처치에 대한 개념도 인정될 수 있다. 신약성경에도 어떤 특정한 교회형태만 나오는 것이 아니다.

교회는 영적성장과 발전을 위해 필요하고 유익하며 하나님이 주시고 세우시는 제도이다. 교회는 하나님의 뜻을 따라 존재하며 그 뜻에 따라 사용된다. 그리스도인은 고독한 낭만주의자가 되어서는 안 된다. 그리스도 공동체의 한 일원으로 부르심을 받은 사실을 기억해야 한다. 그리스도가 십자가상에서 자신을 주신 목적은 고립된 개인들을 구원하여 그들의 고독을 영구화시키려는 것이 아니라, 열심히 세상을 위해 봉사하고 서로 사랑하는 그에게 속한 새로운 공동체를 이루려는 것이다.[15]

2) 복음주의의 독특한 성향

(1) 복음주의의 독특한 성향 1 : 다양성을 인정하는 태도

알리스터 맥그라스는 복음주의는 분파적이고 배타적인 성격과는 거리가 멀다고 역설한다.[16] 복음주의는 근본주의의 분리적이고 배타적인 성격에 반발하여 나타났기 때문이겠다. 그는 주장하길 6가지의 복음주의에 지배적인 확신들을 제외한 나머지들의 부차적 내용들에 대해서는 관용적인 자세를 견지하는 것이 성경적인 태도라고 말한다. 성경에서 분명하게 말하지 않는 것들에 대해서 성경은 다양한 접근을 허용하고 있기 때문이라 말한다.

멜랑히톤은 부차적인 내용들을 '아디아포라' 즉, 덜 중요한 문제라고 표현하였다. 더 중요한 더 매진하여야할 내용들과 구분하고 있는 것이다. 마틴 로이드 존스도 이와 동일한 이야기를 하고 있다. 그는 본질적인 진리와 비본질적 진리로 내용을 구별하면서 본질적인 진리에 일치를 보았다면 비본질적인 진리에 대해서는 자유 하라고 권면한다.17 그래야, 믿음의 백성들이 하나가 되어 더 중요한 복음전파와 하나님 나라 건설을 향해 매진할 수 있다는 것이다.

그런 의미에서 비본질적인 내용들의 차이를 받아들이지 못한 체, 나만이 바른 신앙이고 나의 견해와 다른 자들은 다 틀렸다는 식의 태도는 복음주의적 태도가 아닌 것이다. 이는 근본주의적인 것이고, 분리주의적인 것이다. 근본주의자들은 다양성은 종교다원주의로 흘러갈 위험성이 있다고 경계한다. 그래서, 다양함을 거부한다. 그들은 그래서 극단적인 태도를 갖는데, 자신들과 일치하지 않으면 거절하거나 잘라낸다. 잘라낼 수 없다면 자신들이 잘라져 나간다. 사실상 이런 모습은 개인주의라 할 수 있다.

보통 나만이 맞는다고 하는 자들이 자신과 의견이 다른 이들에 대해서 비판하거나 회개를 촉구할 때 그 기준은 성경이 아니라, 자신의 의견인 경우가 많다. 자신의 의견에 동의하지 않으면 잘라내는 것이다. 사실, 기본적인 확신들에 대해서는 근본주의자들도 똑같다. 그 외 부차적인 것들에 대한 태도에 있어서 그 차이가 있는 것이다. 부차적인 것들에 대해서 근본주의자들이 배타적이고 분리적이라면 복음주의자들은 다양성을 인정하는 태도를 가지고 있는 것이다.

부차적인 것에 대한 다양성을 가지지 않는 근본주의적인 태도의 문제점을 좀 더 자세히 살펴보면, 첫째, 자신의 단점을 보지 못한다. 모든 신앙은 장단점이 있다. 완벽한 것은 없다. 그런데, 보통 자신의 확고한 신학위에 다른 신학을 비판하다보면 자신은 완벽하다는 오류에 빠지게 된다. 그래서, 자신의 단점을 발견하지 못하게 된다. 이렇게 되면 교만하게 됨으로 날마다 주님 앞에 변화하는 개혁을 하지 못하게 된다.

둘째, 다른 신앙의 장점을 본받지 못하게 된다. 자신이외에 다른 신앙은 다 잘못되었다는 생각을 가지고 있기에 다른 신앙이 경험하고 연구한 좋은 장점들을 가져오지 못하는 것이다. 자신의 신앙 전통에서는 부족한 부분인 것을 다른 신앙 전통에서는 극복하여 계발한 것들이 있을 수 있다. 그런 부분에 대해서 겸손함으로 본받을 수 있을 때 자신의 신앙을 더욱 주님 앞에서 발전 시켜 나갈 수 있는 것이다.

복음주의는 그런 의미에서 본질은 붙잡되 부차적인 것의 다양성을 인정하는 자세를 견지한다. 그래서, 자신의 단점을 발견하고자 하고 다른 신앙전통의 장점 또한 살펴보고자 한다. 더 나아가, 다른 신앙 전통의 장점으로 자신의 단점을 보안하는 노력을 하고자 한다.

앞으로 자세히 살펴보겠지만, 경배와 찬양은 오순절 신앙에서 시작되었다. 성령의 도우심 가운데 강력하게 주님을 체험하는 그들의 장점에서 나온 것이다. 만약, 다양성을 인정하는 복음주의의 태도가 없었다면 복음주의 안에 있는 오순절 교회이외의 여타 개신교들에게 오순절 신앙과 은사적 신앙에서 온 경배와 찬양이 접목되지 못했을 것이다. 몇몇 깨어 있던 복음주의자들이 복음주의 예배 안에 체험적 요소를 강화하기 위해 오순절적 찬양을 발견하였고 이를 복음주의 예배 안으로 가져 옴으로 경배와 찬양이 탄생하게 된 것이다. 이처럼 다양성을 인정하는 겸손함이 서로서로에게서 배울 수 있고 자신을 돌아보아 발전할 수 있는 길을 연다하겠다.

지금도 근본주의적 신앙을 가지고 있는 자들은 경배와 찬양을 거부한다. 오직 전통적인 찬송가만을 교회의 예배음악으로 간주한다. 주님과의 만남을 위한 경배와 찬양의 예배적 행위인 박수를 치거나 손을 들거나 일어서는 것은 경박스러운 것으로 천시 여긴다.

한편, 요즘 복음주의는 절대 분리되면 안 된다는 생각의 발로로 대화와 타협을 지나치게 강조한 나머지, 자유주의 신학이나 동성애 등에 열려 있는 여태 개신교와도 대화와 타협을 가지게 되면서, 보다 폭넓은 복음주의와 보수적인 복음주의로 나누어진 모양새이다. 그러므로, 다양성을 인정하는 복음주의의 성향은 방종이 되면 안 되고 교회 및 교단 차원의 분명한 영적인 지도가 있어야 할 것이다. 심각한 고민과 연구와 대화가 필요하리라 본다.

(2) 복음주의의 독특한 성향 2 : 변화에 과감한 신앙

복음주의는 개혁적이다. 늘 변화를 추구한다. 기본 진리가 기준을 잡고 있다면 형식은 문화와 상황에 맞추어 변화를 추구한다. 그래야, 그 시대 사람들로 주님께 더 접근하도록 할 수 있는 것이다.

부차적인 내용들에 있어서 어떤 부분이 정체되어 있거나 잘못되었을 때 과감히 변혁을 시도할 수 있는 것이다. 잘못을 알면서도 혼란이 올 것이라는 이유로 덮어 두는 것은 복음주의가 아니다. 그러므로, 만약, 부차적인 내용들 중에 전통적으로 붙잡고 있던 것들이라도 잘못되었다면 포기할 수 있어야한다. 복음주의의 사람들은 잘못됐다는 신념이 서면 과감히 개혁하는 자들이라 할 수 있겠다. 개혁, 갱신, 변화, 변혁이란 단어와 친한 것이 복음주의이다.

이런 과감한 변화의 자세가 있었기에 전통적인 예배관 및 전통적인 찬송가에 머무르지 않고 자신의 시대의 회중을 아우를 수 있는 예배관과 찬양을 등장시킬 수 있었던 것이다. 물론, 지금도 회중들이 주님을 온전히 예배하도록 하는 것이라면 과감히 변화를 시도할 수 있는 것이 복음주의 예배이겠다.

한편, 근본주의자들은 역사적으로 내려온 모든 전통을 지키기 원한다. 부차적인 내용들도 전통으로 가지고 있기에 반듯이 지켜져야 하는 것이다. 전통을 위협하는 그 어떤 행위도 원치 않는다.

(3) 복음주의의 독특한 성향 3 : 체험적 신앙 추구

이성중심의 자유주의가 판 칠 때 그래서, 기독교 안에 신비적인 요소, 체험적인 요소가 제거되어 갈 때 신앙의 체험을 부르짖으며 신앙회복운동으로 일어났던 운동이 경건주의 운동이다. 그리고 이 경건주의는 복음주의의 하나의 뿌리이다. 즉, 복음주의 역시 이성 중심으로 흐르는 기독교의 개혁을 위해 체험적인 신앙의 중요성을 강조하며 등장한 것이다.

예수를 믿는다 하면서 구원에 확신이 없는 인생, 예수님을 내 삶의 주인으로 모신다하면서 삶속에서 전혀 주님과 동행하지 못하는 인생은 과연 그리스도인이라 할 수 있는가? 신앙은 살아계신 주님을 체험하는 즉, 내가 얼마나 죄인인지가 깨달아지고, 내 삶에 주님이 오셔야 함을 갈망하고, 주님이 나의 전 삶에 주인이 되시고, 말씀을 통해 주님과 인격적인 교제를 갖고, 삶에서 역사하시는 주님의 은혜를 체험하고, 주님과 동행함으로 확신 속에 사는 것이어야 한다. 그런 의미에서 복음주의는 체험적 신앙을 추구한다.

그리고, 복음주의 안에 이런 체험적 신앙을 위해서 경배와 찬양이 등장하게 된 것이라 볼 수 있다. 왜냐하면, 기존의 찬송가 중심의 예배 찬양으로는 예배가운데 체험적 요소가 강한 예배를 드리는데 한계를 가질 수밖에 없기 때문이다. 이에 체험적 성격이 강한 경배와 찬양을 접목함으로 예배의 체험성을 보다 강화한 것이겠다. 기존 예전적 예배에서는 체험적 부분 및 신비적 부분은 성찬의 역할이었다. 그러나, 개신교 예배에서는 성찬이 많이 생략될뿐더러 개신교 예배에서의 성찬의 성격이 신비성을 많이 잃었다. 그렇기 때문에 복음주의 교회들은 성찬이외의 체험적 성격을 강화할 수 있는 다른 예배적 요소를 찾아야 했다. 그리고, 대안으로 등장한 것이 바로 경배와 찬양인 것이다. 그러므로, 경배와 찬양은 체험적 신앙과 예배를 위해 복음주의 예배에 새롭게 등장한 회중 찬양이라 할 수 있는 것이다.

반면, 근본주의는 체험적인 신앙은 위험한 것이라 본다. 체험적인 것과 감정적인 것을 동일시하여 이성적이지 못하고 감정에 치우치는 신앙은 옳지 않다고 그들은 파악하며 감정적인 신앙의 모습, 체험을 추구하는 신앙의 모습을 비난한다. 그리고, 성령의 은사와 초자연적 역사를 거부한다.

(4) 복음주의의 독특한 성향 4 : 전도와 선교, 사회참여

근본주의는 세상과 단절하고 이원론적 신앙을 추구함으로 세상으로부터 지탄과 멸시를 받았다. 그러나, 복음주의는 세상을 복음으로 품고자 한다. 복음을 전파하는 차원으로 세상과 대화하는 것과 기독교적인 선한 진리로 세상을 변혁하는 차원으로 대화하는 것, 두 가지 차원 모두에 있어서 복음주의는 열심을 내고자 한다. 그래서, 복음이 그리고 성경이 그리고 예수님이 세상의 진정한 해답임을 나타내고자 한다.

그런 의미에서 경배와 찬양은 예배자들로 전도와 선교 그리고 사회 개혁에 더욱 참여하도록 독려하는 그리고 결단하도록 하는 내용을 많이 포함해야 한다. 물론, 지금도 이런 내용의 경배와 찬양이 많이 있다. 그러나, 늘 새롭게 더 많이 등장해야할 것이다. 주님이 다시 오시는 그날까지 말이다.

3. 복음주의 운동과 예배 갱신 운동

복음주의는 체험적 신앙의 회복을 위해 예배 갱신을 중요하게 여겼다.[18] 그래서, 복음주의는 두가지 예배 갱신 운동과 밀접한 관계를 가진다. 하나는 예전 회복 운동이고 또 하나는 은사적 예배 갱신 운동이다. 전통적이고 보수적인 진영을 중심으로는 예전 회복 운동이 활발히 일어났고, 보다 개혁적이고 열려 있는 복음주의 교회들에게서는 신오순절 운동의 영향에 의한 은사적인 예배 갱신 운동 즉, 경배와 찬양 운동이 일어났다.

서울 신학대학교 교수인 조기연은 벨기에의 베네딕트 수도사였던 보댕이 1914년 '예배, 교회의 생활'을 출판하면서 예전 갱신 운동이 촉발이 되었다고 본다.[19] 그러나, 1800년대 후반에 들어서면서 사실상 모든 교단과 교파들이 자신의 예배에 문제점이 있음을 직시하고 예배 갱신에 대한 필요를 느꼈다. 과연 어떤 문제가 그 당시 개신교 예배가운데 있었던 것인가?

크게 두 가지로 이야기할 수 있는데, 하나는 개신교 예배가 전통과 이성이 지배하다보니 예배의 신비, 예배의 감동이 사라졌다는 것이다. 예배의 생동감이 사라진 것이다. 계몽주의, 이성주의 그리고 전통주의에 사로잡힌 예전적 예배들에서 이런 문제가 대두된 것이다.

또 하나는 반대로 부흥운동과 연관하여 감정과 현상에 치우진 예배들이 등장했다는 것이다. 이로 인해, 예전의 부재, 예배학의 부재가 나타났다. 찰스 피니로부터 활성화된 집회 형식의 예배, 프론티어 워십에서 이런 문제가 대두 되었다.[20]

1900년도 중반을 넘어서면서 복음주의 운동 속에서 전통적이고 예전적인 교회들을 중심으로 성경 및 초대교회 예배에 근거하여 예전(Liturgy)을 바로 세우고자하는 전 기독교적인 이전의 움직임들과 연구들에 도전을 받아 이를 도입하여 자신들의 예배를 전통적으로 바로 세우는 데에 심혈을 기울이기 시작했다. 교파와 상관없이 일어났고, 오히려, 이런 움직임에 편승하여 자유로웠던 교회들 중에 예전을 회복하고 예배 규범과 예식서등을 새롭게 하는 움직임까지 일었다. 이런 움직임을 바로 예전 회복 운동이라 한다.

예전 회복에 있어서 바른 예배 형식을 세워 나가는 것은 첫째, 성경 및 초대 교회 예배를 연구하여 이에 근거한 예배 순서들을 바로 세우는 것, 둘째, 주님이 명령하신 성만찬을 회복하는 것 셋째, 교회력에 근거한 예배 구성을 세우는 것 등이 주된 내용이라 하겠다.

세계 교회적인 예전 회복에 대한 가장 큰 연구적 성과는 에큐메니칼 운동라인에서 나타났다. 세계 교회가 함께 예배하는 것을 추구하는 에큐메니칼 운동은 예배의 핵심이 무엇이고 예배 순서를 어떻게 세워야 모든 믿음의 백성들이 함께 예배를 드릴 수 있을까를 연구하다보니, 자연스레 예배 갱신의 결과물들을 내놓게 되었다.

교회 일치를 추구하는 '세계 교회 협의회(WCC)' 산하 '신앙과 직제 위원회(Faith and Order Commission)'에서는 1982년 페루의 수도 리마(Lima)에서 예배를 통한 교회 일치를 목표로 연구해온 세례, 성만찬, 사역과 관련한 최종 정리를 BEM(Baptism, Eucharist, and, Ministry) 문서를 통해서 발표하게 된다. 그리고, 이어 35개 순서로 되어 있는 '리마 예식서'를 발표한다. 이 문서와 예식서는 WCC에 속해 있는 많은 복음주의 전통 개신교회 각 교단의 예배신학에 많은 영향을 주었다.[21]

이렇게 세계 교회 협의회 차원에서 예전 회복을 연구 발표하다보니, 전통적인 복음주의 교회들인 장로교회나 감리교회뿐 아니라, 예배 형식에 있어서 보다 자유로웠던 성결교회 및 오순절교회에서도 영향을 받아 예전을 중요시 여기는 움직임이 일어나기 시작하였고, 성결교회나 오순절교회들에서도 예전을 추구하는 교회들이 등장하기 시작하였다. 현재 한국 교회 예배 실태를 조사해 보면, 가장 예전 갱신 운동을 반영한 교회는 비율로 보았을 경우, 성결교회가 가장 많다. 성결교회의 경우, 많은 교회의 주보에 역사적 예배 구조인 4중 구조를 표시해 주고 있다.[22] 물론, 성경과 초대교회의 예배를 추적하여 이를 연구하고 이에 근거한 예배 형태를 세워나가는 것에 가장 열심인 신앙은 전통적 신앙들이다. 특히, 개혁교회와 장로교교회가 그러하다.

한편, 보다 열려 있는 복음주의 진영의 교회들은 오순절적 신앙의 방언과 성령세례 등을 받아들이는 신오순절 운동의 분위기 속에 적잖이 영향을 미치고 있던 갈보리 채플의 마라나타 찬양을 비롯한 오순절 교회의 찬양에 관심을 가지게 되었고, 체험적 예배를 위하여 이들의 찬양을 자신들의 교회 예배에 접목하여 드리기 시작하였다. 이런 현상을 은사적인 예배 갱신이라고 부른다. 그리고, 이렇게 은사적인 예배 갱신 차원에서 복음주의 교회 예배 안에 등장한 찬양이 바로 경배와 찬양이 되겠다.

전 세계를 대상으로 하면 이런 종류의 경배와 찬양이 미국보다 다른 나라에서 더 일찍 일어났음을 발견한다.[23] 그러나, 미국으로 국한하여 생각해 보면, 경배와 찬양의 시작은 바로 오순절 교단 계열의 포스퀘어 교단소속 갈보리 채플이 되겠다.

이에 필자는 경배와 찬양을 복음주의 교회가 신오순절 운동의 영향 속에 은사적인 예배 갱신 차원으로 오순절 신앙으로부터 가져와 복음적인 옷을 입혀 접목시켜 탄생한 이 시대의 회중 찬양이라 정의 하고자 한다.

4. 이 책에서 사용될 복음주의 개념들

필자는 앞으로 설명해 나가면서 이곳에서 정의한 다양한 복음주의의 명칭을 거론하게 될 것이다. 칼빈적 신앙을 추구하면서 복음주의적 특징을 가지고 있는 복음주의, 예배에 있어서도 복음주의 예배 특징인 체험적 예배를 추구하는 복음주의는 칼빈적 복음주의라 말할 수 있다.

웨슬리적 신앙을 추구하면서 복음주의적 특징을 가지고 있는, 특히, 체험적 예배를 추구하는 복음주의는 웨슬리적 복음주의라 말할 수 있다. 감리교 신앙들 중 자유주의적인 신앙들이 많다는 것을 생각할 때 그냥 웨슬리적 신앙과 웨슬리적 복음주의를 구분하는 것이 얼마나 중요한지 이해할 수 있을 것이다. 한편, 종교 개혁 시대에 등장한 개신교들은 전통적 개신교가 되겠다. 그리고, 이런 전통적 개신교중에 복음주의적 신앙을 추구하는 것은 전통적 복음주의라 할 수 있다. 칼빈적 복음주의와 웨슬리적 복음주의는 바로 이 전통적 복음주의에 속하겠다. 필자는 글을 써나가면서 전통적 복음주의라는 말을 많이 하게 될 것이다. 이는 칼빈적 복음주의와 웨슬리적 복음주의를 함께 언급하고자 할 때 그렇게 하게 될 것이다. 전통적 복음주의에는 칼빈적 복음주의와 웨슬리적 복음주의 이외에도 예를 들어, 루터 신앙의 복음주의도 있을 수 있고 성공회적 복음주의도 있을 수 있으며 침례교적 복음주의 및 회중교회적 복음주의도 있을 수 있다. 그러나, 이 책에서는 칼빈적 복음주의와 웨슬리적 복음주의를 중심으로 이야기를 펼쳐 나가게 될 것이다. 필자가 전통적 복음주의라고 말할 때 실상은 여러 전통적 복음주의 중 칼빈적 복음주의와 웨슬리적 복음주의를 이야기 하고 있는 것임을 기억해 주기 바란다.

성결신앙을 추구하며 복음주의적인 특징을 가지고 있는 경우는 성결적 복음주의가 되겠다. 오순절 신앙을 추구하며 복음주의적 특징을 가지고 있는 경우는 오순절적 복음주의가 되겠다. 다만, 오순절적 복음주의는 오순절적 교단에만 국한되지 않는다는 것을 이해해야 한다. 앞으로 자세히 살펴볼 신오순절 운동의 영향으로, 주류 교파에 머물면서 오순절주의적 신앙을 추구하는 교회들이 많이 생겼다. 이들을 바로 은사주의라 불린다. 기독교 영성사전을 보면, 은사주의를 정의하길 1900년대 있었던 고전적 오순절 운동과 구분되는 개신교 내에 등장한 오순절적인 신앙들이라고 정의한다.[24] 그러므로, 오순절주의는 오순절파 내의 오순절주의 즉, 전통 오순절주의와 오순절파 이외의 오순절주의 즉, 은사주의로 구분되겠다.[25] 그리고, 오순절파 이외의 오순절적 복음주의는 은사적 복음주의라 말할 수 있다.

한편, 은사적 복음주의는 더 세분화하여 구분할 수 있다. 은사적 복음주의 중에서 칼빈적 신앙을 가지고 있는 경우는 칼빈적 은사적 복음주의, 웨슬리적 신앙을 가지고 있는 경우는 웨슬리적 은사적 복음주의, 성결 신앙을 가지고 있는 경우는 성결적 은사적 복음주의 등으로 말할 수 있다. 굳이 이렇게까지 구분해 놓을 필요가 있겠는가라고 생각할 수 있겠지만 제대로 된 적용을 위해서는 꼭 이렇게 구별하여 적용하지 않더라도 이렇게까지 구분할 수 있음을 인지할 필요는 있는 것이다.

필자는 한 가지를 더 구분하여 명명하고자 한다. 피터 와그너의 지적처럼, 은사주의는 존 윔버(John wimber, 1934-1997)로 부터 갈라지기 시작하였다. 존 윔버로부터 '제 3의 물결'이라 하여 기존의 은사주의 신앙과 또 다른 특징의 은사주의 신앙으로 서서히 구분되었다. 또 다른 특징의 은사주의는 기존의 방언과 축복 중심의 전통 오순절 신앙과 달리, 예언과 신사도적 종말론 중심의 신앙을 추구한다. 이들을 현재 신사도주의라 부른다. 존 윔버로부터 시작된 제 3의 물결은 현재 피터 와그너의 주도로 신사도주의로 집대성되어 오고 있는 것이다. 그리고, 신사도주의 교회들은 자신들을 독립 은사주의 교회라고 부른다.[26]

결국, 개신교내의 오순절주의인 은사주의는 기존의 은사주의와 독립하여 존재하는 신사도주의에 영향을 받은 신사도적 은사주의로 구분된다. 한 예로, 필자는 은사주의 개신교 교회들 중 신사도주의를 받아들일 수 없어서 즉, 신사도적 은사주의까지는 아니고 기존의 은사주의 신앙을 고수하고자하여 교회가 갈라지는 것을 보았다. 기존의 은사주의와 신사도적 은사주의는 이렇듯 구분되고 있는 것이다.

조금 복잡하지만 제대로 다시 정리해 보자. 오순절과 이외의 개신교 내에 등장하는 오순절적 신앙은 은사주의이다. 그리고, 제 3의 물결로 시작하여 피터 와그너의 주도로 개신교를 나와 독립적인 교회들을 형성하고 있는 이들은 신사도주의이다. 그리고, 이런 신사도주의에 영향을 받아 개신교내에서 신사도적 신앙을 추구하는 은사주의는 신사도적 은사주의가 된다. 즉, 신사도적 은사주의는 일반적 개신교 교단 내에 형성된 신사도주의인 것이다. 이를 토대로, 은사적 복음주의는 전통 오순절 신앙에 영향을 받은 은사적 복음주의와 신사도주의에 영향을 받은 신사도적 복음주의로 구별할 수 있는 것이다.

한편, 신사도주의에 대해서 과연 바른 신앙인가라는 논의가 일고 있다. 문제는 은사중지론자들 입장에서 비판적으로만 신사도주의를 평가한 내용만 있을 뿐, 오순절 신학이나 성결신학을 중심으로 하는 성령신학입장에서 은사주의를 제대로 연구한 내용들은 별로 없다는 것이다. 다행히 서서히 성령신학입장에서 연구가 서서히 되어 가고 있는 것 같다.27 물론, 필자에게 의견을 묻는다면, 신사도주의가 복음주의이기 쉽지 않을 것이라 이야기 하겠다. 시간이 지나가면 복음주의를 벗어날 확률이 매우 높을 것이라 생각되어지기 때문이다. 그러나, 신사도주의가 오순절 운동 전체를 대변하는 것이 아니고, 성령운동의 하나의 지류인 것이다. 또한, 완전히 복음주의일 가능성이 없다고 말할 수는 없다. 그런 판단과 예견을 필자가 완벽하게 할 수 있는 것이 아니므로, 일단은 신사도주의적 신앙을 가지고 있으면서도 복음주의에 머물 수 있다는 가정을 하고자 한다.

A worshipper, be the best
최고의 예배자가 되라

2편

최고의 예배자가 되라

복음주의 경배와 찬양 가이드북

경배와 찬양의
역사

| 3장. 미국에서의 경배와 찬양 역사적 개관1

갈보리 채플(척 스미스 목사)
신오순절 운동(은사주의 운동)

| 4장. 미국에서의 경배와 찬양 역사적 개관2

빈야드 교회(존 윔버 목사)
신사도주의로의 변모

| 5장. 한국에서의 경배와 찬양 역사적 개관

찬양 모임의 등장
정규 예배로의 접목

3장

미국에서의 경배와 찬양 역사적 개관1

1. 갈보리 채플(척 스미스 목사)

1) 예수 운동(Jesus Movement)[28]

1955년 베트남 전쟁이 일어났다. 그러나 이 전쟁이 길어지면서 (1975년에 종전됨) 1960년대에 미국 내에서는 반전 운동이 일어났다. 이 반전 운동은 젊은이들이 주도 하였고 음악과 예술 등을 통한 반문화 운동을 겸하여 일어났다. 사실 그 당시는 인종차별과 빈부의 격차, 문화의 획일 등 젊은이들의 표적이 될 만한 시대 상황들이 많았다. 그런데, 반전 운동은 바로 이런 젊은이들을 결국 폭발하게 하는 단초가 된 것이다.

베이비부머 시대의 젊은이들은 기성세대를 비판하며 반전 운동을 비롯하여 새로운 운동과 문화를 창출해 냈다. 이들의 운동을 히피 운동이라 하고 이들이 만든 문화를 히피 문화라 하였다. 이들은 평화, 사랑, 화합, 자유를 강조하였다. 그리고, 엘비스 프레슬리, 비틀스로 대표되는 록 음악은 그들만의 언어였다. 이 운동은 캘리포니아 샌프란시스코에서부터 시작되어 전 세계로 퍼져나갔다.

이 히피 문화는 이렇게 그 정신은 나름대로 정당하다할 수 있지만, 그들의 삶은 섹스, 마약, 동양 신비주의에 빠져 들었다. 그리고, 밖으로 나가 노숙 및 혼숙도 쉽게 하였다. 결국, 이로 인하여 삶이 서서히 망가져 갔다. 그들에겐 대안이 필요했다. 그런데, 놀랍게도 그들에게 예수님께서 탁월한 대안으로 등장하셨다.

척 스미스 목사(Chuck smith,1927-2013)는 1970년 초 오순절 교단중 하나인 포스퀘어 교회에서 목사안수를 받고 갈보리 채플(Calvary Chapel) 담임 목사가 된다. 그는 사회의 문제였던 그리고, 기존 교회에서도 받아주지 않았던 히피족들과 마약중독자들에게로 목회의 초점을 맞췄다. 그는 히피들을 전도하여 예수 믿게 한 후, 계속적으로 그들과 함께 히피들을 비롯한 젊은이들을 전도해 나갔다. 이 예수 믿는 히피족들이 일으켰던 전도 운동이 바로 '예수 운동'이다. 그가 바로 이들의 지도자였던 것이다. 대안을 찾던 그 시대 젊은이들은 자신들을 받아주는 교회로 우우죽순처럼 몰려들었다. 그 시대 젊은이들은 마치 유행처럼 예수님을 믿기 위해 교회로 몰려들었던 것이다. 방황하던 그 시대 젊은이들로 예수님을 만나고 체험하도록 한 운동 그것이 바로 예수 운동이다. 그러므로 예수 운동은 체험적 신앙 운동의 연장선에 있는 것이고 복음주의 안에 있는 것이다.

척 스미스 목사는 히피들을 전도하여 코로나 델 마(Corona Del Mar) 해변에서 수많은 히피들에게 세례를 주었다. 그는 그들을 섬기기 위해 탈 전통적인 목회와 예배를 추구하였다. 왜냐하면, 히피들을 비롯한 젊은이들은 기성세대의 전유물과 같았던 전통적인 교회와 예배에 환멸을 느끼고 있었다. 물론, 기성세대들도 히피들을 거부하였다. 척 스미스 목사는 새로운 예배를 갈구하던 그들에게 탈 전통적인 예배를 제공하여 주었다. 전통 예배서에 근거한 예배순서를 탈피하고 앉고 일어서는 것, 읽고 암송하는 것을 없앴다. 목회자들은 성직자 복장을 버리고 평상복을 입었다. 신학은 이전의 신학을 따랐지만 형식과 방식은 완전히 바꾸었다. 갈보리 채플은 이들이 예배하고 찬양하도록 하기위해서 기존의 피아노와 사중창 중심의 찬양을 탈피하고 드럼과 어쿠스틱기타 및 전자기타가 있는 록 음악 및 통기타의 포크 음악으로 찬양들을 만들어 냈다. 젊은이들은 이런 새로운 찬양 속에 열정적으로 주님을 만났다. 이런 찬양을 전문적으로 섬기기 위해 찬양 팀이 조직되었는데, 이 찬양 팀 바로 마라나타 찬양 팀이다.

2) 마라나타 찬양팀과 마라나타 뮤직

갈보리 채플은 결국, 찬양을 보급하고 음반을 제작하고 판매하는 마라나타 뮤직(Maranatha! Music)을 세웠다. 마라나타 뮤직으로 인해 이런 종류 찬양들이 급격하게 보급되기 시작하는데 이들은 자체적으로 이런 종류의 찬양을 만들기도 했지만 뉴질랜드의 'Scripture In Song'(1967) 단체와 라이센스 계약을 맺고 이들의 찬양을 많이 보급하였다. 사실상, 'Scripture In Song'은 마라나타 뮤직 탄생의 보이지 않는 공로자이며, 현재 호주의 Hillsong Music과 뉴질랜드의 Parachute Music이 세계적인 영향력을 끼칠 수 있는 기반을 미리 닦아 놓은 영적인 개척자였다고 말할 수 있다.[29]

마라나타 뮤직은 음악 장르적으로는 그 시대의 록 음악과 포크 음악을 기반으로 하고 있고 성격적으로는 예수님을 체험하도록 하는 체험적 성격을 지닌 것이었다. 그 시대 그런 종류의 찬양을 통칭하여 '예수 음악'(Jesus Music) 또는 '예수 록'(Jesus Rock)이라고 말하였다. 이 예수 음악은 베이비부머로 일컬어지는 새로운 세대들로 주님을 찬양케 하고 경험하도록 한 새로운 기독교 음악이었다. 이 예수 음악을 기반으로 기독교 대중음악인 CCM(Contemporary Christian Music), 기독교 회중 찬양인 '경배와 찬양(Praise & Worship)'이 탄생하게 되는 것이다. 즉, 마라나타 음악이 바로 경배와 찬양의 시초이다. 한편, 예수 음악은 그 시대의 기성 교회들로부터는 배척당하였다. 기성 교회들은 여전히 피아노와 오르간, 그리고 남성 4중창단이 중심이 되는 전통적인 찬양을 드렸다. 그들에게 이런 새로운 스타일의 찬양은 듣도 보지도 못한 것이었고, 경망스럽고 거룩하지 못한 것이었다. 안타깝지만 도저히 받아들일 수 없었고, 받아드리지 않았다.

'Scripture In Song'으로부터 발표된 곡들 30

- This is the day(이날은 이날은) / Les Garrett
- Hallellujah! Our God reigns(할렐루야! 전능하신 주께서 다스리네) / Dale Garratt
- Be exlated, O God(내가 민중에) / Brent Chambers
- Song of offering(오, 하나님 받으소서) / Brent Chambers
- Victory song(주님과 담대히 나아가) / Dale Garratt
- Father, make us one(아버지여, 우리는) / Rick Ridings
- Come and let us go(오라 우리가) / B. & M. Quigley
- Blessed be the Lord God Almighty(사랑하는 나의 아버지) / Bob Fitts
- O give thanks to the Lord(주께 감사하세) / Brent Chambers
- Roman 16:19(로마서16:19) / Dale Garratt, Ramon Pink
- I will rejoice(나 기뻐하리) / Brent Chambers
- Glory, glory Lord(영광 주님께) / Bob Fitts

'마라나타'를 통해서 발표된 찬양들31

+ As We Gather / 우리 모일 때 주 성령 임하리
+ he Has Made Me Glad / 감사함으로 그 문에 들어가며
+ He Is Our Peace / 주는 평화
+ In His Time / 주님의 시간에
+ In Monents Like These / 이와 같은 때엔
+ He Is Our Peace / 주는 평화
+ Commune With Me / 날 만나라
+ Blessed Be The Lord God Almighty / 사랑하는 나의 아버지
+ When I Look Into Your Holiness / 주의 거룩하심 생각할 때
+ Change My Heart, O God / 항상 진실케
+ Give Thanks / 거룩하신 하나님 주께 감사드리세
+ He Is Exalted / 왕이신 하나님 높임을 받으소서
+ Great Is The Lord / 크신 주님께

3) 예수 음악 및 마라나타 찬양의 특징

예수 운동으로 인하여 탄생한 예수 음악 및 마라나타 찬양의 특징을 다시 정리해 보면 다음과 같다.

첫째, 새로운 세대에 맞는 새로운 스타일의 회중 찬양이다. 앞에서도 언급한 것처럼 앞선 세대의 찬양은 피아노나 오르간 또는 4중창 형식의 전통적인 찬송가 중심의 찬양이다. 그런데, 베이비부머 세대는 이런 이전 세대의 찬양 문화에 반응하는 것이 어려웠고 거부감을 가졌다. 물론, 기성세대에 대한 반감이 크게 작용한 부분이 있겠다. 하여튼, 베이비부머 세대의 언어인 록 밴드 스타일의 찬양이 새롭게 등장하게 된 것이다.

프론티어 워십에서 등장한 가스펠은 흑인음악과 컨츄리 음악이라는 그 시대 그 문화적 옷을 입은 그리고, 복음을 전하기 위한 목적 또는 복음을 전하도록 분위기를 형성하는 목적의 찬양이라 하겠다. 이처럼, 예수 음악 및 마라나타 찬양도 시대와 문화를 반영한 새로운 스타일의 회중 찬양인 것이다.

둘째, 체험적인 복음적 찬양이다. 예수님 중심의 찬양이며, 찬양을 통해서 예수님을 만날 수 있도록 한 체험적인 복음적 찬양이라 하겠다. 더 나아가 예수님께 마음 중심의 신앙적 고백을 올려 드리도록 하는 복음적인 찬양이라 하겠다. 찬송가는 기성세대의 전유물처럼 되어서 젊은이들로 예배가운데 주님을 만나게 하거나 반응하게 하는 데에 역부족이었다. 그 시대 젊은이들에겐 체험적인 복음적 찬양은 예수 음악 및 마라나타 찬양이었다.

셋째, 성령 중심의 찬양이다. 찬양 중에 예수님을 만나는 것을 넘어 성령의 역사를 경험하고 삶의 변화를 가져오게 하는 찬양이었다. 그 당시 많은 이들은 예수 음악과 마라나타 찬양을 통해 예배하면서 오순절적 성령 세례의 경험을 하게 되었고, 방언도 받게 되었다. 또한, 마음의 치유와 회복, 심지어 병고침의 경험도 가지게 되었다. 왜냐하면, 갈보리 채플은 오순절 교단이고, 그들이 드리는 마라나타 찬양은 오순절적 찬양이기 때문이라 하겠다. 즉, 마라나타 찬양을 통해서 오순절적 현상을 경험하게 되는 것은 당연한 것이었다.

그런데, 마라나타 찬양과 또한 이런 성령과 관련된 현상은 오순절 교회뿐 아니라, 여타 복음주의 개신교회들에게도 급속도로 퍼져나갔다. 그 이유는 신오순절 운동으로 인해서이다.

2. 신오순절운동(은사주의 운동)

오순절 교회는 1900년대 초에 태어났다. 1950년도가 될 때까지 오순절 교단은 엄청난 성장을 이루게 되었다. 여타 교파 교회들의 성도가 감소하는 동안 오히려, 오순절 교회는 200%이상의 성장을 보였다.[32] 그리고, 이단시 여김을 받던 분위기도 1941년 전미복음주의협의회에 참석하기 시작하면서 줄어들었다. 그러다, 1960년도에 이르러 오순절 교단중 하나인 하나님의 성회 총회장 지머만 목사가 전미복음주의협의회 의장을 맡게 되면서 복음주의 안에서 만큼은 오순절 교단의 이단 시비가 완전히 해소되었다. 그렇다 하여도, 1960년대까지의 오순절 신앙은 여타 교단에게 거부당하였고, 오순절 교회만의 것이었다.[33]

그러나, 1960년대를 넘어서면서 새로운 움직임이 시작되었는데, 그것은 바로 이런 오순절 신앙이 오순절 교회를 제외한 여타 교파 교회에서 나타난 것이었다. 성공회를 필두로 가톨릭 그리고 개신교의 교회들에서 방언이 등장하거나 성령세례를 경험하는 일이 벌어진 것이다. 이렇게 1960년대를 넘어서면서 오순절 교회가 아닌 다른 교파의 교회에서 오순절 신앙이 급격하게 나타난 움직임을 기존의 오순절 운동(Pentecostal Movement)과 구분하여 신오순절 운동(Neo-Pentecostal Movement)이라 말한다.[34]

그 본격적 시작은 캘리포니아의 벤 나이스에 있는 성공회 교회인 '성 마가 교회(Saint Marks Episcopal Church)'를 담임 하고 있는 데니스 베넷(Denis Bennett) 신부에 의해서였다. 그는 강단에서 방언을 받고 성령 세례를 받은 간증을 나누었고 이를 계기로 그의 교회 성도 대부분이 성령체험에 동참하였다. 이로 인하여 베넷 신부는 교회를 나오게 되었으나, 다시 성 누가 교회로 가게 되어 거기서 본격적인 오순절적 신앙을 펼치게 되었다.

그 뒤를 이어 가톨릭에서도 성령 운동이 일어났는데, 두퀘슨 대학과 노틀담 대학 많은 학생들이 기도모임에서 방언을 받고 병 고침의 은사를 받는 역사들이 일어났다. 그 중심인물은 프란시스 맥너트(Francis Macnutt)신부였다.[35]

개신교 안에서도 이어서 신오순절 운동이 일어났다. 대표적인 나타난 형태 4가지를 언급해 보면, 첫 번째는 오순절 교회가 아닌 개신교회 안에서 방언을 하고 제 2차 축복으로써의 성령세례를 경험한 성도들이 등장한 것이었다.[36] 이런 성도들은 성경 캠프나 기도회 등에서 삶의 어려움 속에서 성령의 능력을 경험하는 차원으로 오순절 신앙을 접하게 되었다. 목회자나 가족에게 배척을 당하기도 하고 숨어서 방언을 하곤 하였다. 새벽기도나, 직장이나 가정 모임 등에서 따로 만나 이런 신앙을 나누곤 하였다.

두 번째는 오순절 교회가 아닌 개신교회의 목회자들이 방송이나 세미나 등에서 오순절 신앙 및 방언과 성령 세례를 경험하고 나서 교단은 바꾸지 않은 채 자신의 교회를 성령중심의 교회로 바꾸어 간 것이었다.

세 번째는 데모스 사카리언(Demos Shakarian, 1913-1993)이 주도한 오순절실업인 협회를 통해서 이루어진 기독교 비즈니스 모임에 개신교 실업자들이 함께 어울리면서 오순절 신앙의 은사와 축복관이 여타 개신교 신앙 안에도 퍼지기 시작한 것이다.[37] 이 영향은 실로 컸다. 리더로서 영향력이 있는 실업인들이 성령 세례와 축복을 경험하였기에 여타 교회로 오순절 신앙이 쉽게 퍼져 나갈 수 있었다.

네 번째는 예수 운동이 되겠다. 예수 운동도 오순절 운동의 큰 부분을 감당했다고 볼 수 있겠다. 예수 운동의 중심인물인 척 스미스 목사는 오순절 계통의 포스퀘어 교단 목사였다. 그가 중심이 되어 펼친 예수 운동은 단순히, 복음적인 성격만을 가지고 있던 것이 아니라, 오순절적인 성격 또한, 가지고 있었던 것이다. 예수 운동에 영향을 받은 수많은 미국 젊은이들은 단순한 복음을 접한 것이 아니라, 오순절적인 성격이 강한 복음을 접하게 된 것이다. 그리고, 마라나타 뮤직 또한, 단순한 시대적인 찬양이고 체험적 요소가 강한 찬양인 것을 넘어 오순절적인 성격이 강한 찬양이었다고 볼 수 있다.

그러므로, 복음주의 예배에 접목된 경배와 찬양은 신복음주의의 영향으로 시대적 문화적 성격을 가지고 있고 체험적 성격을 가지고 있으며 또한 신오순절 운동의 영향으로 오순절적인 성격을 가지고 있다 하겠다. 즉, 신복음주의와 함께 신오순절 운동이 경배와 찬양의 성격 형성에 영향을 주었다.

경배와 찬양의 성격 형성

신복음주의 영향 + 신오순절 운동의 영향

한편, 신오순절 운동이 일어나 전개되는 동안, 은사주의 신앙 안에 새로운 성령 중심의 신앙이 태동하였다. 그것은 바로 존 윔버로부터 시작된 '제 3의 물결'이었다. 그리고, 이 신앙은 기존의 은사주의와는 다른 성격을 가지고 있었다. 시간이 흘러 지금은 '제 3의 물결'이 신사도주의가 되었다. 그리고, 현재는 개신교 내의 은사주의 교회들은 전통 오순절 신앙의 영향보다 이들의 영향을 더 많이 받고 있는 추세라 하겠다.[38] 세대가 젊어질수록 그리고, 제 3세대로 갈수록 전통 오순절 신앙보다 신사도주의에 영향을 더 크게 받고 있다. 그래서, 젊어지고 제 3세대로 갈수록 기존의 은사주의보다 신사도적 은사주의가 더 많아지고 있다. 경배와 찬양에서도 마찬가지다. 언제부터인가 복음주의 교회들이 전통 오순절 교회들보다 신사도주의 교회들의 찬양들을 더 많이 접목하고 있는 상황이다. 이제 이어서 신사도주의 또는 신사도적 은사주의의 모태가 되는 빈야드 교회에 대해서 알아보도록 하겠다.

4장

미국에서의 경배와 찬양 역사적 개관2

1. 빈야드 교회(존 윔버 목사)

1) 존 윔버 목사의 등장

피터 와그너(Peter Wagner, 1930-)는 풀러 신학교 안에 있던 교회 성장 연구소 사역을 위해 1975년에 당시 퀘이커 교회인 프렌즈 교회에서 사역하던 존 윔버(John wimber, 1934-1997)를 교회 성장 자문위원으로 초청하여 데리고 온다.[39] 그는 1970년에 프렌즈 교회에서 안수를 받았다. 그리고, 1977년 척 스미스 목사의 갈보리 채플로 옮기기까지 그곳에서 사역을 하였다. 결국, 1982년에 가서는 풀러 신학대학에서 MC510 "표적, 기사, 교회성장(Signs, Wonders and Church Growth)"란 과목을 둘이서 함께 개설 했으며 그 후에 명칭을 "기적과 교회 성장(The Miraculous and Church Growth)"으로 바꾼다.

존 윔버 목사는 풀러 신학대학에서 4년간 4만 명이상의 목회자들에게 기적과 교회성장을 가르쳤다. 1980년대 중반, 존 윔버의 강의는 학교에서 가장 인기 있는 강의가 되었을 뿐 아니라, LA를 넘어 전 세계의 화제가 되었다.

이 당시 존 윔버에게 가장 큰 영향을 준 두 인물을 꼽으라면 바로 피터 와그너 박사와 척 스미스 목사였다. 1980년 전후하여 존 윔버는 주일 사역은 갈보리 채플에서 그리고, 주중 사역은 풀러 신학교에서 하였다. 1977년 교회를 갈보리 채플로 옮긴 존 윔버 목사는 척 스미스 목사의 영향을 받아서 새로운 예배와 찬양에 대한 동일한 비전을 품게 되었다.

2) 존 윔버의 신앙적 특징 1 - 기적과 교회 성장

존 윔버는 피터 와그너와 풀러 신학교에서 기적과 교회 성장을 가르치게 되면서, 기적과 하나님의 은사적 역사하심을 추구하였다. 강의시간이 끝나면 강의한 내용에 따라 기도시간을 가졌다. 바로 그 강의 시간에 성령의 권능이 나타났다. 밤마다 그 자리에서 지식의 말씀의 은사가 사실로 증명되고, 병자가 영적, 육적, 정서적 치유함을 받고, 악령이 쫓겨나는 등 많은 초자연적인현상이 나타났다. 와그너 박사도 질병의 치유를 받았다.

더욱이, 존 윔버는 갈보리 채플에서 척 스미스 목사뿐 아니라, 또 다른 스승을 만나게 되는데, 로니 프리스비(Lonnie Frisbee)였다.[40] 그는 척 스미스 목사에 의해서 발탁되어 갈보리 채플에서 큰 사역을 감당한 인물이었는데, 척 스미스 목사보다 더 은사적이었고 더 자유로운 영혼이었다. 프리스비는 결국 은사와 기적을 강조하여서 척 스미스 목사를 떠나 플로리다로 이주하여 은사주의 단체인 '목자 운동(Shepherding Movement)'으로 들어가게 된다. 존 윔버는 그에게 영향을 받게 되면서 더욱 기적과 표적에 근거한 신학을 형성하게 되었다. 결국, 성령의 기름 부으심과 은사와 기적을 강조하는 자신만의 '하나님 나라 신학(Kingdom of Theology)'을 발전시켜 나가게 된 것이다.[41]

그는 기적과 표적의 현상에만 빠지는 오류를 좋게 보지 않았다. 그는 기적과 표적에 근거한 하나님 나라의 확장과 교회 성장을 그림 그렸다. 이런 그의 마음의 생각을 알 수 있는 사건이 바로 '토론토 축복(Toronto Blessing)'이 되겠다.

존 아놋(John Arnott)의 '토론토 에어포트 빈야드 교회'에서 시작된 '토론토 브레싱(Toronto Blessing)'은 주류 빈야드 운동과는 조금 다른 형태의 빈야드 운동이었다.[42] 1994년 1월 20일, 캐나다 토론토 국제공항 근처에 있는 작은 창고 같은 에어포트 빈야드 교회의 존 아놋(John Arnott) 목사는 미주리 주 세인트루이스의 '빈야드 크리스천 펠로우십(Vineyard Christian Fellowship)교회'의 담임목사이며 초교파적인 치유사역 기관인 '글로벌 어웨이크닝(Global Awakening)'을 세우게 되는 랜디 클락(Randy Clark)목사를 초청하여 4일 동안 부흥집회를 가졌다. 그 집회 첫 날 밤 예배 때, 참석한 많은 사람들이 성령의 권능에 압도되어 쓰러지고, '거룩한 웃음'을 웃게 되고, 진동하고, 방언하고, 치유 받고, 울부짖는 등 여러 가지 현상을 체험하게 되었다. 이런 현상에 더하여, 무엇보다도 그 집회 동안 많은 사람들이 자신들의 변화된 삶을 누리게 되고, 육체적 감정적 영적 치유를 경험하게 되고, 인간관계의 회복과 부부관계의 회복을 갖게 되고, 하나님과 부활 생명이신 예수에 대한 믿음과 성경에 대한 확신을 갖게 되고, 교회 생활의 활성화에 대한 인식을 다시 하게 되었다. 이 집회에서 일어난 신기한 현상들을 세계 매스컴들은 '토론토 축복(Toronto Blessing)'이라고 했다. 그리고, 이 능력 치유와 능력 전도는 전 세계로 영향을 미쳤다.

존 윔버는 원래 능력 전도와 능력 치유의 원조와 같다. 그런데, 랜디 클락의 집회에서는 성경에 나오는 기적을 넘어서 아말간 이빨이 금 이빨로 바뀌는 등의 상상 이상의 기적들이 나타났다. 그렇다보니, 존 윔버가 우려했던 이런 기적만을 추구하는 잘못된 증상이 많이 나타나기 시작했다. 그래서, 그는 이런 운동에 처음에는 거부감을 표하였다. 그러나, 그가 속한 빈야드 교회 연합회의(VCA)에서 1994년 9월, 토론토 블레싱을 빈야드 운동으로 최종 인정하였다. 하지만, 현상에만 집중하는 것은 조심하고 억제할 것을 권면하였다. 이처럼, 토론토 블레싱 사건은 존 윔버가 기적과 표적을 추구하고 강조하였지만 현상에만 빠지는 것은 우려하였다는 것을 보여주는 한 예가 되는 것이라 하겠다.

기적과 표적과 은사를 통한 하나님 나라 건설을 추구하던 존 윔버는 자신의 신앙을 독자적으로 펼치고 싶은 마음을 가지고 있었는데, 그러던 중, 피터 와그너의 권유를 듣고 결국, 척 스미스목사를 떠나 애너하임 빈야드 교회를 개척하던 때가 1978년도였다.[43]

애너하임 빈야드 교회는 처음에는 갈보리 채플의 지교회였다. 그 당시의 이름은 '요바린다 갈보리 채플(Calvary Chapel of Yorba Linda)'이었다. 빈야드 교회도 마찬가지이지만 갈보리 채플은 전통적인 교단이 아닌 공동체(Fellowship) 개념의 교회 연합체이다. 가입이 어렵지 않고 개척을 선호하며 이를 돕는다. 존 윔버는 1983년에 켄 걸리스켄(Ken Gullisken)목사를 중심으로 움직이던 6개 교회가 연합되어 있는 '빈야드'라는 이름의 교회 연합체에 동참하게 된다. 그런데 시간이 지나자, 존 윔버가 이 단체의 지도자가 된다. 그리고, 1985년에는 정식으로 '빈야드 교회 연합회(The Association of Vineyard Churches)'를 구성하게 된다. 빈야드 교회 연합회(AVC)는 현재 수백 개의 교회가 소속 교회로 있다. 그리고, 존 윔버의 빈야드 교회는 1987년에 5,000명의 교인으로 성장하게 되었다.

3) 존 윔버의 신앙적 특징 2
- 하나님과 연합을 추구함과 은사적 찬양

퀘이커 출신인 존 윔버 목사 부부는 갈보리 채플을 섬길 당시, 주중 소그룹 모임에서도 하나님과 깊이 만나는 체험을 추구하며 자신을 따르는 자들에게 영향을 미쳤다. 그는 자신을 따르는 자들에게 자신의 예배관을 가르쳤다.

"정말 중요한 것은 성령의 임재와 인도하심에
우리의 영혼이 반응하는 것이다. '예배는 우리 마음과
생각이 성령의 영향을 받아 찬양으로 반응하는 것이다'라고
리치몬드 신앙 선언문(1887)은 말한다. 예배에는 일정한
형식이 꼭 있어야 하는 것도, 그렇다고 공식적으로 없어야
하는 것도 아니며, 말을 해도 되고 안 해도 된다.
다만 예배는 반드시 영과 진리로 드려야 한다."[44]

존 윔버는 퀘이커 신앙 및 갈보리 채플에서의 경험을 토대로 예배의 개념에 있어서 전형적인 예배관을 벗어나 실제로 예배시간에 주님을 만나고 경험하는 것이야 말로 진정한 예배라는 소위 '은사적 예배관'을 세웠다.[45]

그런데, 이렇게 주님과의 연합을 추구하되, 퀘이커 교회나 신비신학처럼 침묵가운데 주님과의 연합을 추구하는 것이 아니라, 찬양 중에 그리고, 방언 중에 더 나아가 방언 찬양 중에 그들은 주님과의 연합을 추구하였다. 침묵 아닌 찬양을 통해서 주님과의 연합을 추구했던 이들은 그전에 퀘이커 교도들 중 쉐이커 교도들이 먼저였다. 그리고, 방언 찬양 중에 주님과의 연합 추구는 웨일즈 부흥에서 먼저 있었다. 그러나, 현대적인 밴드 음악을 토대로 하는 찬양을 통한 주님과의 연합을 추구한 인물은 그가 처음이었다고 할 수 있겠다.[46]

"하나님을 향한 찬양과 경배의 결과는 하나님에 의해 축복을 받는 것입니다. 우리는 축복을 받기 위해 예배하지 않지만, 우리가 그분을 예배할 때 축복을 받습니다. 하나님은 성령의 드러내심(Manifestation)과 함께 그의 백성을 방문하십니다. 그래서 예배에는 두 가지의 측면(Aspect)이 있습니다. 노래와 기도를 통한 하나님과의 교제(Communication With God), 그리고 가르침과 설교, 예언, 훈계 등을 통한 하나님으로부터의 교제(Communication From God). 우리는 그분을 찬양하고 높여 드리며 그 결과로써 주님께서 우리에게 말씀하시는 임재 가운데로 들어가게 되는 것입니다."[47]

전통 오순절 예배도 찬양을 강조하고 강력한 체험들이 많이 등장한다. 그러나, 그 성격에 있어서 차이가 있는데, 전통 오순절적 예배의 체험의 목적이 성령의 역사에 근거한 은사 체험이나 축복받음이나 병 고침에 초점이 맞추어져 있다면, 존 윔버에게 있어서 예배 체험의 목적은 주님과의 직접적 연합을 추구하는 것이라 하겠다. 주님을 신비적으로 경험하는 것이 예배의 중심 목적인 것이다. 즉, 빈야드 찬양은 현재적으로 주님과의 영성적 사귐을 추구하는 체험적 찬양이라 하겠다.

이런 이유로, 찬양의 내용에 있어서도 그들은 예수님에 관하여가 아니라 예수님께 직접 노래하는 것을 추구하였다. 예수님께 직접적으로 '사랑해요'라고 고백할 때 진정한 사귐이 일어날 수 있다고 보았다. 그들은 예수님에 관하여 찬양하는 것과 예수님께 직접 찬양하는 것의 차이를 극명하게 이해하였고 이를 강조하였다.[48]

4) 빈야드 뮤직[49]

존 윔버 목사는 형식에 얽매이는 것과 거짓으로 주님께 나아가는 것을 제일 싫어했다. 그는 남에게 보이기 위한 화려함을 추구하는 복장과 예배 형식이 아닌 자유로운 복장과 진실된 태도로 예배중 주님을 만나고자 하였다.[50] 인도자나 찬양팀은 예배에 방해가 되지 않고 성령님의 도구가 되어 성도들로 예배하게끔 해야 하는 것이라 생각하였다. 그런 의미에서 찬양을 함에 있어서 몇몇 솔로 연주자나 성가대가 주목을 받거나 공연하는 것을 거부하였다.[51] 예배인도자는 영웅이 아니고 섬기는 자들임을 분명히 하였다.

반대로, 그는 모든 성도가 주인공으로 주님의 신부가 되어서 예배하는 것이 되어야 한다고 보았다. 그래서, 그는 찬양의 형태에 있어서 따라 부르기 쉬운 찬양들을 만들기 시작하였다. 찬양이 사람들과 동떨어진 것이 되지 않도록 그는 노력하였다. 동 떨어지는 것이 되면 공연으로 전락하게 되기 때문이다. 그런 의미에서 존 윔버 역시 그 시대 성도들을 위한 록 음악 스타일의 찬양을 만들었다.

영화 '사랑과 영혼'의 주제가였던 '언체인드 멜로디(unchained melody)'를 부른 그룹 'Righteous Brothers' 키보드 주자였던 존 윔버는 다양한 악기를 다루었고 섹스폰 전문 연주자이기도 했다.[52] 또한, 비틀즈의 보조 연주자이기도 했다. 'Righteous Brothers'의 동료에 의해서 1963년 예수님을 만난 그는 탁월한 작곡 능력과 편곡 능력으로 그 시대 성도들의 마음을 움직일 수 있는 그리고 성도들로 정말 자연스레 주님께 반응하고 사귐을 갖도록 돕는 찬양을 만들었다.

한 곡의 찬양뿐 아니라 몇 곡의 찬양을 연결하여 예배로 드리는 것에 있어서도 그는 연구하게 되었는데, 존 윔버와 에디 에스피노자는 15-40분 정도의 지속적인 찬양이 예배자의 영적 시스템에 좋은 영향을 미친다고 보았다. 그래서, 40분간 지속되는 찬양 속에 6-10곡 정도의 찬양을 흐름과 연결 등을 고려하여 음악적으로 진행하고자 많은 노력을 기울였다. 그래서, 나온 그들의 경배와 찬양의 패턴 결과물이 Worship Set이고 5단계로 정리된다.[53] 다음과 같다. 첫째, 초청(Invitation), 둘째, 나아감(Engagement), 셋째, 높이(Exaltation), 넷째, 숭배(Adoration), 다섯째, 친밀(Intimacy), 그리고 종결(Close out)이다. 빈야드의 찬양들은 가사가 간결한 반면, 전체 찬양시간은 길었다. 그러므로, 여러 곡을 연결하여 찬양해야했고, 그렇지만 예배자들로 주님과의 영적 사귐을 갖는 영적 흐름을 깨트리는 것이 되지 않아야 했다. 그래서, 그들은 경배와 찬양의 흐름과 연결을 부단히 연구하여 적용하였던 것이다.

한편, 그와 함께 초기 빈야드 교회의 찬양 인도로 섬긴 이들은 '호산나 높은 곳에서', '눈을 들어 영광의 왕을 보라' 등의 작곡자인 칼 터틀(Carl Tuttle), 음악적으로 뛰어난 '항상 진실케'를 작곡한 에디 에스피노자(Eddie Espinosa) 등이다. 이들은 함께 할 때에는 존 윔버(건반), 에디 에스피노자(일렉기타), 그리고 칼 터틀(찬양 인도, 어쿠스틱기타)로 구성하여 섬겼다.

초기 인물 중에 '주 보좌로부터', '은밀한 곳 조용한 곳에'를 작곡한 앤디 팍(Andy Park)은 후에 캐나다로 가서 '캐나다 랭리 빈야드 교회'의 예배인도자가 되었다. 그리고, 캐나다지역에 빈야드 교회 개척과 찬양팀 훈련에 큰 공헌을 하고 있다.

빈야드 교회에는 뛰어난 찬양인도자가 많은데 그 중 가장 유능한 찬양인도자로 꼽히는 자는 데이빗 루이스(David Ruis)이다. 그는 건반을 치며 찬양을 인도하는 인도자들의 시초가 된다. '주의 자비가 내려와', '경배하리 내 온 맘 다해', '창조의 아버지', '내 모든 삶의 행동 주안에' 등을 작곡하였다.

앤디 팍에게 발탁된 찬양 인도자 브라이언 덕슨(Brian Doerksen)은 앤디 팍을 이어서 랭리 빈야드 교회의 찬양인도자가 된다. 존 윔버의 권유로 영국으로 건너가 브랜튼 브라운(Brenton Brown) 등의 역량 있는 젊은 워십 리더들과 함께 영국(UK) 빈야드 교회의 모체를 형성, 모던 워십의 열풍을 일으키며 기획자로 역량을 발휘하기도 하였다. 그는 '나의 마음을 정금과 같이', 'Come, 주께 경배 드리세', '아버지 날 붙들어 주소서', '예수 열방의 소망' 등을 작곡하였다. 앤디 팍, 데이빗 루이스, 브라이언 덕슨은 빈야드의 3대 찬양인도자로 불리우고 있다.

남아프리카 출신 브랜튼 브라운은 브라이언 덕슨의 뒤를 이어 영국 빈야드 교회를 총괄하는 찬양인도자가 된 인물이다. 그는 '새 힘 얻으리', '찬양 중에 눈을 들어', '오셔서 다스리소서' 등의 찬양을 만들었다.

찬양인도자는 아니지만 빈야드 음악을 만들어낸 중요한 두 명을 더 언급해야할 것 같다. 아주사 퍼시픽을 졸업한 테리 버틀러(Terry Butler)는 건반 주자로 현재 포모나 Vineyard Christian Fellowship의 협동 목사이다. 그는 소위 경배와 찬양스러운 건반연주의 창시자라고 볼 수 있다. 그의 건반연주는 예배자들로 더 깊은 주님과의 사귐

속으로 들어가도록 만드는 강력함이 있다. '온 세계위에', '할렐루야 (x3) 전능의 주' 등을 작곡하였다.

찬양 인도자이며 기타 연주자 캐빈 프로쉬(Kevin Prosch)는 대중적이고 쉬운 코드 진행, 즉흥적이고 자유로운 멜로디, 강렬한 기타 주법으로 80년대 말부터 90년대 초까지 빈야드 음악에 새로운 바람을 일으켰다. 그의 기타 연주는 미국뿐 아니라, 캐나다를 거쳐 영국과 아일랜드에까지 큰 영향을 주어 현대에 'Modern Worship'이라고 불리는 연주 스타일을 탄생시켰다. 그는 '주의 능력 보이소서' 등을 만들었다.

한 가지 더 언급하고 지나가야겠다. 존 윔버는 음악계에서 보고 배운 비지니스를 찬양에 도입하였다.[54] 그의 이러한 비지니스와의 결합은 이후 찬양산업계에 놀라운 영향을 미치게 된다. 수익 사업의 길을 열므로 이제 찬양 사역자들로 전문 사역자로써 사역하며 살 수 있도록 한 것이다. 그렇게 빈야드 찬양은 계속적인 발전을 거듭하여 왔다. 사실, 오순절 교회들은 비지니스적인 접목을 지혜롭게 잘 하였다. 이는 그들의 축복관과 연결되었다고 볼 수 있다. 개혁교회에서는 비우는 것 및 금욕적인 신앙이 영성이라면 오순절 교회에서는 축복을 받는 것이 영성이다. 그러므로, 비지니스적으로 발전시켜 나아가는 것은 그들에게는 축복인 것이다. 아무튼, 그의 이런 노력은 이후에 일어나는 미국 찬양계에 모델이 되어서 미국의 CCM계가 저작권 권리와 같은 비즈니스적인 면이 잘 정립되도록 하였다.

2. 신사도주의로의 변모

1980년대 중반만 하더라도, 존 윔버의 빈야드 교회는 기존의 오순절 교회들보다 신비적이고 기적을 추구했지만 그래도 오순절 신앙의 테두리 안에 있었다. 그러나, 1988년이 되면서 다른 상황이 전개되었다. 존 윔버는 캔사스 시티에서 예언 사역을 하던 예언사역자 그룹을 만나게 되었다. 폴 케인, 마이클 비클, 신디 제이콥스을 비롯한 캔사스 시티 예언자들을 초대하여 예언 집회를 열게 되었고, 이후 빈야드 교회는 예언 사역에 문을 열고 오히려 여러 미국 교회들과 세계 교회들에게 예언을 전파하는 교회로 발돋움하게 되었다.55 지금 신사도주의의 핵심인물인 피터 와그너가 오히려 그 당시 존 윔버에게 예언에 대해 듣고 영향을 받았다.

존 윔버는 1990년대를 넘어설 즈음, 예언과 관련하여 좋지 못한 일들을 겪으면서 한동안 예언 사역을 멀리하게 된다. 또한, 앞서 언급한 토론토 블레싱과 관련하여서 역시 어려움을 겪으면서 예언과 기적을 중심으로 하는 은사적 신앙에 대해서 회의적이게 되었던 것이다. 그러나, 그가 죽기 전 몇 년간 이제는 은사주의 신앙에 정통해 버린 피터 와그너와의 대화 속에서 은사주의와 예언에 대해 다시 마음에서 회복하게 되었고, 더 나아가 선지자와 사도와 관련한 직임에 대해서도 마음을 열게 되었다.56 비록, 그가 죽게 되면서 빈야드 교회자체가 완전히 신사도주의로 흘러가지는 않았지만, 그가 다시 예언과 신사도적 내용에 동의한 것은 사실이다.

어찌되었든 이렇게 되면서, 존 윔버 목사와 빈야드 교회는 기존 전통적 오순절 교회들과는 구별되어 제 3의 물결이라 명명 되었다. 그리고, 기존 오순절 교회들과는 다른 특징을 가지게 되었다. 현재, 제 3의 물결은 처음 이 이름을 사용한 피터 와그너에 의해서 집대성 되어 신사도주의로 일컬어지고 있다. 즉, 빈야드 교회가 신사도주의 및 신사도적 은사주의의 모체가 되는 것이다.

앞으로 신사도주의는 따로 살펴볼 것이기에, 여기서는 신사도주의의 특징을 간략하게만 정리해 놓도록 하겠다.

첫째, 퀘이커 출신의 존 윔버 목사와 신부의 영성을 추구하는 마이크 비클 목사에 의해 신비주의적인 신앙을 가지고 있다. 즉, 주님과의 일치와 연합을 추구한다. 특히, 찬양 속에서 주님과의 일치와 연합을 추구하며 기존에 없었던 은사적 예배관을 토대로 즉흥적인 찬양과 춤 속에 주님의 예언적 음성을 듣게 된다.

둘째, 주님의 직접적인 예언적 음성 듣기를 추구하며 그런 예언을 토대로 자신들의 예배와 사역을 펼쳐나간다.

셋째, 은사에 있어서 안수에 의한 전수(Impartation)를 인정한다.

넷째 기적과 교회성장을 연결 시켜서 기적을 통한 교회성장을 추구한다.

다섯째, 교회 정치에 있어서 사도와 선지자 직분을 인정하며 이런 직분이 교회에서 완성될 때 진정한 교회가 될 수 있다고 본다.

여섯째, 신사도적 종말론에 근거하여 마지막 때의 대 추수와 대 부흥을 추구하고 이를 위한 성도 회복 운동을 추구한다. 성도 회복 운동 차원으로 영적 전쟁, 내적 치유, 중보기도 등의 회복을 추구한다.

일곱째, 그들만의 통치신학을 가지고 하나님 나라의 확장을 추구한다. 이를 위해 일터사도를 인정한다.

5장

한국에서의 경배와 찬양 역사적 개관

1. 찬양 모임의 등장[57]

예수 음악이나 빈야드 찬양에서 은혜를 경험하거나 영향을 받은 복음주의 신앙 예배자들이 자신의 교회로 가서 이를 토대로 찬양 모임을 열기 시작하였다. 한국의 경우 대표적인 것이 두 가지가 있는데, 예수전도단의 화요 모임과 두란노 목요 찬양 모임이다. 예수전도단 화요모임이 복음주의 안에 있지만 초교파적이고 선교 단체적(Para-Church)적이며 은사적 색채를 그대로 가져온 찬양 모임이라면, 두란노 목요 찬양 모임은 교회적이고 복음주의적 색채를 가지려 노력한 찬양 모임이라 하겠다.

예수전도단은 1977년 YMCA강당에서의 첫 찬양 모임을 가졌다. 현재 여전히 화요모임이 한국의 각 지방에서 드려지고 있고 보다 젊은이들이 모이는 예배가 캠퍼스 워십으로 따로 드려지고 있다.

1987년 2월 첫 번째 두란노 목요찬양모임이 시작되는데, 리더였던 하용인은 학생시절 예수전도단에서 리더로 활동하였으며, 영국 유학중에 빈야드 찬양 등을 직접 피부로 접하고 이를 신앙 회복 운동 차원으로 한국교회에 접목시키고자 모임을 시작했다. 석 달 후에 100명, 이듬해엔 이화여대 대강당을 메울 정도로 커졌고, 전국적으로 퍼져나갔다. 경배와 찬양은 시작하면서 목표를 다음과 같이 잡았다. 시편 146편과 67편, 이사야 61장의 말씀을 통해, 첫째, 경배와 찬양을 통한 예배의 회복, 둘째, 영적인 자유와 치유, 셋째, 전도와 세계선교, 넷째, 구제와 긍휼이다.

이들의 영향력으로 인하여 초교파적인 찬양 모임과 교회적 찬양 모임들이 계속적으로 등장하기 시작했다. 이후에 등장하여 영향을 미치고 있는 초교파적 찬양 모임들은 마커스 워십, 디사이플스, 유스미션, 머스트 워십, 120 성령의 사람들, 하이워십, 인더시티 등이다.

두란노 목요 찬양 모임은 경배와 찬양이라는 단어를 탄생 시켰고, 특히, 교회에서 시작되었기에 교회들에게 영향을 미쳤다. 그래서, 여타 교회들에서도 경배와 찬양 같은 찬양 모임이 시작될 수 있었다. 그리고 이런 움직임은 더 나아가 교회 정규 예배에 경배와 찬양이 도입될 수 있는 가능성을 열기 시작하였다.

2. 정규 예배로의 접목

1) 주일 오후 예배와 수요 예배로의 접목

미국의 경우는 1주일에 주일 한번 예배를 드리기에 예배를 드리는데 있어서 어떤 신앙을 추구하느냐에 따라 전통적인 예배를 드리든지 아니면 찬양 중심의 찬양 예배를 드리든지 선택을 하여야 한다.

그러나, 한국의 경우는 좀 다르다. 대부분의 교회에서 주일 대 예배를 드리고 나서도 주일 오후나 저녁에 예배가 또 드려진다. 그리고, 주중에도 수요 예배가 존재한다. 그리고 주일 대 예배를 제외한 다른 예배에서는 보통의 경우, 예배 형식에 있어 자유로웠다. 그래서 그런 여타 예배들에서는 다양한 시도들이 가능하였다. 그 대표적인 현상이 바로 주일 오후에 열린 예배의 등장이라 하겠다. 이런 현상은 교단의 신앙 색깔과 상관없이 복음주의 교회라면 거의 모든 교회에서 나타나기 시작했다. 그리고, 이런 현상에는 두란노 경배와 찬양이 큰 역할을 하였다.

한편, 1990년 찬양집회들이 한창일 무렵, 찬양사역자 연합회와 한 청년기독교단체가 연합으로 집회를 갖게 되었는데, 찬양 사역자 연합회는 경배와 찬양 형태로, 청년기독교단체는 전통적 예배 형태로 진행할 것을 서로 주장하다, 타협안으로 1부는 찬양과 경배, 2부는 예배를 드리는 순서로 결정되었다. 그렇지 않아도 기존의 예배 가운데 경배와 찬양을 접목하고자 하는 움직임이 있던 차에 하나의 모델을 제시하는 단초를 제공한 것이었다.[58] 결국, 신앙회복 운동을 추구하는 복음주의 교회들에게 수용되면서 기존의 전통적인 예배형식과는 다른 '열린 예배' 또는 '찬양 예배'가 탄생하게 된 것이다. 그리고, 이 현상은 거의 모든 복음주의 교회들에서 주일 오후 및 저녁예배와 수요예배에서 경배와 찬양을 접목하는 상황으로 연결 되었다.

이제 주일 오후 예배를 본격적으로 '찬양 예배' 또는 '열린 예배'라고 칭하기 시작했으며, 예배 형식에 있어서 기존의 찬송가 몇 곡을 부르고 종을 치고 예배의 부름을 하고 예배를 시작하던 것에서, 찬송가 대신 경배와 찬양을 20-30분 정도를 하고 종을 치고 다시 시작하든지 아니면 보다 열려 있는 복음주의 교회인 경우 경배와 찬양 후 바로 대표기도로 잇는 형식으로 예배를 구성하게 되었다. 즉, 경배와 찬양과 말씀의 이중 구조의 예배가 탄생한 것이다. 예배학에서의 이중구조라 할 때에는 말씀과 성찬의 이중구조를 보통 일컫는 것이었다. 그러나, 현대 비예전적 예배의 경우는 경배와 찬양과 말씀의 이중구조가 전형이 된 것이다.

주일 저녁 예배 및 오후 예배가 많은 교회에서 사라지면서 이런 현상은 수요예배로 넘어가게 되었다. 수요예배를 진행함에 있어서, 20-30분 정도의 경배와 찬양을 한 후 예배의 부름을 다시 하고 설교로 넘어가던지 아니면 경배와 찬양 후 대표기도를 하고 설교로 넘어가는 형식을 취하게 되었다.

이런 찬양 예배는 초교파적인 복음주의 찬양 모임과는 다소 차이를 보였다. 찬양 모임도 찬양의 시간과 말씀의 시간으로 구성되어 있고 찬양 예배도 찬양의 시간과 말씀의 시간의 이중 구조를 가지고 있다. 하지만, 찬양 예배의 경우는 교회의 정규 예배였으므로 예배학적 질서가 요구되었다. 대표기도와 성경 봉독 등이 요구되어졌다.

찬양의 시간도 찬양 모임에서는 1시간 정도의 찬양시간을 갖는 반면, 찬양예배에서는 20-30분 정도로 정하여졌다. 이는 복음주의 예배가 설교 중심에 있었기에 찬양이 설교보다 긴 시간을 갖는 것과 예배 흐름의 절정을 찬양 시간에 내어주는 것에 불편함이 있었기 때문이라 보인다.

2) 주일 대 예배로의 접목

한편, 교회에 따라 수요 예배나 주일 오후 예배를 넘어서 주일 대 예배까지 경배와 찬양이 접목되는 현상이 일어났다. 주일 예배 앞부분에 10-15분 정도의 경배와 찬양을 한 후 예배의 부름으로 예배를 이어가게 된 것이었다. 어떤 교회에서는 예배의 부름을 한 후 경배와 찬양을 하고 나서 바로 대표 기도로 이어지는 형식을 선택하기도 하였다.

주일 대 예배의 경우는 예배의 부름, 대표기도, 성가대 찬양, 성경 봉독 등의 예배 순서들이 존재하기에 경배와 찬양이 기존의 예배 순서와 조화를 이룰 수 있어야 했다. 그런데, 예배학적인 연구에 의해서라기보다는 나름대로의 시행착오에 의해서 경배와 찬양을 각 교회의 노하우에 따라 예배에 접목시켜 왔다. 대 예배에 있어서 경배와 찬양을 어떻게 시작할 것인지, 경배와 찬양이 끝나고 나서 다음 순서로는 어떻게 연결할 것인지 어떤 곡들을 사용해야 하는 것인지 그리고, 찬양팀 및 밴드와 성가대의 위치는 어떻게 할 것인지 등등 스스로의 노하우에 기대어 해왔다고 볼 수 있다.

아무튼 한국 교회의 경우는 미국 교회와 다르게 많은 예배를 가짐으로 인해 교단적 색깔과 상관없이 거의 모든 교단에서 경배와 찬양이 등장하였다. 대 예배에까지 등장하였느냐 아니냐의 차이이지 주중 예배나 주일 오후 예배 및 자녀들의 예배들에서는 거의 모든 교단에서 나타나고 있다. 이것은 한국 교회가 예배의 열정을 가지고 있음으로 인한 살아있는 예배 사모함을 증명하고 있는 것이라 필자는 생각한다.

3편

최고의 예배자가 되라
복음주의 경배와 찬양 가이드북

복음주의와
경배와 찬양

| 6장. 경배와 찬양의 복음주의 옷 입기

복음주의적인 내용 보강 | 복음주의적인 형식 보강

| 7장. 복음주의적 내용 보강

예수 그리스도 | 믿음 | 교회 | 사명 |
복음주의 예배에서 경험해야하는 메시지 내용 정리

| 8장. 복음주의적 형식 보강1 - 임재 및 임재 경험 개념 정립

다차원적인 하나님의 임재 | 임재와 임재 경험
다양한 임재 경험에 대한 이해들

| 9장. 복음주의적 형식 보강2 - 폭넓은 찬양의 개념 정립(3가지 방향의 찬양)

| 10장. 복음주의적 형식 보강3 - 메시지 경험 정립

6장

경배와 찬양의
복음주의 옷 입기

필자는 경배와 찬양이 복음주의 교회가 추구하는 예배 갱신에 있어서 사실상 지금까지 큰 영향을 미쳤고 앞으로도 커다란 역할을 할 수 있을 것이라 생각한다. 그러나, 지혜가 필요하리라 본다. 앞서서 언급하였듯이, 마라나타 찬양은 오순절 교회의 찬양이고 빈야드 찬양은 신사도적 및 신사도적 은사주의의 모태와 같은 찬양이다. 즉, 자체적으로 강력한 성령중심의 은사적 성향을 가지고 있다. 그러므로, 이런 찬양들을 가져와 복음주의의 경배와 찬양으로 적용하는 데에 있어서 복음주의 적인 옷을 입히는 작업들이 반드시 필요하리라 본다. 물론, 오순절 신앙도 복음주의적인 신앙이다. 하지만, 복음주의 안에는 다양한 전통의 신앙이 포함되어 있다. 그러므로, 첫 번째로, 모두가 동의할만한 것이 되어야 혼란이 없을 것이다. 둘째로, 각자 신앙 전통에 맞게 더욱 연구되고 적용되어야 한다. 여기서는 복음주의 신앙들이 모두 동의할 수 있는 것이 되기 위한 노력을 작업해 나아가려고 한다.

1. 복음주의적인 내용 보강

오순절적이고 은사적인 찬양들을 복음주의 경배와 찬양으로 접목해 간다고 할 때, 두 가지 차원을 생각할 수 있겠다. 그것은 내용적인 면과 형식적이 면이다. 먼저, 복음주의적 내용 면을 생각해 볼 때에, 은사적 성향을 가지고 있는 찬양이기에 보다 복음주의적인 내용을 많이 포함할 필요가 있음을 발견한다. 경배와 찬양이 가져오는 찬양들이 대부분 오순절 신앙이나 은사주의 신앙 안에서 만들어진 찬양들이다 보니 그 내용에 있어서 은사주의적 신앙과 관련된 주제가 다수인 것이 현실이고, 복음주의적인 내용이 생각보다 부족하다.

필자가 찬양을 작곡하면서 느끼는 것은 아직도 더 많은 복음적인 메시지를 담은 찬양들이 필요하다는 것이다. 때때로, 십자가와 관련된 메시지를 담은 찬양을 찾을 때, 은혜에 감사하는 찬양을 찾을 때 생각보다 찬양이 별로 없음을 발견한다. 정말 많은 귀한 복음적 주제의 메시지들이 있다. 그런 메시지를 제대로 담은 찬양 곡들이 많이 필요하다.

복음주의 예배는 예수 그리스도의 십자가와 죽음, 그리고 부활과 다시 오심을 기억하고 기념하고 감사하고 송축하는 예배가 되어야 한다. 즉, 말 그대로 복음, 예수님 중심의 메시지가 전달되고 이를 경험하는 예배가 되어야 한다. 나를 구원하신 예수님에 대한 감사, 십자가 희생에 대한 감사와 감격, 구원받음에 대한 기쁨과 환희, 주님이 다시 오실 때 까지 사명을 감당하며 살아야하는 것에 대한 비장한 결단 등 예수님을 중심으로 이야기되어져야 하는 것이 복음주의 예배이다. 예수님 중심이 아닌 예배는 절대로 복음주의적 예배라 할 수 없다. 예전적 예배를 추구하는 복음주의에서는 이를 위해 교회력의 회복과 예수님을 기념하는 성만찬의 회복을 통해 이루려 한다. 그 형식의 차이일 뿐이지 복음주의 예배는 경배와 찬양을 접목한 열린 예배 형식의 예배든 예전적 예배든 예수님 중심의 메시지가 선포되고 이를 경험하는 예배여야 할 것이다.

한편, 꼭 십자가와 구원 및 복음만을 이야기해야만 예수님 중심의 예배는 아닌 것이다. 삶에서의 성결, 성도간의 사랑, 고난을 인내하는 것 등의 주제가 흘러가는 예배도 얼마든지 예수님 중심의 예배일 수 있다. 삶의 성결은 거룩하신 주님을 닮고자 함이요. 성도간의 사랑은 예수님의 사랑을 받은 자로써 실천하는 삶이요, 고난의 인내는 예수님의 힘과 능력으로 인내하는 삶이기 때문이다. 보다 넓은 의미에서 예수님 중심의 예배를 적용할 필요가 있다. 이렇게 생각하면 정말 수많은 응용된 메시지를 담은 찬양들이 나올 수 있음을 깨닫게 된다.

한편, 예배 컨설턴트 탐 크라우터는 경배와 찬양과 찬송가의 가사에 대해 논쟁이 많음을 지적하며 각각의 장단점을 논한다.[59] 경배와 찬양은 가사에 있어서 찬송가보다 무게감이 떨어지는 것이 사실임을 지적하는 반면에, 찬송가의 경우는 한 찬송가에 너무 많은 내용을 담다보니 메시지의 단순성과 방향성을 잃을 때가 있다고 말한다.

여기서 꼭 알아야 하는 것은, 경배와 찬양은 깨닫는 것에서 머무르는 찬양이 아니라 체험을 위한 찬양이란 사실이다. 많은 내용을 전달하기보다는 하나의 내용을 제대로 체험하도록 하는 경향을 가지고 있음을 알아야 한다. 그래서, 그 가사의 내용에 있어서 단순한 경우가 많다. 한 찬양은 한 내용 중에서도 어떤 한 부분과 관련된 메시지 경험을 하도록 하는 경우가 많다. 그렇기 때문에 경배와 찬양은 같은 주제 혹은 비슷한 주제의 찬양을 몇 곡 연결하여 한 주제를 충분하게 메시지 경험하도록 하는 메들리 형태를 취하는 경우가 대부분이다. 다시 말하지만, 경배와 찬양은 내용을 담는 방식에 있어서 단순성과 체험성이 우선인 것을 꼭 기억할 필요가 있겠다. 찬송가와는 다른 것이다.

2. 복음주의적인 형식 보강

경배와 찬양이 복음주의적인 형식을 갖춘다고 할 때에는 체험적인 찬양으로써 공중 예배가운데서 제 역할을 한다는 것을 의미한다. 앞으로 살펴보겠지만, 복음주의 예배에서는 은사적 예배에서처럼 지나치게 자유롭고 즉흥적이거나, 반대로 예전적 예배처럼 틀에 박히길 원하지 않는다. 질서가 있으면서도 성령의 다스림을 받는 예배이길 원한다. 물론, 복음주의 안에서도 전통적 복음주의는 보다 질서를 추구하는 것에 더 마음을 쏟고, 성결적 복음주의나 오순절적 복음주의는 성령의 다스림에 더 마음을 쏟고 있는 것이 사실이다. 그러나, 경중의 차이일 뿐이지 예배의 질서도 성령의 다스림도 복음주의 예배가 반드시 고려해야 하는 요소인 것은 분명하다.

그러므로, 복음주의 예배 형식으로써 걸맞게 되려면 경배와 찬양이 자신의 특징인 성령중심의 역동성은 살아 있으면서 예배적 질서를 갖추어야 하는 것이다. 어떤 예배적 질서들을 갖추어야 하는가? 필자는 경배와 찬양이 성령의 역동성을 가지면서도 예배적 질서를 갖추기 위해서 가장 먼저, 임재의 개념이 정립되어야 함을 느꼈다. 예배의 시간이 단순히 주님이 옛날에 하신 일을 기억하는 시간이 아니라, 예배 시간에 임재하시는 주님을 현재적으로 만나는 시간인 것을 이해해야만 예배의 역동성을 훼손 시키지 않으면서도 예배의 질서를 세울 수 있을 것이라 생각했다.[60] 그러므로, 현재 주님께서 예배가운데 임재 하신다는 개념을 제대로 이해하고 이를 예배와 더 나아가 경배와 찬양에 적용할 수 있을 때, 경배와 찬양의 역동성과 질서라는 두 마리 토끼를 다 잡을 수 있을 것이라 본다.

다음으로, 예배를 개념 지을 때 예배는 대화이고, 좀 더 구체적으로 계시와 응답이라 정의하곤 한다. 예를 들어, 장로회 신학대학교 교수였던 주승중은 "예수 그리스도 안에서 자신을 계시해 주신 하나님과 그 하나님 앞에 뜨겁게 응답하는 만남의 현장"이라고 정의 한다.[61] 그리고, 기존의 전통적인 예배신학에서는 계시와 응답이라는 틀 안에서 예배의 질서를 정립하곤 한다. 그러므로, 경배와 찬양에도 이 계시와 응답의 틀을 적용하여 정립한다면 기존의 예배신학에 부응하는 예배적 질서를 갖추는 것이 될 것이다. 필자는 필자의 전작인 '찬양이 하늘에 닿다'에서 이 부분을 자세히 다루었다. 그래서, 계시와 응답의 구조와 경배와 찬양을 이 틀에 맞추어 구성하는 내용은 이 책에서는 구체적으로 다루지 않겠다. 필요한 경우, 전작을 참조하길 바란다.

그 다음으로 생각해 보고자 하는 것은 계시와 응답과도 연관이 있는데, 다양한 방향의 찬양이 되겠다. 찬양이 단순히 하나님께 올려드리는 방향만일 것이라는 생각을 넘어설 필요가 있다. 찬양을 하나님께 올려드리는 것이라고 생각하는 것은 좁은 의미인 것이다. 넓은 의미에서 찬양은 주님을 높이는 방향의 찬양과 회중을 향해 선포되어지는 찬양과 회중 서로에게 고백되어지는 방향의 찬양 등을 포함한다. 이렇게 다양한 방향의 찬양을 잘 이해해야만 찬양을 계시와 응답의 틀로 구성할 수 있고 주님과의 대화로써 찬양을 충분히 사용할 수 있는 것이다. 이 부분도 필자의 전작을 참고하기 바란다. 다만, 이 내용은 독자들의 연구를 위해 이 책에 간략히 정리하여 담아두었다.

마지막으로 생각할 수 있는 것은 경배와 찬양이 질서적이라고 할 때, 전체 예배 질서에 순응하고 또한 공헌하는 것이 되어야 할 것이다. 그런데, 예배는 메시지의 흐름이 질서정연하게 흘러가야 한다. 즉, 기승전결의 흐름을 가지고 전개되는 것이 역동적인 예배인 것이다.62 이렇게 역동적이면서 질서적인 예배를 위해 경배와 찬양이 전체 예배의 흐름과 질서에 순응하고 공헌하고자 한다면 메시지 전달에 동조하는 것이 되어야 한다. 그럴 때, 경배와 찬양은 복음주의적인 절서를 제대로 갖추는 것이 될 것이다.

이에 필자는 위의 4가지 작업 중, 역동성과 질서라는 두 마리 토끼를 다 잡는 경배와 찬양의 복음주의적인 형식 보강을 위해 여기서는 첫 번째, 임재 개념의 정립을 해나갈 것이고, 두 번째, 다양한 방향의 찬양 정립을 해나가도록 할 것이다. 마지막 세 번째, 메시지 전달 또는 메시지 경험에 공헌하는 것이 되도록 정립해 나갈 것이다.

7장

복음주의적 내용 보강

경배와 찬양이 복음주의 예배가운데 제 역할을 감당하고자 한다면 이제 복음주의적인 메시지를 더욱 담고 있어야 한다. 앞서서, 복음주의 교회의 6가지 확신에 대해서 살펴보았다. 이를 토대로 복음주의 예배에서 경험해야할 4가지 메시지 카테고리를 정리하여 보았다. 다음의 4가지 카테고리의 메시지를 경배와 찬양을 통해 경험할 수 있어야 할 것이다. 그것은 예수 그리스도, 관계(회심, 영적 사귐), 교회, 사명(전도와 선교)이다.

1. 예수 그리스도

　　복음주의 예배는 누구나 할 것 없이 예수 그리스도 중심 메시지를 전달해야하고 경험해야 한다. 그러므로, 복음주의 예배에서 드려지는 경배와 찬양은 예수님에 대한 바른 메시지를 포함하고 있어야 한다. 이를 위해 예수님관련 메시지 카테고리를 정리해 보면, 신성과 인성, 그리고 그분의 성품, 그리고 그분이 이루신 사역과 이루실 사역으로 정리해 볼 수 있다.

1) 예수님의 신성

　　'예수 우리 왕이여' 라는 찬양은 예수님을 왕으로 선포하며 그분께 찬양을 올리고 있다. 예수님은 우리 믿음의 백성의 왕일뿐더러 모든 나라의 왕이신 분이시다. 그분은 무소부재하신 온 땅에 거하시며 다스리시는 분이신 것이다.

　　'당신은 영광의 왕'은 예수님께서 왕이시되 영광과 평강의 왕이시라고 선포한다. 또한 하늘과 땅의 주라고 선포한다. 그분은 모든 나라뿐 아니라 온 우주와 영적인 영역과 육적인 영역 모든 부분을 다스리시는 분이시다. 성품에서 살펴보겠지만, 그분은 다스리되 영광과 평강으로 다스리시는 좋으신 왕이시다. 또한, 그분만이 모든 인류를 구원하실 메시아이시다. 예수님께서 구원이시며 메시아이심을 우리는 소리 높여 선포하고 찬양해야하는 것이다.

'주님 큰 영광 받으소서' 찬양은 예수님을 모든 이름위에 뛰어난 이름이라 선포하고 있다. 그리고, 그분께 모든 영광과 존귀와 능력을 돌리고 있다.

'어린양 주께'[63] 찬양은 그분은 하늘 보좌에 앉으신 분으로 우리를 구원하신 어린양이시라 선포하고 있다. 그리고, 그분을 영원하신 분이라 선포한다. 그분은 처음과 나중 되시며 영원하신 분이시다. 그분께 모든 영광, 존귀, 능력, 권세를 돌리고 있다.

'주 예수 기뻐 찬양해' 찬양은 부활하신 주님을 찬양하는 내용이다. 부활은 신적 성격의 중요한 부분이다. 오직 예수님만이 죽음을 이기시고 부활하신 주님이시다.

찬송가 '거룩 거룩 거룩' 은 소위 삼성송으로 삼위일체 하나님을 높이는 찬송이다. 당연히, 예수 그리스도를 높이면서, 하나님 아버지를 높일 수 있고, 성령님도 높일 수 있다. 그리고 삼위일체 하나님을 높일 수 있는 것이다.

2) 예수님의 인성

찬송가 '천사들의 노래가'를 비롯하여 탄생을 주제로 하는 찬송들은 예수님의 인성을 나타내는 대표적인 찬양들이다. 주님은 우리를 구원하시기 위해 하늘 보좌 버리고 이 땅에 내려와 인간이 되어주신 은혜의 하나님이시다.

'주의 이름 높이며' 찬양은 예수님께서 하늘 영광 버리고 이 땅에 내려오신 즉, 성육신하신 분이심을 선포하고 있다.

'주님 가신 길 십자가의 길' 찬양에는 주님께서 친히 이 땅을 사시며 나 때문에 고통을 겪으셨음을 역설하고 있다. 구원과 관련하여서 그분이 친히 고통을 당하셨다는 내용은 주님의 인성을 나타내는 찬송이라 하겠다.

3) 예수님의 성품

'아름답고 놀라운 주 예수' 찬양에서는 예수님을 아름다우신 분으로 묘사하고 있다. 또한, 거룩하신 분으로 선포한다.

찬송가 '내 진정 사모하는'은 내 맘이 아플 적에 큰 위로 되시는 위로의 예수님을 선포하고 있다.

'약할 때 강함 되시네' 찬양은 십자가로 죄를 사하시고 쓰러진 나를 세우고 나의 빈 잔을 채우시는 은혜의 예수님임을 선포하고 있다.

그런가 하면 '주 사랑이 나를 덮네'[64]는 심지어 내가 부족하여도 내가 연약하여도 나를 기뻐하시는 분이시라 선포한다.

'주 품에' 찬양은 거친 파도와 같은 인생길에 보호하시는 분이시라 선포한다.

찬송가 '내 주의 보혈은'은 주님께서 보혈을 흘려주심으로 나를 씻으시고 구원하신 용서와 구원의 주이신 것을 선포하고 있다.

4) 그분이 이루신 사역

'예수 이름 찬양'은 구원을 이루신 구원의 반석 되신 주님을 찬양하고 있다.

'세상권세 멸하시리' 찬양은 예수님께서 원수 마귀를 멸하시고 죽음을 이기신 것을 선포하고 있다.

'풀은 마르고' 찬양은 주님께서 말씀하심이 영원함을 선포하고 있다. 주님의 말씀과 언약은 영원하며 친히 주님께서 또한 말씀이시다.

'성령이 오셨네' 주님은 성령님을 보혜사로 보내셨다. 이제 성령님께서 우리 안에 거하신다.

'일어나라 주의 백성'[65] 찬양은 빛으로 부르신 주님의 사명가운데 일어나라 촉구한다. 즉, 예수님은 우리 영혼을 주의 백성으로 부르시고 사명을 주시고 사명을 이루도록 역사하신다.

5) 그분이 이루실 사역

그분이 이루실 사역은 그분의 재림과 관련이 있겠다.

'지금은 엘리야 때처럼'은 예수님께서 구름타시고 다시 오실 것이라 선포하고 있다. 주님은 반드시 다시 오실 것이다. 그리고 심판하실 것이다.

'모든 민족에게' 찬양은 모든 민족 가운데 부흥을 허락하실 주님을 선포하고 있다. 주님은 앞으로도 일어날 믿음의 백성들에게 동일하게 성령을 부으실 것이고 능력으로 함께 하실 것이며, 복음이 땅 끝까지 선포될 때까지 부흥을 허락하실 것이다.

2. 믿음

복음주의 신앙은 회심을 강조하고 있다. 이는 경배와 찬양에서도 마찬가지이다. 경배와 찬양가운데 예수님께서 나의 주인이시고 구원이시고 생명이심을 고백하는 일이 벌어져야 한다. 그리고, 예수님께 온전히 삶을 드리는 결단이 일어나야 한다.

1) 신앙 고백

'기뻐하며 왕께' 찬양은 주님만이 나의 창조자이시고 나의 구원자이시고 나의 치료자이시며 선한 목자이심을 고백하고 있다.

'내 구주 예수님' 찬양은 예수님을 나의 구주, 위로자, 피난처 되신 주님이시라고 고백하고 있다. 그리고, 신실하신 주님의 구원의 약속이 내 안에 있음을 선포하고 있다.

'다 표현 못해도' 찬양은 나를 구원하신 주님의 사랑이 어떠한지를 고백한다. 비록 다 알지 못하였다고 해도 지금의 신앙을 고백하겠다고 선포한다.

'거룩하신 하나님 주께' 찬양은 주님께서는 날 위해 이 땅에 오신 분이시고, 날 위해 십자가 지신 분이심을 고백하고 있다. 그리고, 내가 약할 때 강함이 되시고 가난할 때 부요함이 되신다고 고백한다.

'예수 열방의 소망' 찬양은 주님만이 내 영혼뿐 아니라 모든 열방에 소망이시요 변함없는 반석이시라고 고백하고 있다.

2) 결단과 헌신

'나 주님의 기쁨 되기 원하네' 찬양은 이제 주님을 믿는 자녀로써 주님의 기쁨이 되기 원한다고 고백하고 있다.

'십자가의 길 순교자의 삶' 찬양은 어떤 상황에서도 주님만을 신부처럼 따르겠다는 절절한 고백이 담겨 있다.

'오직 주의 사랑에 매여' 찬양은 주님의 은혜와 사랑으로 구원 받은 영혼이기에 즐거이 주님만을 따르겠다는 고백을 올리고 있다.

3. 교회, 공동체, 한 몸

서로를 향한 사랑을 고백하거나 한 몸임을 선포하는 찬양들을 코이노니아적 찬양이라 한다. 이 찬양들은 경배와 찬양 중에 불리기는 다소 불편하나, 전체 예배 안에서 불리는 데에는 문제가 없다. 이에 대한 자세한 연구는 다음 편에서 살펴 볼 것이다. 코이노니아 찬양은 목적에 따라 세 가지로 구분할 수 있다. 첫째는 환영, 둘째는 격려와 위로, 셋째는 한 몸 고백이다.

1) 환영

'주의 사랑으로 사랑 합니다' 찬양은 서로에게 사랑한다고 고백하는 찬양이지만 처음 교회에 온 지체를 환영하는 찬양으로 사용할 수 있겠다.

'축복 합니다' 찬양도 사랑을 고백하는 찬양이지만 처음 교회에 온 지체를 환영하면서 부를 수 있는 찬양이다.

'아주 먼 옛날' 찬양은 사랑을 고백하는 찬양이지만 처음 교회에 온 처음 주님의 자녀가 된 지체를 향해 고백할 수 있는 찬양이다.

'당신은 하나님의 언약 안에 있는' 찬양은 예수님을 처음 믿게 되어 언약의 백성이 된 자를 환영하고 축복하는 찬양이 될 수 있겠다.

2) 격려와 위로

'축복송' 찬양은 어려움을 겪고 있는 지체에게 위로하기위해 노래하는 찬양이다.

'너의 하나님 여호와가' 찬양은 하나님께서 우리를 얼마나 사랑하시는지를 고백함으로 격려하는 찬양이겠다.

'감사해요 깨닫지 못했었는데' 찬양은 얼마나 소중한 존재인지를 고백해 줌으로 격려하는 찬양이 되겠다.

3) 한 몸

'우리는 한 몸 성령 안에서' 찬양은 우리가 주님 안에 한 몸 되어 세상을 향해 나아가자는 선포를 담고 있다.

'기대' 찬양은 우리가 서로 모습은 다르지만 주안에 하나이고 서로 격려하며 주의 사명을 같이 이루어 가자라는 선포를 담고 있다.

'우리는 주의 백성이오니' 찬양은 우리를 교회라는 한 공동체로 세우신 주님께 함께 우리 삶을 드리며 교회를 통해서 주 뜻이 이루어지길 간구하는 찬양이다.

4. 사명 (전도와 선교)

복음주의 예배에서 또 하나 경험해야 하는 메시지는 바로 선교와 전도의 사명과 관련된 메시지이다.

'예수 이름이 온 땅에' 찬양은 예수님을 믿는 주의 백성이 일어나는 것에 대해서 주님께서 얼마나 기뻐하는지를 나타냄으로 선교에 열심을 내야함을 선포하고 있다.

'모든 민족과 방언들 가운데' 찬양은 모든 민족과 방언에서 주님을 예배하고 찬양하는 무리들이 일어나야 함을 나타냄으로 선교해야 함을 선포하고 있다.

'부흥' 찬양은 부흥을 간구하는 찬양인데, 주님께 부흥을 구하면서 한편으로는 복음의 삶을 살고 또한, 복음을 전하는 삶을 살아야 함을 결단하도록 하는 찬양이다.

'나로부터 시작되리'[66] 찬양은 이 땅에 주님의 나라를 이루는 일을 미루지 말고 나 스스로부터 열심을 내자는 촉구를 담음으로 복음의 삶을 살고 복음을 전하는 삶을 살도록 하는 찬양이다.

'온누리 향해'⁶⁷ 찬양은 교회안의 예배에만 국한되지 말고 이제는 말씀을 듣고 나가서 말씀대로 살고 말씀을 전파하는 사명을 감당하며 살 것을 촉구하는 찬양이다.

'우릴 사용 하소서' 찬양은 믿는 자와 교회의 정체성을 선포하며 교회가 교회되는 것은 주님께 삶을 드려 주님의 사명에 쓰임 받는 것임을 선포한다.

5. 복음주의 예배에서 경험해야하는 메시지 내용 정리

복음주의 예배에서 경험해야하는 메시지 정리

기본 메시지		찬양
예수 그리스도	신성	예수 우리 왕이여, 당신은 영광의 왕, 지존하신 주님 이름 앞에, 어린양 주께, 주 예수 기뻐 찬양해, 거룩 거룩 거룩
	인성, 성육신	천사들의 노래가, 주의 이름 높이며, 주님 가신 길, 하나님 어린양 독생자 예수
	성품	아름답고 놀라운 주 예수, 내 진정 사모하는, 약할 때 강함 되시네, 주 사랑이 나를 덮네, 주 품에, 내 주의 보혈은, 아버지 사랑 내가 노래해
	이루신 사역	예수 이름 찬양, 세상 권세 멸하시러, 풀은 마르고, 성령이 오셨네, 일어나라 주의 백성
	이루실 사역	지금은 엘리야 때처럼, 모든 민족에게

기본 메시지		찬양
회심	신앙고백	기뻐하며 왕께, 내 구주 예수님, 다 표현 못해도 거룩하신 하나님 주께, 예수 열방의 소망
	결단과 헌신	십자가의 길 순교자의 삶, 오직 주의 사랑에 매여 나 주님의 기쁨 되기 원하네,
영적 사귐	갈망, 목마름	오 나의 자비로운 주여, 주께 가까이, 주님 곁으로
	치유, 위로, 회복	마음이 상한 자를, 날마다 숨 쉬는 순간마다 나 주님 보기 원하네, 들으시는 하나님
	사모함, 사랑함	이와 같은 때엔, 모든 사랑 드리리, 아버지 사랑 내가 노래해, 나를 향한 주의 사랑
	경외, 경탄	주께서 높은 보좌에, 왕이신 나의 하나님, 주님 큰 영광 받으소서, 어린양 주께, 비전
교회	환영	주의 사랑으로 사랑 합니다. 축복합니다. 아주 먼 옛날, 당신은 하나님의 언약 안에 있는
	격려와 위로	축복송, 너의 하나님 여호와가, 감사해요 깨닫지
	한 몸	우리는 한 몸, 기대, 우리는 주의 백성이오니
전도와 선교	전도	부흥, 나로부터 시작되리, 온누리 향해
	선교	모든 민족과 방언들 가운데, 예수 이름이 온 땅에

이제 위에서 설명한 내용을 토대로 표로 정리하여 보았다. 물론, 이 보다 더 많은 주제들과 찬양들이 있을 수 있겠다. 그러나, 복음주의 예배에서 반듯이 있어야 하는 기본적인 메시지는 이와 같다하겠다. 그리고, 한 주제에 대해서도 다양한 내용들이 존재할 수 있다. 예배자로 보다 다양한 복음주의의 메시지를 경험하도록 하기위해서 바르고 다양한 경배와 찬양들이 계속 등장해야 할 것이다.

A worshipper, be the best
최고의 예배자가 되라

8장

복음주의적 형식 보강1
- 임재 및 임재 경험 개념 정립

　　경배와 찬양은 복음주의 예배자들의 체험적 신앙을 위해서, 진정한 살아계신 하나님을 예배 중 만나도록 하기위해서 접목되는 것이다. 복음주의적 경배와 찬양은 예배적 체험의 근거로 임재 및 임재 경험이라는 개념을 발전시켰다. 은사적 찬양이 기름 부으심이라는 개념을 더 발전 시켰다면 복음주의적 찬양은 임재 및 임재 경험이라는 개념을 더 발전 시켰다고 볼 수 있다. 임재와 임재 경험에 대한 예배학적 정립은 경배와 찬양이 복음주의 예배 안에 자리 잡을 정당성을 마련한다. 그런 의미에서 이제 임재 특히, 예배적 임재와 임재 경험에 대해서 정립해 보도록 하겠다.

1. 다차원적인 하나님의 임재

임재란 하나님의 계심이요 나타나심이다. 그런데, 하나님은 전능하신 분이시기에 우리가 생각하는 것 이상의 다차원으로 임재 하신다.

(1) 우주적 임재(무소부재)
먼저 전능하신 하나님은 온 천지에 임재해 계신다. 그분이 계시지 않은 곳은 없으며 그분의 눈을 피해갈 곳은 없다.

예레미아 23:24
여호와의 말씀이니라 사람이 내게 보이지 아니하려고
누가 자신을 은밀한 곳에 숨길 수 있겠느냐
여호와가 말하노라 나는 천지에 충만하지 아니하냐

(2) 내주하심
예수님께서는 주님을 믿음으로 영접한자들 안에 내주하신다.

갈라디아서 2:20
내가 그리스도와 함께 십자가에 못 박혔나니
그런즉 이제는 내가 사는 것이 아니요
오직 내 안에 그리스도께서 사시는 것이라
이제 내가 육체 가운데 사는 것은 나를 사랑하사
나를 위하여 자기 자신을 버리신 하나님의 아들을 믿는
믿음 안에서 사는 것이라

고린도전서 3:16

너희는 너희가 하나님의 성전인 것과 하나님의 성령이
너희 안에 계시는 것을 알지 못하느냐

(3) 동행하심

그분은 믿는 자 안에 내주하심과 동시에 또한 우리 곁에서 동행하신다. 우리를 붙드시고 인도하신다.

이사야 41:10

두려워하지 말라 내가 너와 함께 함이라 놀라지 말라
나는 네 하나님이 됨이라 내가 너를 굳세게 하리라
참으로 너를 도와주리라 참으로 나의 의로운 오른손으로
너를 붙들리라

(4) 하늘 보좌에 계심, 다시 오심

그분은 부활하시어 승천하신이후 하늘 보좌에 계신다. 그리고 그 분은 재림의 때에 다시 오실 것이다.

베드로전서 3:22

그는 하늘에 오르사 하나님 우편에 계시니
천사들과 권세들과 능력들이 그에게 복종하느니라

요한계시록22:7

보라 내가 속히 오리니 이 두루마리의 예언의 말씀을
지키는 자는 복이 있으리라 하더라

(5) 예배적 임재

우리가 여기서 중요하게 알아야 할 또 하나의 임재개념은 바로 이것이다. 주님은 예배적으로 임재 하신다는 것이다. 그분은 이미도 우리 안에 내주하시고 또한 우리와 동행하신다. 그러면서도 또한 예배자들의 모임 중에 임하시여 자신을 나타내신다. 그래서, 우리는 예배 중에 살아계신 주님을 체험할 수 있는 것이다.

출애굽기 25:22

거기서 내가 너와 만나고 속죄소 위 곧 증거궤 위에 있는
두 그룹 사이에서 내가 이스라엘 자손을 위하여
네게 명령할 모든 일을 네게 이르리라

마태복음 18:20

두세 사람이 내 이름으로 모인 곳에는
나도 그들 중에 있느니라

요한복음 4:23

아버지께 참되게 예배하는 자들은 영과 진리로 예배할 때가
오나니 곧 이 때라 아버지께서는 자기에게 이렇게 예배하는
자들을 찾으시느니라

(6) 시간적 차원(어제, 오늘, 내일)

하나님은 어제도 계셨고 오늘도 계시며 앞으로도 계실 것이다. 처음과 나중 되신 분이신 것이다.

히브리서 13:8

예수 그리스도는 어제나 오늘이나 영원토록 동일하시니라

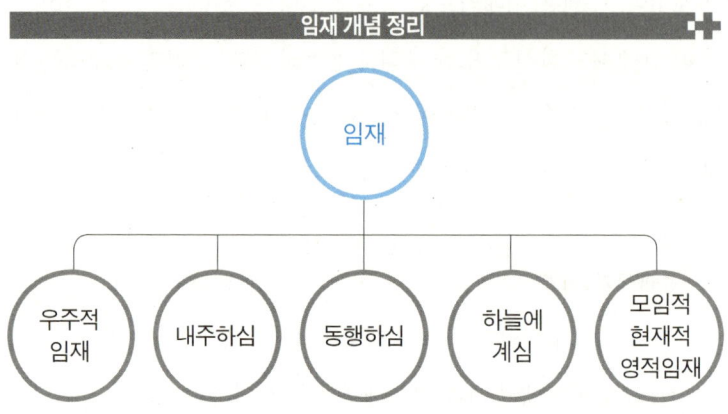

임재 개념 정리

2. 임재와 임재 경험

모든 임재의 개념에 있어서 임재 경험과 구분하여 이해할 수 있다. 주님은 온 땅에 임재하시지만 주님을 믿지 않으면 주님의 임재를 경험할 수 없다. 주님은 믿는 자안에 내주하시는 분이지만 믿는 자가 믿음으로 화답하지 않으면 내주하시는 주님을 느낄 수 없다. 주님은 늘 믿는 자와 동행하시는 분이시만 믿음으로 바라보지 못하면 동행하시는 주님을 경험할 수 없다. 예배적 임재도 마찬가지다. 예배적 임재와 임재 경험을 구분할 줄 아는 것이 정말 중요하다. 예배적으로 주님은 임재 하신다. 그런데, 아무리 주님이 임재 하셨어도 우리가 믿음을 가지고 응답함으로 나아가지 못하면 그 주님을 경험하고 체험하지 못하게 된다. 우리는 성령의 도우심속에 갈망함과 소망함을 가지고 예배가운데 응답함으로 주님과 사귐을 가져야 한다. 즉, 임재 하신 주님을 임재 경험해야 하는 것이다.

3. 다양한 임재 경험에 대한 이해들

영적체험(임재경험)에 대한 복음주의 교회의 수용 정도

내용			전통 복음주의	성결적 복음주의			오순절적 복음주의	은사적 복음주의
			칼빈	웨슬리				
				감리	성결	성결오순절		
임재경험	메시지경험에 이은 감정체험	감사	○	○	○	○	○	○
		갈망, 목마름	○	○	○	○	○	○
		사모함, 사랑함, 사랑을 느낌	○	○	○	○	○	○
		경외, 경탄	○	○	○	○	○	○
		회개, 통탄, 후회	○	○	○	○	○	○
		위로와 격려, 치유의 은혜 체험	○	○	○	○	○	○

내용		전통 복음주의	성결적 복음주의			오순절적 복음주의	은사적 복음주의
		칼빈	웨슬리				
			감리	성결	성결 오순절		
임재 경험	성령 체험	성령 세례(성결)			○	○		△
		성령 세례(능력)				○	○	○
		성령 세례(방언)					○	△
		성령 세례(은사)						○
		성령 충만 (능력, 은사)	△	○	○	○	○	○
		성령 충만(축복)					○	○
		치유, 신유			○	○	○	○
		기적			○	○	○	○
		분명한 임재					△	○
		예언적 계시					△	○

그런데, 임재 경험을 한다고 할 때 각각의 신앙 전통에 따라서 그 추구하는 정도가 다르다. 전통적 복음주의 교회가 추구하는 정도와 성결, 오순절적 복음주의의 교회들, 그리고 은사적 교회들이 그 신앙의 차이로 인하여 추구하는 정도가 다르다 하겠다. 이를 정리하면 위 표와 같다.

첫째, 위에 표에서 보면 위에서 6번째까지의 임재 경험은 찬양 중 마음에 들려오는 메시지를 듣고 깨닫는 메시지 경험과 이를 이어 등장하는 감정 경험들이다. 전통적인 묵상 기도를 살펴보면, 예를 들어 아빌라의 테레사의 묵상 기도의 설명을 보면 묵상 기도는 추리적 묵상 기도에서 정감적 묵상기도로 흘러간다고 말한다.[68] 즉, 전통적인 묵상의 영성에서는 깨달음과 감정 경험의 관계를 이미 파악하여 이를 적용하고 있는 것이다. 이런 메카니즘은 말씀과 찬양을 통한 메시지 경험에도 적용할 수 있겠다. 메시지를 경험하는 차원이라면 동일하게 깨달음이후 감정 경험을 하게 될 것이기 때문이다. 예를 들어, 영혼이 지쳐 있는 상황 속에서 '목마른 사슴 시냇물을 찾아'라는 경배와 찬양을 찬양하는 중에 목마른 내 영혼이 주님을 간절히 찾아야 산다는 깨달음이 오면서 주를 향한 갈망이 파도처럼 밀려오는 감정적 경험을 이어 하게 되는 것이다.

하나 더 예를 들면, 마음이 힘들고 어려움 중에 찬양을 하게 되었는데, '약할 때 강함 되시네' 라는 찬양을 하면서 내가 약할 때 강함 되시고, 쓰러진 나를 세우시고 텅 비어 있는 내 영혼을 채우시는 분은 예수님이시라는 메시지를 깨닫는 경험을 하게 되고, 이를 통해서 주님의 위로와 격려를 경험하게 되는 것이다.

보통 전통적인 복음주의(칼빈적 복음주의와 웨슬리적 복음주의) 경우는, 임재 경험으로 6번째까지의 경험을 하게 된다. 그러므로, 전통적인 복음주의에서의 임재 경험은 메시지 경험에 이은 감정 경험이라고 정의내릴 수 있겠다. 또한, 감정 경험은 예배자로 결단과 헌신(의지적 경험)을 할 수 있도록 독려하는 역할을 한다.

둘째, 6번째 이후의 임재 경험은 경배와 찬양 중 성령의 역사하심을 통해서 주어지는 성령체험(Manifestation of the Spirit)들이다. 앞으로 살펴보겠지만, 성결적 복음주의, 오순절적 복음주의 및 은사적 복음주의, 신사도적 복음주의 등에서 등장하는 임재 경험이라 할 수 있다. 이와 관련된 내용은 그 부분을 설명하면서 나누고자 한다.

9장

복음주의적 형식 보강2
- 폭넓은 찬양의 개념 정립(3가지 방향의 찬양)

앞서서 언급했듯이 복음주의 예배는 주님과 예배자와의 사귐을 추구하기에 폭넓은 찬양의 개념이 필요하다. 특히, 경배와 찬양은 주님과 풍성한 사귐의 장으로써의 역할을 감당해야하기에 폭넓은 방향의 찬양들을 잘 조합해야 한다. 그런데, 주님과의 사귐 그리고, 소통, 방향과 관련하여서는 영성신학과 교회음악 철학에서 먼저 연구된 내용들을 참조 할 수 있다.

리차드 포스터는 자신의 책 '기도'에서 다양한 기도를 잘 설명해주고 있다.[69] 그는 기도를 3가지 방향으로 정리한다. 그것은 '안으로 향하는 기도', '위로 향하는 기도', '밖으로 향하는 기도'이다. '안으로 향하는 기도'에는 자신을 돌아보는 '성찰의 기도'와 회개 관련한 '눈물의 기도' 등이 있다. '위로 향하는 기도'에는 주님을 높이는 '찬양 기도'와 주님의 영적 임재를 경험하고자 하는 '침묵 기도'등이 있다.

'밖으로 향하는 기도'에는 자신의 필요를 구하는 '간구의 기도'와 다른 사람의 필요를 구하는 '중보의 기도', 그리고, 사단의 권세를 물리치는 '권세 있는 기도' 등이 있다. 폭넓은 기도의 이해와 이에 따른 은혜는 바로 신앙이 단순히 하나님을 향해 인간만이 한 방향으로 달려가는 것이 아닌 쌍방향의 주님과 주의 자녀와의 인격적 사귐임을 올바로 깨닫는 순간 주어지는 것이다.

교회 음악가 데이빗 페스(David Pass)는 교회음악을 교회론에 근거하여 세 가지 방향으로 나눈다.[70] 즉, 케리그마적 음악, 레이투르기아적 음악, 코이노니아적 음악이다. 케리그마적 음악은 선포적 음악이고, 레이투르기아적 음악은 찬양과 기도의 내용으로써 하나님을 높이는 음악이고, 코이노니아적 음악은 서로를 세우는 음악이겠다. 그는 케리그마적 음악으로서 선포적 내용의 찬양을 하는 성가대 음악을 예로 들었다. 하나님의 말씀을 객관적으로 담대하게 선포하는 음악이라는 것이다. 또한, 레이투르기아적 음악으로 찬송가를 예를 들며 이는 하나님에 관한 노래가 아닌 하나님을 향한 노래라고 말하고 있다. 마지막으로 코이노니아적 음악에 대해 말하길, 케리그마 이후에 권면과 위로가 되는 음악이라 하였다.[71]

리차드 포스터의 기도관련 내용과 데이빗 패스의 교회음악의 구분을 토대로 예배 음악을 주님을 높이는 음악과 백성에게 선포하고 가르치는 음악, 서로를 향하여 격려하고 세우는 음악으로 구분할 수 있다.

다시 이를 근거하여 경배와 찬양에 적용할 수 있다. 경배와 찬양 중에 주님을 높이는 찬양이 있고 메시지를 선포하고 전하는 찬양이 있고 서로를 세우는 찬양이 있을 수 있다. 이런 다양한 방향의 찬양은 조화를 이루며 경배와 찬양 중에 주님과 사귐을 갖도록 돕게 되는 것이다.

코이노니아적 찬양에 대해서 '찬양이 아니다 맞다'는 논쟁이 있는 것을 안다. 그러나, 이는 이렇게 생각해 볼 필요가 있다. 케리그마적 찬양의 경우 찬양팀이 회중을 향해서 선포하고 전하는 것으로만 개념 지을 수 없다. 왜냐하면, 회중이 찬양을 하기 때문이다. 그러므로, 케리그마적 회중 찬양은 다음의 3가지 방향으로 다시 구분될 수 있다.

케리그마 찬양의 3가지 방향

구분	내용
스스로 방향 찬양	회중이 자기 자신을 향해서 선포하고 전하는 방향의 찬양
세상(어둠) 방향	회중이 세상과 어둠을 향해 선포하고 전하는 방향의 찬양
서로 및 교회 방향	회중이 서로에게 또는 자기 교회를 향해 선포하고 전하는 찬양

첫 번째의 것은 자기 자신을 향해 선포하고 전하는 케리그마적 찬양으로 많은 경우가 이에 해당할 수 있다. 메시지 경험은 바로 자기 자신이 하는 것이다. 두 번째로 세상 또는 어둠을 향해 선포하고 전하는 케리그마적 찬양으로 복음의 진리를 자기 자신뿐 아닌 이를 넓혀서 복음이 필요한 그리고 복음을 들어야 하는 세상, 그리고, 원수인 사단 마귀를 향해서 선포하는 방향의 케리그마적 찬양이 되겠다.

서로를 향해서 선포하고 전하는 찬양이 사실상 코이노니아적 찬양이 되는 것이다. 즉, 코이노니아적 찬양은 서로를 향해 케리그마를 전하는 찬양이라고 정리하면 얼마든지 경배와 찬양 안에서 제 역할을 할 수 있는 것이다. 이상을 근거하여 경배와 찬양을 방향으로 구분하여 좀 더 살펴보고자 한다.

하나님을 향하는 방향인 찬양을 레이투르기아적 찬양으로 정의하면서, 찬양의 목적이 다름으로 인하여 다시 3가지로 레이투르기아 찬양을 구분할 수 있다. 그것은 주님을 높이는 목적으로 하는 '높임 찬양', 주님께 헌신과 결단을 올리는 '드림 찬양', 주님께 간구를 올리는 '간구 찬양'으로의 구분이다.

회중을 향하는 방향인 찬양을 케리그마적 찬양으로 정의하지만, 그 목적에 따라서 두 가지로 다시 구분 할 수 있다. 선포하는 찬양과 가르치는 찬양으로의 구분이다.

경배와 찬양의 방향 구분

구분	케리그마적 찬양		레이투르기아적 찬양					코이노니아적 찬양		
	선포 찬양	가르침 찬양	간구 찬양	드림 찬양	높임 찬양			축복 찬양	위로 찬양	하나됨 찬양
					축제적	경외적	친밀적			
방향	하나님 ⋮ 회중				하나님 ⋮ 회중			회중 <—> 회중		
예	그는 여호와 창조의 하나님	하나님은 너를 지키시는 자	정결한 맘 주시옵소서	주님 내가 여기 있사오니	찬양하세	왕이신 나의 하나님	주님 사랑해요	당신은 사랑받기 위해	축복송	서로 용납하라

마틴 로이드 존스는 자신의 책에서 설교를 이야기할 때 두 가지 영역을 나누어 설명한다.[72] 그것은 케리그마적 설교이고 다른 하나는 디다케적 설교이다. 케리그마적 설교는 구원의 메시지인 전도 설교이고, 디다케적 설교는 성도의 덕성 함양을 위한 설교인 것이다. 이를 근거하여 교회음악도 또한 예배 음악도 더 나아가 경배와 찬양도 선포 찬양과 가르침 찬양의 두 가지 영역의 케리그마 찬양을 다시 구분하여 정리할 수 있다.

코이노니아적 찬양도 그 목적에 따라서 구분할 수 있다. 축복 찬양, 위로 찬양, 하나됨 찬양으로의 구분이다. 축복 찬양은 서로에게 주님의 자녀 됨을 축복하는 찬양으로 새 가족 환영이나 구원의 메시지를 강화하는 목적으로 사용될 수 있다. 위로 찬양은 회중 서로를 격려하고 위로하기위한 찬양으로 위로와 격려의 임재 경험을 강화하기위해서 사용될 수 있다. 하나됨 찬양은 회중이 한 몸임을 강조하는 메시지 경험을 강화하기위해서 사용될 수 있다.

A worshipper, be the best
최고의 예배자가 되라

10장

복음주의적 형식 보강3
- 메시지 경험 정립

필자는 말씀을 듣고 이를 깨닫고 감동하고 결단하는 것을 메시지 경험이라 정의 한다. 찬양의 가사를 통해 깨닫고 감동하고 결단하게 된다면 이도 일종의 메시지 경험이다. 메시지 경험을 자세히 풀어 설명해 보겠다.

첫째, 주님은 말씀하시는 분이시다. 그런데, 복음주의에서 말씀하신다는 것의 주요 의미는 실제의 음성을 들려주신다는 것보다, 우리가 들어야 하는 메시지를 주신다는 의미이다. 그래서, 복음주의는 신비적인 주님의 실제적 음성과 현현을 추구하는 것이 아닌 성령님의 도우심으로 주님께서 주시고자 하는 메시지를 깨닫는 것을 추구한다.

둘째, 메시지를 주시는 하나님은 모든 것을 통해서 말씀하신다. 그런데, 복음주의에서는 성경말씀을 통해서 주시는 것이 중심이 된다. 그런 의미에서, 개신교 특히, 복음주의는 예배 중 설교를 중요시 여긴다. 설교 말씀을 듣고 깨닫는 것이 예배 중 메시지 경험의 핵심이라 할 수 있다.

셋째, 예배자는 성령님의 도우심으로 설교를 통해 전달되는 말씀에서 나에게 주시는 메시지를 잡고 깨닫고 감동할 수 있어야 한다. 순전한 마음과 갈망하는 마음으로 말씀을 듣는다면 선포되어지는 로고스의 말씀을 나의 메시지인 레마의 말씀으로 받을 수 있다.

넷째, 메시지 경험은 나의 경험이 되어야 한다. "누구누구가 들어야할 메시지인데.."라는 생각은 바른 생각이 아니다. 자신에게 말씀하시는 내용을 겸손함으로 잡아야 하는 것이다. 메시지 경험의 목적은 결국 나의 삶의 변화에 있는 것이다.

다섯째, 그런 의미에서, 메시지 경험은 성령님의 도우심으로 삶의 실천으로 연결되는 것이어야 한다. 듣기만하고 삶으로 연결되지 않는 것은 진정한 메시지 경험이 아니다.

여섯째, 복음적이고 예수님 중심의 메시지 경험이어야 한다. 엉뚱한 것을 깨닫고 독특한 것을 깨닫는다고 특별한 것이 아니다. 오히려 잘못될 수 있는 것이다. 성경 말씀에 준한 복음적이고 예수님 중심의 메시지 경험을 해야 한다.

일곱째, 경배와 찬양 중 메시지 경험은 그 찬양의 가사를 통해서 나의 메시지를 붙잡아 내 개인의 레마의 말씀으로 받고 감동하는 것이다.

여덟째, 그런데, 경배와 찬양의 메시지 경험은 전통적인 복음주의일수록 단독적인 것이 아니라, 설교 말씀 가운데 오늘의 주제를 더욱 깨닫고 감동하도록 돕는 것이 되어야 한다. 예배의 중심은 말씀을 듣고 깨닫는데 있기 때문이다. 그러므로, 돕는 위치로써, 오늘의 예배의 주제와 일치하거나 연결되는 메시지 경험을 제공해 주는 것이 지혜로운 것이다. 그렇기 때문에 찬양 콘티를 짜는데 있어서 오늘의 예배 주제 메시지와 연관성을 두어야 하는 것이다.

A worshipper, be the best
최고의 예배자가 되라

4편

최고의 예배자가 되라
복음주의 경배와 찬양 가이드북

칼빈과 웨슬리 중심의 전통적 복음주의 신앙과 경배와 찬양 1

| 11장. 칼빈과 웨슬리 중심의 전통적 복음주의의 메시지 경험

전통적 복음주의 예배의 메시지 경험 개관
칼빈주의와 복음적 알미니안주의 구원론 비교 고찰

| 12장. 칼빈과 웨슬리 중심의 전통적 복음주의 경배와 찬양에서의 메시지 경험

전적 부패 | 선택 | 성화 | 성도의 견인

11장

칼빈과 웨슬리 중심의 전통적 복음주의 예배의 메시지 경험

1. 전통적 복음주의 예배의 메시지 경험 개관[73]

전통적 복음주의라 하면, 현재 복음주의를 추구하는 신앙 중 종교개혁시대에 등장하여 지금까지 흘러 내려오고 있는 전통적인 개신교들이라 할 수 있다. 루터교, 성공회, 장로교, 개혁교, 감리교 등이 되겠다. 그중 칼빈과 웨슬리 신앙에 초점을 맞추어 살펴보고자 한다.

전통적 복음주의 예배에 경배와 찬양을 접목하는 데에 있어서 두 가지 차원으로 고찰을 하고자 하는데, 그 두 차원은 바로 내용과 형식이다. '칼빈과 웨슬리 중심의 전통적 복음주의와 경배와 찬양1'에서는 전통적 복음주의에서 경배와 찬양을 펼쳐 나가는 것 중, 내용에 해당하는 메시지 경험에 대해 살펴볼 것이다.

복음주의 예배 특히, 전통적인 복음주의 예배는 예배에 있어서 주님의 말씀이 선포되어지는 것이 상당히 중요한 위치를 차지하고 있다. 성찬이 있는 경우는 말씀과 성찬이 예배의 균형을 이루겠지만 성찬이 없는 대부분의 복음주의 예배는 입례, 말씀을 듣고 반응하는 부분, 폐회로 구성된다. 그중, 말씀을 듣고 반응하는 것, 다시 말해, 메시지를 경험하는 것이 예배의 중심이라 하겠다. 예배에 있어서 메시지 경험이 중심을 잡는 것은 전통적 복음주의일수록 더 그러하다. 성결적 복음주의를 지나 오순절적 복음주의로 갈수록 오늘의 메시지 경험도 물론, 중요하지만, 예배시간에 은혜 체험이나 성결 체험 또는 성령 체험이 더 중요한 경우도 많다. 그러므로, 전통적 복음주의에 접목되는 경배와 찬양은 다른 어떤 복음주의보다도 메시지 경험에 더 집중해야 한다.

한편, 칼빈과 웨슬리 중심의 전통적 복음주의 안에서 경험할 수 있는 메시지의 내용은 칼빈적 복음주의와 웨슬리적 복음주의의 신학적 차이로 인하여 특히, 구원론의 차이로 인하여 많은 부분에서 서로 다른 메시지 경험을 하게 된다. 다시 말해, 칼빈적 신앙을 가지고 있는 교회 강단에서 선포되어지는 메시지와 웨슬리적 신앙을 소유한 교회 강단에서 선포되어지는 메시지가 신학적 차이로 인하여 같은 말씀을 선포한다고 해도 다르게 해석되고 다르게 적용된다는 것이다. 이 차이를 구별할 줄 아는 것은 찬양인도자에게 정말 중요한 부분이라 하겠다. 왜냐하면, 찬양인도자가 이 차이를 구분하지 못하고 경배와 찬양을 통해서 메시지가 혼돈되도록 한다면 설교를 방해하는 것이 되기 때문이다. 그런 의미에서 각 교회의 신학에 근거한 교육과 훈련을 받은 찬양 목회자가 필수적임을 필자는 계속적으로 강조하고 있는 것이다. 만약에, 초교파적으로 훈련을 받은 찬양 인도자라 한다면 반드시 자신이 섬기는 교회의 신학을 공부하고 연구할 필요가 있다.

이제 두 복음주의 안에 어떤 구원론적 차이가 있는지 살펴볼 것이고, 이를 토대로 서로 다르게 경험하게 되는 메시지들을 자세히 살펴보게 될 것이다. 두 진영의 구원론을 살펴보기 위해 칼빈주의와 복음적 알미니안주의를 잘 비교 고찰한 밀라드 에릭슨이 말하는 구원론을 정리하여 제시하고자 한다.

2. 칼빈주의와 복음적 알미니안주의 구원론 비교 고찰[74]

1) 예정

'미리 정하심'은 일어나는 모든 일에 대한 하나님의 뜻을 말하고, '예정'은 각 개인에 대한 영생과 관련한 하나님의 뜻을 일컫는다. 그리고, '선택'이란 영생을 주시기로 선택한 것 즉, 예정의 긍정적 측면이고 '유기'란 예정의 부정적 측면을 가리킨다.

(1) 칼빈주의

전적 부패, 너무도 죄악된 존재인 모든 인간은 어떤 은혜에도 반응을 보이지 못한다. 선을 행할 능력을 상실했다는 의미로 전적인 무

능력한 존재이다. 도덕적 타락(도적적 무능력)과 형벌을 받을 책임(죄책)을 가지고 인간은 태어난다. 이를 원죄라 한다.

선택, 하나님의 주권과 하나님의 은총으로 구원 받을 어떤 사람을 선택하신다. 결코 사람의 어떠함 때문이 아니고, 어떤 사람이 나중에 하나님을 믿을 것을 미리 알고(예지) 선택하는 것도 아니라, 전적으로 하나님의 뜻에 따라 영원 전부터 선택하셨다(엡 11:4-5, 롬 9:15-16). 그리고, 그 선택은 불변한다. 그분의 무한하신 자비하심으로 선택하신 것이기에 그분의 마음을 바꿀 어떤 이유가 없는 것이다. 그리고, 인간이 선택받았기에 주님께 나올 수 있는 것이다. 복음적 알미니안주의자들이 이야기하듯이 자유의지적으로 주님께 나아갈 수 있는 것이 아니다. 자유가 있다하지만 죄로 인하여 그 자유를 제대로 사용할 수 없다고 본다.

(2) 복음적 알미니안주의

만민구원, 감리교 신앙 또는 복음적 알미니안주의의 출발점과 같은 것이 바로 만민구원이다. 하나님은 모든 사람이 구원받기를 기뻐하신다. 그리고, 모든 사람을 구원으로 초청하신다. 만약, 이를 뒷받침하는 성경구절(벧후 3:9, 마 11:28)들과 다르게 모든 사람들이 구원 받는 것이 의도하시는 바가 아니라면 하나님의 초대는 진실되지 않다고 밖에 이야기할 수 없다고 말한다.

선행적 은총, 펠리기우스주의는 본성적으로 자유의지를 가지고 태어나서 인간 스스로 구원을 결정할 수 있다고 말하는 것에 반해, 웨슬리는 모든 사람이 원죄를 가지고 태어나지만 선행적 은총으로 모든 사람이 이성과 양심과 함께 부분적으로 자유의지를 회복한다고 말한다.[75] 모든 사람에게 차별 없이 주어지는 것이다. 그러나, 모든 사람이 구원을 얻는 것은 아니다. 자신에게 주어지는 선행적 은총을 무시하거나 거부하지 않고 주를 향한 열심을 가지고 응답할 때 구원이 이루어지는 것이다. 그래서, 이를 신인 협조적 구원이라고 말한다. 웨슬리는 하나님의 열심 100%와 인간이 하나님을 사모하는 열심 100%로 구원의 길에 이른다고 말하였다.[76] 즉, 칼빈적 신앙이 전적인 하나님의 주권적인 구원을 말한다면 하나님의 열심 100%, 인간의 노력 0%라고 말하는 것이다. 반면, 웨슬리는 하나님의 열심 100%와 인간의 열심 100%라고 말하며 복음적 신인 협조설을 이야기하고 있는 것이다.[77]

　예지 예정, 하나님은 구원할 자를 선택할 때 어떤 사람을 선호하셔서 그를 예정하신다는 것이다. 어떤 자를 선호하시는가? 앞으로 하나님을 믿고 따를 자를 선호하신다는 것이다. 하나님은 전지하시기에 앞으로 믿을 자를 미리 아실 수 있으시다. 이를 뒷받침하는 성경 구절(롬8:29, 벧전1:1-2)을 근거하여 하나님의 예정은 예지에 근거하여 하시는 것이라고 주장한다.

　복음적 알미니안주의자들은 이렇게 인간의 어떠함에 근거 없이 그저 하나님의 뜻대로 무조건적으로 구원을 한다면 인간이 이 땅에서 행하는 행동이 무슨 의미가 있느냐고 반문한다. 이미 구원 받기로 정해져 있기에 잘못해도 상관이 없고 구원받지 않기로 예정되었다면 선한 행동이 무의미하다는 것이다.

칼빈주의는 복음적 알미니안주의를 심적으로 이해한다. 하나님의 어떤 개입이 없으면 인간 스스로 어떤 것도 할 수 없기에 선행적 은총을 생각했고, 이 땅에서의 인간의 행동이 무의미하게 느껴지기에 예지 예정을 주장하는 것을 말이다. 하지만, 칼빈주의자들은 아무리 그렇다 해도 구원을 위해 인간이 조그마한 것이라도 할 수 있다는 성경적 근거가 없다고 주장한다. 하나님의 주권적 뜻에 따라 구원받을 자를 선택하신다는 것이다. 인간은 특별한 능력을 입지 않고서는 구원을 받으려는 의지조차도 가질 수 없고 하나님께 나올 수도 하나님을 믿을 수도 없다. 즉, 외부의 도움 없이는 구원과 관련된 어떤 것도 할 수 없다. 자유의지를 사용해서 응답할 수도 없고 주님을 믿고자 마음을 움직일 수도 없다. 인간의 자유의지로 주님께 나아가는 것이 아니라, 하나님의 구원을 받을 인간을 향한 효과적 부르심이 호소력 있어서 인간이 반응하게 되는 것이라 설명한다.

2) 구원의 주관적 객관적 요소들

기본적으로 구원과 관련된 요소들은 논리적으로는 구별되나 실제적으로는 동시에 일어난다고 봐야 한다. 주관적 요소로는 유효적 부르심, 회심(회개와 믿음), 중생이 있고, 객관적 요소로는 그리스도와의 연합, 칭의, 양자됨이 있다.

유효적 부르심, 구원과 관련한 어떤 능력조차 없는 인간에게 하나님의 구원이 이루어지도록 하기위해서는 하나님의 어떤 개입이 필요하다. 이를 유효적 부르심이라고 말한다. 일반적 부르심이란 모든 사람들을 향한 구원의 초대이다. 일반적 부르심으로는 구원을 받을 수 없다. 반면에, 유효적 부르심은 구원 받기로 선택된 자들을 향한 구원에로의 부르심인 것이다. 이 유효적 부르심은 선택된 자로 하여금 회개와 믿음으로 응답하게 한다. 전적으로 부패한 인간은 하나님의 어떤 계시와 진리도 깨달을 수 없다. 하지만, 유효적 부르심으로 성령의 조명을 받게 되어 복음의 참 의미를 깨닫게 된다. 복음적 알미니안주의자들이 말하는 선행적 은총과 유효적 부르심을 비교해 보면, 선택된 자들을 대상으로 한다는 점에서, 그리고, 효과적 부르심을 받는 자들은 반드시 구원을 받는 다는 점에서 서로 다르다할 수 있겠다.

회심, 회개와 믿음이라는 두 개의 사건을 포함하고 있다. 회개는 죄로부터 돌이키는 것이고 믿음이란 그리스도께 나아가는 것이다. 이는 동일한 사건에 대한 부정적인 그리고 긍정적인 측면이다. 서로에게 영향을 받는다. 죄를 회개할 때 의를 공급받기위해 믿음으로 나아가게 되어 있고, 그리스도를 믿고 나아갈 때 죄를 깨닫고 회개하게 된다. 회심은 급작스런 순간에 이루어질 수도 있고 과정을 거치며 긴 시간을 소요할 수도 있다. 그리고, 큰 회심의 사건이후에 작은 회심을 경험할 수 있다. 그러나, 이는 큰 전환점에 속하는 작은 발걸음들이라 볼 수 있다. 생의 전환점이 되는 회심은 한번인 것이다.

회개는 자신의 삶이 불편해서 후회하는 것이 아니라, 하나님께 대하여 죄를 지었음을 후회하며 죄를 슬퍼하는 것을 의미한다. 또한, 진정한 속사람의 변화를 의미한다. 믿음은 하나님의 약속과 말씀을 받아들이고(동의) 신뢰하고 의지하는 것을 말한다. 죄를 깨닫게 하시고 주님을 믿도록 이끄시는 분은 성령님이시다. 즉, 회심 또한 하나님의 은혜의 선물이라는 것을 잊지 말아야 한다.

중생, 회심이 구원에 대한 인간의 반응적 차원을 이야기하는 것이라면 중생은 하나님의 사역 차원으로 이야기하는 것이다. 인간은 전적으로 부패한 존재로써 근본적인 변화가 필요하다. 다시 태어나야 하는 것이다. 중생은 또한 하나님께서 계획하신 죄가 들어오기 전 인간 본성의 회복을 의미한다. 중생은 한순간에 이루어지지만 또 한편으로는 그것이 끝이 아니다. 일생을 통해서 성장과정을 가지게 된다. 하지만, 분명한 것은 중생이 전적인 하나님의 사역임으로 인간 스스로 변화 할 수 없음을 이야기 하는 것이고 전적으로 하나님의 도우심으로만 변화할 수 있다는 것이다. 하나님의 전적인 도우심으로 중생을 받은 영혼이 성령님의 도우심으로 계속적인 성장과정을 거치게 되는 것이다.

그리스도와의 연합, 이는 나의 존재가 하나님께 함몰되어 사라지는 것을 의미하는 것도 아니다. 또한, 친구나 필요에 의한 연합적인 관계를 의미하는 것도 아니다. 그리스도와의 연합이란, 합법적인 연합을 뜻하는 것이요, 영적인 연합이요, 생명을 불어넣어주는 연합이다. 그래서, 예수 안에서 의롭게 여겨지고 그리스도의 능력 안에 오늘을 살게 되며 주님과 영원히 다스릴 것이라는 소망을 가지게 된다.

칭의, 칭의는 죄에 따른 형벌과 관련이 있다. 칭의는 그리스도의 의를 신자에게 전가시키는 법적인 행위이다. 중생으로 인하여 본성적인 방향이 바뀌었다. 그러나, 죄책에 대한 문제가 남게 된다. 하나님께서 의롭다고 선언하심으로 죄책이 사라지는 것이 바로 칭의인 것이다. 이는 법적인 행위로써 실제로 의롭게 사람을 만든다든지 영적인 상태를 변화시키는 것을 의미하지 않는다. 칭의는 전적인 하나님의 은혜이다. 이 또한, 인간 스스로 의롭게 될 수 없다는 것을 반증하는 것이다. 그러나, 칭의는 필연적으로 새로운 피조물의 본성에 맞는 행함을 낳게 된다. 칭의를 받은 자는 행함이 있는 믿음을 소유하게 되는 것이다. 만약, 선한 행동을 하고자 함이 없다면 이는 참된 믿음도 아니고 칭의를 받은 것도 아니라고 보아야 한다.

한편, 칭의를 받아도 계속적인 죄를 짓는 모습이 나타난다. 죄의 일시적인 결과와 영원한 결과를 구별해야 한다. 칭의를 받게 되면 그에 따른 영원한 결과들은 변한다. 하지만, 개개인들에게 임하거나 집단적으로 전 인류에게 임하는 죄의 일시적인 결과들이 제거되는 것은 아니다. 그러므로, 신체적인 죽음과 창세기 3장에 주어진 다른 많은 저주의 내용을 경험하게 된다. 그러므로, 죄에 대해서 절대로 경솔히 생각하지 말고 노력해야 한다.

양자됨, 칭의가 부정적인 부분으로써 죄책의 해결을 이야기한다면 양자됨은 하나님과의 관계에 있어서 친밀할 수 있는 긍정적인 부분을 이야기하고 있는 것이다. 양자됨 또한 법적인 용어이다. 신분적으로 하나님의 자녀가 된 것을 법적으로 선포하는 것이다. 그리고, 실제적으로 자녀됨의 특권들을 누리게 됨을 포함하는 개념이다. 어떠한 특권들이 있는가? 자녀가 됨으로 언제든지 우리는 용서 받을 수 있다. 그리고, 하나님과 친밀하고 화목할 수 있다. 자유함도 주어진다. 율법에 메이거나 종이 될 필요가 없다. 하나님 아버지의 돌보심과 공급을 경험할 수 있다. 사랑의 징계도 받을 수 있다. 선하신 계획도 받게 된다.

3) 성화

(1) 칼빈주의

성화란 신자의 삶속에서 그를 실제로 거룩하게 만드시는 하나님의 계속적인 역사이다. 중생시에 시작된다. 성령의 사역이다. 두 가지 의미를 포함한다. 하나는 순간적인 변화이다. 법적으로 거룩하게 구별되는 변화이다. 중생시에 순간적으로 발생하는 것이다. 또 하나는 도덕적인 선함과 영적 가치이다. 그들 자신의 신분에 일치하는 삶을 살아가는 것을 말한다. 하나님의 형상을 닮아가도록 하시는 것이다. 전 생에에 걸쳐서 점진적으로 일어나는 것이다. 다시 말하지만, 성령의 사역이다. 전적인 하나님의 사역인 것이다. 그러나, 신자들도 죄악된 행위들을 버리고 거룩함을 이루어가는 역할을 잘 감당해야 한다.

(2) 복음적 알미니안주의

감리교적 신앙 및 복음적 알미니안주의자들은 완전주의자들로 신자들이 생전에 죄를 짓지 않는 상태에 이르는 것이 가능하다고 믿는다. 즉, 완전한 성화를 주장한다. 이는 죄를 지을 가능성이 없다는 말이 아니고 실제로 그들의 삶에서 죄를 짓지 않는다는 것을 의미한다. 또한, 죄의 유혹도 받지 않고 죄의 성향 자체가 사라진다는 것을 의미하는 것이 아니라, 실제로 모든 죄를 끊고 죄를 짓지 않을 수 있다는 것을 말한다(살전 5:23, 엡 4:13, 히 13:20-21). 칼빈주의자들은 반대로 반듯이 죄를 피할 수 없다는 것을 주장한다(요1 1:8-10, 롬 7:18-19).

4) 성도의 견인

(1) 칼빈주의

칼빈주의자나 알미니안주의자 모두 하나님께서 전능하시고 신실하시고 그래서 신자의 삶을 지키시고 보호하시길 원하신다는 내용에는 동일하게 동의한다. 성령님께서 신자의 삶 안에서 역사하신다는 것 또한 동의한다. 하지만, 다음의 내용에 있어서 이견을 가지고 있다. 칼빈주의자들은 택함 받은 자는 반드시 하나님께서 영생을 받도록 끝까지 책임지신다는 사실을 믿는다. 만약에 중간에 택함 받은 자가 구원을 잃는다면 선택이라는 것이 아무런 효력이 없는 것이 되기에 선택 교리를 가지고 있는 칼빈주의자들은 성도의 견인 교리도 당연히 믿는다. 그래서, 구원이 보장된다는 믿음아래 구원의 확신을 가지고 있다(벧전 1:3-5, 요 10:27-30, 히 6:11).

(2) 복음적 알미니안주의

반면, 복음적 알미니안주의자들은 성경에 배교에 대한 경고의 말씀(골 1:21-23, 히 6:4-6)을 들며 구원을 잃을 위험이 없다면 이런 말씀들이 왜 있냐고 반문한다. 그리고, 구원을 실제로 잃은 사울 왕 및 가룟 유다와 같은 성경 인물들을 이야기하며 자신 있게 주장을 펼친다. 또한, 논리적으로도 자유와 모순이 된다고 말하고 있고 자신의 행동에 대한 책임을 지는 부분에 있어서도 문제가 있다고 지적한다. 결국, 신자들도 믿음을 잃을 수 있음을 이야기하고 있는 것이다. 그러므로, 늘 깨어 있어야 한다고 주장한다.

성도의 견인 교리에 대해서 칼빈주의자들은 구원의 확신과 보장으로 인하여 격려를 받아 더 열심히 신앙의 길을 걷게 된다고 말한다. 반면, 복음적 알미니안주의자들은 성도의 견인 교리가 신앙을 나태하게 만든다고 말한다. 이에 대해 다시 칼빈주의자들은 구원이 보장되었기에 내 맘대로 살아가도 된다고 말하는 자들은 정말 구원받은 자인지 의심해야 한다고 말한다. 정말 구원 받은 자라면 그렇게 말하지 않는다는 것이다.

5) 영화

신자들은 주님을 다시 만나는 날에 영화롭게 변할 것이다. 최종적으로 온전히 그리고 정당하게 변하는 것이다(롬 5:9-10). 영화에는 점진적 성화의 최종적 차원인 도덕적 온전함과 영적인 온전함의 개념이 포함된다. 물론, 몸의 영화도 포함된다. 신자는 부활하여 영화로운 몸으로 변하게 될 것이다.

12장

칼빈과 웨슬리 중심의 전통적 복음주의 경배와 찬양에서의 메시지 경험

이제 본격적으로 칼빈적 신앙과 웨슬리적 신앙의 구원론을 비교하며 이에 따라 경배와 찬양의 메시지 경험이 달라야 함을 이야기하고자 한다. 물론, 필요에 따라 칼빈적 신앙에서도 웨슬리 전통의 메시지를 경험할 수 있고, 웨슬리 신앙에서도 칼빈스러운 메시지를 경험할 수 있다. 그러나, 주된 메시지 경험은 자신의 신앙 전통의 메시지이다. 4가지 주제로 이야기를 펼쳐나갈 것이다. 첫 번째는 전적 부패와 관련된 메시지이다. 두 번째는 선택과 관련된 메시지, 세 번째는 성화와 관련된 메시지이다. 마지막으로 네 번째는 성도의 견인과 관련된 메시지이다.

1. 전적 부패

1) 칼빈적 복음주의의 메시지 경험

구원이신 예수님이나 십자가의 은혜 등과 같은 일반적인 구원의 메시지는 칼빈적 신앙과 웨슬리적 신앙 모두에서 찬양되어질 것이다. 그런데, 칼빈적 신앙에 있어서 거듭남은 전적인 하나님의 역사이다. 하나님의 은혜로 선택받아 성령님께서 찾아오셔서 우리가 거듭나게 되는 것이다. 우리 인간은 전적으로 타락한 존재이기에 구원에 있어서 아무것도 할 수 없다.

타락한 상태에서의 인간은 단순히 약해지고, 병들고, 또는 불리한 입장에 처한 것만이 아니라, 완전히 멸망한 존재가 된 것이다. 주님의 은혜가 없다면 인간에게는 소망이 없는 것이다. 오직, 주님의 부르심과 선택에 의해서 우리는 구원을 얻을 수 있는 것이다. 이런 신앙위에 서 있는 칼빈적 경배와 찬양은 2가지 종류의 메시지를 선포할 수 있다.

첫째, 우리는 원래 스스로를 구원할 수 없는 전적으로 무능한 죄인이라 우리가 할 수 있는 것은 없고 오직 주님의 은혜로만 구원을 받는다는 메시지이다.

'우리 모두 양과 같이' 찬양은 우리가 전적으로 범죄하여 주 영광을 잃어버린 존재로 구원을 위해서 아무것도 할 수 없는 자라고 선포한다.

'은혜로만 들어가네' 찬양은 우리의 노력이 아닌 어린양의 보혈로만 주님 앞에 나아갈 수 있는 존재임을 선언하고 있다.

둘째, 그러므로, 우리는 완전히 죽고 새로 태어나야하는 존재임을 선포하는 메시지이다. 우리 안에는 선한 것이 없기에 완전히 죽어야 하는 것이다. 그리고, 주님의 은혜로 새롭게 다시 태어나야 하는 것이다.

'내 안에 사는 이' 찬양은 갈라디아서 2장 20절 말씀을 근거로 하여 내가 죽어야 함을 이야기하는 찬양이다.

'십자가 십자가 그 위에 나 죽었네' 찬양은 주님을 믿음으로 받아들일 때 나는 죽고 예수로만 다시 산다는 메시지를 주고 있는 찬양이다.

'주의 손에 나의 손을 포개고' 찬양은 십자가 주님과 함께 내 영혼이 죽고 또한 살아야 함을 고백하는 찬양이다.

2) 웨슬리적 복음주의의 메시지 경험

이에 반해 웨슬리적 신앙의 경배와 찬양은, 은혜로 구원을 받는다는 메시지는 동일하지만, 앞서 언급했듯이 신인 합동적 구원의 개념을 가지고 있기에 선행적 은총으로 인간은 자유의지가 살아 있다고 본다. 즉, 100% 하나님의 은혜가 필요하지만 100% 인간의 주님을 찾는 노력이 있어야 구원을 받는 것이다. 그러므로, 경배와 찬양에 있어서도 구원을 받기위해 옛 삶을 버리고 주님께 나오고 붙드는 노력을 해야 한다는 메시지를 강조하게 되어 있는 것이다.

찬송가 '나 주를 멀리 떠났다'는 내가 주님 앞에 뉘우치고 나아간다고 하는 나의 회개의 결단을 고백하는 차원으로 찬양할 수 있다.

'고통의 멍에 벗으려고' 찬송도 회개의 결단을 고백하는 차원으로 찬양할 수 있다.

만약, '오직 주의 은혜로 구원 받으니 난 아무것도 할 수 없네.'라는 가사의 찬양이 있다면 웨슬리적 신앙에서는 그다지 감동적이지 않을 것이다.

물론, 칼빈적 신앙에서도 이런 찬양을 부른다. 그러나, 이 찬양을 부르는 그들의 생각에는 하나님의 주권적 은혜의 부르심에 이끌리어 나오게 됨이란 신학적 논리 아래서 이 찬양을 부르게 된다. 반면, 웨슬리적 신앙은 '내가 정말 부르심에 응답함으로 주님께 나아가지 않으면 구원을 받을 수 없구나'라는 본인 주체의 회개 의식의 발로로 이 찬양을 드리게 되어 있는 것이다.

한편, 보혈 찬양에 있어서도 차이가 있다. 칼빈적 신앙에서는 보혈 찬양이 보혈의 공로로 죄가 사함 받는다는 내용이나 보혈을 흘려주심에 대한 감사 등이 주류인 반면, 웨슬리적 신앙은 보혈의 능력을 찬양하는 내용이나. 보혈의 능력으로로 구원받음의 내용을 넘어 보혈을 힘입어 삶속에서의 죄를 이기고 성결케 됨 또는 승리하게 되는 내용을 더욱 담길 원한다. 칼빈적 신앙에서도 보혈의 능력과 승리를 선포 할 수 있다. 그러나, 삶속에서 죄와 싸워 이기는 보혈의 능력보다는 구원받게 하시는 보혈의 능력에 초점이 주로 맞추어져 있다 하겠다.

'유월절 어린양의 피로' 찬양은 구원뿐 아니라 전 삶에서 내 영혼을 자유케 하시는 보혈의 능력을 찬양하고 있다.

'내 죄 사함 받고서' 찬송가는 주님의 보혈의 능력에 힘입어 내 삶의 모든 것이 변화하였다고 선포하고 있다.

2. 선택

1) 칼빈적 복음주의의 메시지 경험

무조건적인 선택, 제한된 속죄, 불가항력적 은혜에 입각해 있는 칼빈 신앙은 나는 원래 죽고 멸망해야 하는 존재라는 인식이 있다. 그러므로, 왜 다른 사람은 구원 받지 못하고 나만 구원 받았을까? 라는 질문을 하지 않는다. 그저 감사할 뿐인 것이다. 나도 멸망해야 하는 존재였던 것이다. 그런데, 무슨 은혜인지 나란 존재가 선택되어 속죄를 받은 것이다. 나에게는 아무런 공로가 없는 것이다. 내가 조금이라도 잘나서 구원 받은 것이 아니다. 그냥, 주님의 무조건적인 선택에 근거하여 내가 선택된 것뿐이다.

다시 말해, 칼빈 신앙에는 구원받은 부류와 구원받지 못한 부류의 구별을 분명하게 한다. 그리고, 그 모든 것은 주님의 주권인 것이다. 그런데, 감사하게도 구원받지 못한 사람들이 있는 반면에 나는 선택받은 것이다. 나는 구원 받은 것이다. 이런 신앙의 토대위에 있는 칼빈적 경배와 찬양은 다른 누구도 아닌 나를 살리신 하나님의 선택과 구원과 은혜에 그저 감사하고 감격하는 메시지를 찬송에 담는 것을 기뻐한다.

'나 같은 죄인 살리신' 찬송을 주님의 주권적 사랑으로 멸망해야 하는 죄인인 나를 살려주심에 감사하는 찬양으로 드릴 수 있다.

'주 날 구원 했으니' 찬양은 나를 구원하심에 감사하여 기쁨의 찬양을 올리는 내용을 담고 있다.

'나는 주의 친구' 찬양은 어떻게 나를 생각하시고 선택하시고 구원하셨는가라는 생각에 감격하여 드리는 찬양이다.

2) 웨슬리적 복음주의의 메시지 경험

웨슬리 신앙은 예정과 관련된 교리는 믿지 않고 제한된 속죄도 믿지 않기에 오히려, 모든 사람을 구원하시는 하나님의 은혜를 더 찬양하기 원하고 모든 곳에 복음을 전해서 복음이 땅 끝까지 선포되는 것을 노래하고자 할 것이다.

물론, 칼빈적 신앙도 당연히 하나님께서 모든 열방의 통치자이시고 구원이 모든 인류에게 열려 있는 것을 선포한다. 하지만, 웨슬리처럼 모든 사람이 다 구원을 받아야 한다고 생각하지는 않는다. 분명 천국 갈 영혼과 지옥 갈 영혼이 있는 것이다. 그러나, 웨슬리 신앙은 이것을 따지지 않고 모든 인류를 구원하시는 하나님의 계획을 찬양하기 원하고 모든 열방을 향해서 복음을 전하고 모든 인류가 구원받는 것을 목표로 달려가야 한다는 메시지를 선포하기 원한다.

'예수 열방의 소망' 찬양은 예수님께서 어떤 부류가 아닌 모든 열방의 구원이심을 선포하는 찬양으로 사용할 수 있겠다.

'영광의 이름 예수' 찬양은 모든 민족을 구원할 이름 예수라 높이고 있다.

'모든 민족에게' 찬양은 성경 말씀에 근거하여 주예수를 부르는 자는 구원되리라고 외치고 있다.

'여호와의 영광을 인정하는 것이' 찬양은 모든 열방과 세계에 복음이 가득할 것을 선포하는 찬양이다.

'주님 다시 오실 때까지' 찬양은 주님이 온 세상의 구원이시기에 그 주님이 온 열방에 선포될 때까지 주님을 전하는 사명을 감당하겠다는 결단을 담고 있다.

무 자르듯이 딱 구별되는 것은 아닐 수 있지만 칼빈적 경배와 찬양이 보다 나의 구원에 집중하고 있다면 웨슬리적 경배와 찬양은 보다 열방과 세상에 집중하는 경향이 있어야 하는 것이다.

3. 성화

1) 칼빈적 복음주의의 메시지 경험

칼빈적 신앙과 웨슬리적 신앙에서 가장 큰 차이는 바로 이 부분일 것이다. 앞서 살펴 본 것처럼 성화에는 두 가지 차원이 있다. 순간적 변화의 차원과 점진적 변화의 차원이다. 칼빈적 신앙은 하나님의 주권적 사랑으로 구원을 받고 주님의 자녀가 된 순간적 변화의 성화를 강조한다. 그리고, 점진적 변화의 차원도 이야기하고 분명 강조하고 있지만 성령님의 주권적 역사하심에 의해 성화가 일어나는 것이며 웨슬리 신앙처럼 완전한 성화를 추구하는 것이 아니기에 죄를 버리는 노력과 주님을 닮기 위해 노력하자는 차원의 강조보다는 성령님께 의지하고 성령님께 삶을 온전히 내어 드려 성령님께서 내 삶을 다스리시도록 하자는 차원으로 점진적 성화의 강조점을 잡고 있다.

'보혈을 지나' 찬양의 내용을 보면, '존귀한 주 보혈이 내영을 새롭게 하시네'라고 고백한다. 즉, 순간적 차원의 성화를 이야기하고 있는 것이다.

'나의 모습 나의 소유' 찬양은 주님께 내 삶을 드리니 주님께서 내 삶을 바꾸셔서 사용해 달라는 간구가 담겨 있다.

'세상의 유혹 시험이' 찬양은 전쟁이 나에게 속한 것이 아님을 고백하면서 결국 주님께서 내 삶을 다스리셔서 영적 전쟁의 삶에서 승리하도록 하게 해달라는 간구를 올리고 있다.

'오소서 오 나의 성령이여', '성령이여 내 영혼을'[78] 찬양들은 내가 노력하겠다는 것보다는 성령님의 다스리심으로 변화시켜 달라는 간구를 올리는 내용이다.

'정결한 맘 주시옵소서' 찬양은 주님께 정결한 맘을 구하고 있다. 또한, 주님께서 내 영혼을 정결케 해주시길 구하고 있다. 내 스스로는 안 되는 영혼이니 주님의 긍휼로 새롭게 해달라고 간구하는 것이다.

'새롭게 하소서 주님' 찬양도 내 스스로는 어떻게 할 수 없으니 주님께서 은혜로 새롭게 해주시길 간구하는 찬양이다.

한편, 사회변혁과 관련된 부흥에 있어서도 진정한 변화와 개혁은 오직 성령님으로부터 오는 성령 충만과 인도하심으로 가능하다고 믿는다.[79] 그래서, 어떤 프로그램적이고 인위적인 성령 충만, 부흥 모두를 거부한다. 칼빈적 신앙에서 부흥은 오직 성령님으로 부터 시작되는 것이다. 성령님께서 찾아오시는 것이 아닌 인간의 노력이 가미된 부흥은 절대 부흥일 수 없다. 인간의 노력이 신앙생활에 어느 정도 효과를 가져올 수 있다. 그러나, 결정적이지 않다고 본다. 이 땅의 개혁을 위해 노력하기이전에 주님께서 이 땅의 개혁과 부흥을 주시도록 기도한다. 그리고 나서, 주님이 주시는 능력으로 변혁의 노력을 하게 되는 것이라 본다.

'부흥' 찬양은 스스로는 일어설 수 없는 황무한 이 땅에 성령님께서 임하사 새날을 주시기를 간구하고 있다.

2) 웨슬리적 복음주의의 메시지 경험

웨슬리적 신앙은 회심하고 난 주의 백성은 선행적 은총으로 내 안에 있던 자유의지, 양심, 죄를 멀리하는 마음 등이 성령 안에서의 노력을 통해 발전한다고 말한다. 주를 닮아가는 점진적 성화의 과정을 거쳐서 결국 이 땅에서 온전한 성화를 이룰 수 있다고 본다. 그러므로, 적극적으로 주님을 닮기 위해 또한 죄를 버리기 위해 노력하자는 내용의 찬양이 나올 수 있는 것이다. 그리고, 우리가 성령 안에서 열심히 노력하면 많은 것이, 사실상 모든 것이 가능함을 이야기한다. 내 개인뿐 아니라 사회의 진정한 변혁까지 말이다.

'주님 뜻대로 살기로 했네' 찬양은 주님 뜻대로 살기로 했다는 나의 결단을 올려드리며 나의 노력을 강화하고 있는 것이다.

'십자가의 길 순교자의 삶' 찬양은 끝까지 주님의 뜻대로 살고 주님의 길을 걸어가는 것을 완수 하겠다는 진념이 담겨 있다.

'나의 만족과 유익을 위해' 찬양은 세상일들을 해로 여기고 싸워나가겠다는 적극적인 죄와의 싸움의 결단을 올리는 찬양이다.

'온전케 되리' 찬양은 주님을 바라보고 노력하며 나아가다보면 결국에는 온전케 될 수 있다는 온전한 성화를 추구하는 이들을 격려하는 찬양으로 사용될 수 있다.

'나로부터 시작되리'[80] 이 땅의 부흥과 회복을 위해 다른 누구에게 핑계대지 말고 나부터 노력해야 한다고 메시지를 던지고 있다.

4. 성도의 견인

1) 칼빈적 복음주의의 메시지 경험

성도의 견인은 사실상 하나님의 사랑의 결정판과 같은 내용이라 하겠다. 주님의 손에서 그 무엇도 우리 영혼을 뺏을 수 없다. 주님은 결코 우리를 포기하지 않는다. 우리가 아무리 부족해도 우리가 아무리 연약해도 말이다. 결국에는 성령님으로 인하여 우리는 다시 일어설 것이고, 어둠을 물리치고 승리하게 될 것이다. 믿음의 자녀의 삶의 이야기는 결국, 천국이라는 해피엔딩으로 끝을 맺게 되어 있는 것이다.

그러므로, 칼빈적 신앙의 경배와 찬양은 어떤 어려움에도 날 포기하지 않는 은혜와 사랑의 하나님에 대한 메시지, 결국에는 천국으로 결론지어질 천국소망을 품는 메시지를 노래하게 되어 있다.

'포기하지 않는 사랑'[81] 찬양은 주님의 포기하지 않는 사랑, 결국에는 우리를 일으키시는 사랑에 대해 노래하고 있다.

'아버지 사랑 내가 노래해' 찬양은 변함없으신 거짓 없으신 신실하신 하나님 아버지의 사랑을 노래한다.

'하나님은 너를 만드신 분' 찬양은 나를 구원하신 하나님은 나를 창조하시고 나를 인도하시고 결국 끝까지 나를 사랑하시는 분이심을 고백하고 있다.

2) 웨슬리적 복음주의의 메시지 경험

웨슬리적 신앙은 신앙을 잃을 수도 있음을 경고하며 진정한 믿음을 가지고 신앙을 지켜야 함을 이야기한다. 그러므로, 웨슬리적 경배와 찬양은 신앙에 있어서 나태하면 안 되고 늘 깨어 있어야 함을 권면하는 메시지 또는 끝까지 사명 완수를 위해 달려가라는 격려의 메시지를 찬양에 담는 것을 기뻐한다.

'세상 흔들리고' 찬양은 어떤 상황 속에도 흔들리지 않고 끝까지 주님을 믿고 살겠다는 각오가 담겨 있다.

'이 산지를 내게 주소서' 찬양은 주님을 의지함으로 계속적으로 주님의 뜻과 사명을 구하고 바라보며 달려가겠다는 결단을 담고 있다.

A worshipper, be the best
최고의 예배자가 되라

최고의 예배자가 되라
복음주의 경배와 찬양 가이드북

칼빈과 웨슬리 중심의 전통적 복음주의 신앙과 경배와 찬양 2

13장. 종교개혁자들의 역사적 전통적 복음주의 예배관

칼빈주의 예배관 | 존 웨슬리의 예배관

14장. 전통적 복음주의 예배에로 경배와 찬양 접목

전통적 복음주의 예배 형식에로 경배와 찬양을 접목하기위한 개관
전통적 예전적 예배 순서에 경배와 찬양을 접목하는 두 가지 방법
찬송가 대신 접목되는 경배와 찬양
예배 앞부분에 접목되는 경배와 찬양

15장. 경배와 찬양의 구조

Worship 개념 고찰 | 경배와 찬양의 3단계 구조로써 감사와 찬양과 경배

16장. 전통적 복음주의 경배와 찬양의 임재 경험

체험적 신앙의 뿌리 | 전통적 복음주의에서 경험하는 임재 경험

13장

종교개혁자들의
역사적 전통적
복음주의 예배관

'전통적 복음주의와 경배와 찬양2'에서는 전통적 복음주의 예배에로 경배와 찬양을 접목하는 것 중 형식에 해당하는 부분을 다루고자 한다. 형식에 해당하는 내용은 크게 두 가지이다. 첫 번째는 전통적 복음주의 예배에 걸맞게 경배와 찬양이 예배의 질서와 형식을 갖추는 것이다. 두 번째는 전통적 복음주의 예배에서의 임재 경험을 경배와 찬양과 함께 정립하는 것이다.

첫 번째 것인 전통적 복음주의 예배에 걸맞게 경배와 찬양이 예배의 질서와 형식을 갖추는 이야기를 함에 앞서서 전통적 복음주의 예배가 어떤 예배적 철학으로 예배의 질서와 형식을 강조하는지를 살펴보고자 한다. 그래야, 경배와 찬양을 전통적 복음주의의 예배 철학에 맞추어 바르게 전통적 복음주의 예배의 질서에 접목할 수 있을 것이기 때문이다.

종교개혁 당시는 회중에게서 예배가 뺏겨진 상황이라 볼 수 있다. 종교개혁자들은 회중에게 예배를 돌려주기 위해 무단히 노력하였다. 자국어로 예배할 수 있도록 하고 성경 말씀을 듣도록 하고 찬양을 할 수 있도록 예배 갱신의 노력을 하였다. 루터를 비롯하여 칼빈과 왓츠와 웨슬리 형제는 특별히 예배 개혁과 함께 찬송의 회복을 위해 노력한 인물들이다. 루터파 교회가 자국어 찬송을 발전시켜간 반면, 개혁 신앙은 하나님께서 성경 특히, 시편 속에 영감이 넘치는 찬송을 완벽하게 구비하여 두었다고 믿고 예배용 찬송가로 시편가를 발전시켜 나갔다.82 왓츠는 시편에만 국한하는 것은 그리스도에 대한 내용을 제대로 펼칠수 없다고 믿고 복음의 내용을 가지고 찬송을 만들어냈다. 웨슬리 형제는 특히, 동생 찰스 웨슬리는 왓츠의 노력위에 서서 찬송이 신앙에 강력한 긍정적인 영향을 줄 수 있음을 깨닫고 세상의 모델을 주저 없이 가져와 접목하였다.

이들 중 필자는 칼빈신앙과 웨슬리신앙을 중심으로 전통적 복음주의 예배관을 살펴보고자 한다. 그 외의 루터교 신앙이나 침례교 신앙 등 다른 종교개혁시대에 등장한 전통적인 개신교의 예배관들은 독자의 몫으로 돌리고자 한다. 칼빈신앙과 웨슬리 신앙의 예배관을 살펴보는데에 있어서 칼빈의 예배관과 웨슬리의 예배관을 알아보는 것만큼 중요한 것은 없으리라 본다. 그래서, 칼빈주의 예배관은 칼빈의 예배관을 중심으로, 웨슬리적 예배관은 웨슬리의 예배관을 중심으로 고찰해 보고자 한다.

1. 칼빈주의 예배관

1) 존 칼빈의 예배관[83]

존 칼빈의 예배관은 그의 '예배의식(Liturgie)' 서문과 '기독교 강요(Institutes of the Christian Religion)' 속에 잘 나타나 있다. 이들의 내용을 간략히 정리하면 다음과 같다.

첫째, 하나님의 현현과 주권적 예배, 그는 참된 예배란 인간의 욕망에 의한 것이 아니라, 하나님 자신의 현현으로 이루어지는 것이라 하였다. 우리는 본질적으로 죄인이므로 스스로의 공로로 하나님 앞에 나아가 예배를 드릴 수 없다. 하나님께서 자신을 나타내주지 않으시면 우리는 하나님을 예배할 수 없는 것이다. 그러므로 칼빈이 강조하는 예배의 특징의 첫 번째 것은 하나님의 주권아래 주님께서 임재하시는 예배이다.

둘째, 응답으로서 예배, 하나님의 나타나주심과 계시 그리고 주권적 예배에 따른 예배자의 온전한 응답은 뒤이어 중요시되는 예배관이다. 성령의 도우심 속에 전인격적으로 하나님의 주권적인 나타나심에 경외함으로 나아가야 하고 구원이신 하나님에 대해 감사와 찬양으로 응답해야 한다. 이는 믿는 자의 당연한 의무인 것이다. 그러므로, 예배자가 예배를 통해 은혜를 받는 것보다 주님의 주권에 대해 인정하고 선포하는 응답이 예배에 있어서 우선시되고 중요시된다.

셋째, 설교 중심의 예배, 칼빈은 예배의 중심이 말씀의 선포인 설교여야 한다고 보았다. 칼빈은 예배의식에 있어서 말씀 선포의 중요성을 가장 높게 평가한 종교 개혁자였다. 물론, 그는 성만찬도 중요시 여겼다. 성만찬의 영적 임재와 기념을 온전히 회복하고자 하였다. 그러나, 예배에 있어서 설교가 가장 우선순위에 있는 것으로 보았다. 예배의식에 있어서 가장 중요한 행위는 하나님의 말씀이 선포되고 성도들이 그 말씀을 듣고 순종하는 것이라 하였다.

넷째, 음악의 구분, 쯔빙글리와 다르게 칼빈은 예배에 있어서 음악의 사용을 긍정적으로 보았다. 음악이 교육적인 면과 영적 감동에 공헌할 수 있다고 보았다. 그래서, 루터처럼 그도 자신들의 언어로 찬양하는 회중 찬송을 도입했다. 그러나, 예배에 사용되는 음악과 그 외 음악을 철저히 구분하였다. 예배에 사용하는 음악은 무게 있고 엄숙해야 한다고 했다. 그래서, 예배에 사용되는 음악은 시편가로 한정하였다. 오르간을 비롯한 악기 사용은 금지되었다. 악기의 사용이 음악의 교육적인 면을 방해한다고 보았다.

다섯째, 형식과 자유, 칼빈은 예배 형식에 있어서 하나의 권위 있는 표준을 제시하지 않고 예배의식에 변형을 용인하였다. 불변하는 형식이 있는 것이 아니라, 교인들의 제반여건과 관습을 적용해야 한다는 실용적인 생각을 하였다. 그러나, 성경이 이야기하고 있는 설교, 성만찬, 기도와 찬송과 교제는 예배의 핵심 요소들로 이들은 제대로 붙잡아야 한다고 하였다. 그 외 예배 형식의 부차적인 것들은 각 교회의 자유에 맡기라 하였고, 이런 부차적인 것들에 대한 논쟁은 소모적인 것이라 하였다.

2) 칼빈이후 칼빈주의 예배관

그러나, 칼빈의 예배관은 그 이후 시간이 흘러 칼빈주의자들의 예배관으로 이어지면서 보다 예전적인 예배로 흘러갔다. 그러다, 부흥 운동을 겪으면서 칼빈주의 예배는 보수적 예배와 보다 자유로운 예배로 구분되었다. 칼빈적 복음주의 예배는 사실상 이렇게 두 개의 부류가 있다.

보수적인 부류는 전통적인 성향을 가지고 있었기에 예배에 있어서도 전통적이고 예전적인 예배를 추구하였다. 반면, 자유로운 부류는 변화에 열려 있었기에 보다 자유로운 예배를 추구하였다. 하지만 아무리 자유롭다고 해도 예배가 질서적이어야 한다는 예배 철학은 보수적 부류와 같다. 이들에게 있어서 예배의 자유란 개혁주의 신학자 마이클 호튼의 지적처럼, 기본적인 예배의 필수 요소들까지 흔들리는 자유가 아니라, 부대적인 상황에 있어서의 자유인 것이다.[84] 사실상, 칼빈이 이야기한 예배 철학과 동일한 것이라 할 수 있다.

자유로운 칼빈주의의 예배 철학을 예를 들어 설명해보면, 설교는 예배에서 가장 중요한 필수 요소이다. 칼빈주의 예배에서 설교가 없을 수는 없다. 그러나, 어떤 방식의 설교를 하느냐는 각 개교회의 자유인 것이다. 찬송은 예배의 기본적인 필수 요소이다. 그러나, 어떤 찬송을 부르고 어떤 방식으로 찬송을 부르느냐는 각 개교회의 자유인 것이다. 헌금은 기본적인 예배의 필수 요소이지만, 헌금을 어떤 방식으로 할지는 각 개교회의 자유인 것이다.

2. 존 웨슬리의 예배관[85]

웨슬리적 복음주의 예배는 존 웨슬리의 예배관에 근거하는데, 목원 대학교 교수인 박은규 박사는 웨슬리가 강조한 예배 기준을 다음과 같이 정리한다.

첫째, 성경, 성경은 예배에서 제 1차적인 표준과 규범이라고 그는 확신했다.

둘째, 초대교회의 전통(첫 3세기), 그는 기독교 전통 예배 연구를 통해서 초기 1-3세기 교회의 예배가 성경적으로 신앙적으로 가장 위대한 예배를 드렸다고 보았다.

셋째, 영국 국교회와 그 예배, 웨슬리는 영국 국교회 예배 지침인 '공동 기도서(The Book of Common Prayer)'를 높이 평가하였다. 그래서, 감리교 주일 예배 때 이 공동 기도서를 적용하였다.

넷째, 인간 이성의 사용, 이성은 하나님의 계시가 성령의 교통을 통하여 인지되도록 하는 하나님의 선물이라고 보았으므로 웨슬리는 그리스도인의 예배와 생활은 성서와 이성에 의하여 판단되어야 한다고 하였다.

다섯째, 성령에 의한 복음적 경험 혹은 경험적 종교의 필요성. 성령에 임재와 역사하심에 의한 경험적 체험적 신앙 또는 예배를 추구하였다. 그는 영적으로 참되게 예배한다는 것은 무엇보다 단순하며, 가식이 없으며, 진지하고, 마음으로 깊이 느끼는 영감적인 예배를 드린다는 것을 의미한다고 보았고, 마음속에서 울어 나오는 찬양과 기도, 설교와 교제, 그리고 봉사야 말로 진정한 영적 예배라 하였다.

그리고, 이런 체험적 예배를 위해 음악이 큰 역할을 감당할 수 있다고 보았다.[86]

그는 예배에서 표현의 자유를 주장하였다. 그런데, 그가 말하는 자유란 절대적인 자유가 아니라, 신학, 예전, 문화의 관련 속에서 일어나는 융통성을 의미한다. 그러므로, 웨슬리적 복음주의는 개인적 자유로운 체험적 예배와 더불어 예배적 질서를 중요시 여긴다고 할 수 있다. 예배의 질서를 무너뜨리면서 경험에 치우치라는 것이 아니라, 예배의 필수 요소들을 마음 다해 지킴으로 그 요소들을 통해서 주님을 만나고 체험하는 것을 추구하라는 것이다. 웨슬리는 보다 주님을 만날 수 있는 복음적인 찬양들을 많이 포함시켰다. 이런 웨슬리 예배의 특징은 1차 대각성의 운동 시기에 칼빈적 교회들에게도 강력하게 영향을 미쳤다. 그리고, 다른 신앙의 예배까지 예배의 체험성을 회복하도록 하였다.[87]

이상에서 살펴보았듯이 종교개혁 당시의 칼빈과 웨슬리의 예배적 생각은 공이 회중의 예배와 찬양을 회복하여 복음적이고 체험적인 예배 형식을 바로 세우고자 함이었다. 지금으로 볼 때에는 전통적이고 틀에 박힌 형식을 추구하는 것처럼 보일 수 있지만, 그 당시로는 가톨릭 미사에서 나와 상당히 자유가 부여된 성령님에 의지한 복음적이고 체험적인 형식들을 만들고 있었던 것이다. 지금은 시대가 바뀌어서 더 자유롭고 더 성령님의 다스림에 열리게 되었지만 그 당시의 입장에서는 그 정도로 형식을 세우는 것이 자유로움이었다. 즉, 그 당시 형식을 세우고 강조한 것은 복음적이고 체험적인 예배를 위한 자유로운 노력이었다고 평가할 수 있다.

A worshipper, be the best
최고의 예배자가 되라

14장

전통적 복음주의 예배에로 경배와 찬양 접목

1. 전통적 복음주의 예배 형식에로 경배와 찬양을 접목하기위한 개관

지금 살펴본 것처럼 역사적인 이유와 앞서 2장 '복음주의'에서 살펴본 예전 회복 운동의 영향으로 인하여 전통적 복음주의인 칼빈적 복음주의와 웨슬리적 복음주의는 복음주의 안에서 가장 예배적 질서를 강조하는 복음주의 부류라 하겠다. 이런 전통적 복음주의 예배에로 특히, 정규 예배에로 경배와 찬양을 접목하고자 한다면 전통적 복음주의예배에서 요구하는 예배적 질서를 경배와 찬양이 갖추어야 할 것이다. 그렇지 못하면, 전통적 예배에로 경배와 찬양이 접목되는 것에 있어서 전통적 복음주의 예배학자들에게 동의를 얻을 수 없을 것이며, 전통적인 교회들에게서도 환영받지 못할 것이다.

보다 열려 있는 전통적 복음주의뿐 아니라, 보다 보수적이고 예전적인 전통적 복음주의 예배에까지 영향을 주기 원한다면 더더욱 그래야할 것이다. 그렇다면, 경배와 찬양이 전통적인 복음주의 예배에로 접목되기 위해서 어떤 예배적 질서를 갖추어야 하는가? 필자는 이 부분에 있어서 나름대로의 많은 연구를 하였다. 이 연구를 통해서 얻은 결론은 다음과 같다.

첫째, 전통적 복음주의 예배에 경배와 찬양이 접목될 때 전통적 예배적 질서의 흐름 안에 질서를 갖추어 접목되는 것이 필요하다. 예배적 질서를 가지고 있는 전통적 예배 안에 경배와 찬양이 아무런 질서 없이 무턱대고 접목되어서는 전체 예배를 혼란하게 만들 수 있다. 절대 오해하면 안 되는 것은 찬양팀이 수준 있는 음악적 실력으로 멋들어지게 찬양을 그저 부른다고 예배적 질서를 가지게 되는 것이 아니라는 사실이다. 예배학적 논리와 질서를 가지고 자연스럽게 접목되어야 한다. 특히, 설교와의 관계성을 잘 세워나가는 것이 중요하다. 앞서 살펴보았지만, 전통적 복음주의 예배에서는 설교가 중심이 된다. 그리고, 여타 예배적 요소들은 설교를 돕는 위치에 서게 된다. 그러므로, 설교를 돕는 역할과 설교의 메시지 경험을 강화하는 역할로써 경배와 찬양이 접목되어야 하는 것이다.

둘째, 전체 예배 안에 질서 있게 접목되는 것뿐 아니라, 경배와 찬양 자체가 예배학적 흐름과 구조를 갖추어야 한다. 예배적 질서를 갖추고 있는 전통적 예배에 하나의 순서로써 접목되는 것이기에 경배와 찬양 자체가 전체 예배의 다른 예배 순서들에 뒤지지 않게 자체적 예배학적 질서를 갖추어야 하는 것이다. 경배와 찬양은 앞서 언급했듯이 그 뿌리적 특성상 자유롭다. 성령 안에서 자유롭게 운행되어지길 스스로 원하는 것이 경배와 찬양이다. 그러므로, 경배와 찬양에 질서를 부여하는 일은 지혜와 노력이 필요한 것이다. 잘못 적용하게 되면 있던 자유로움만 사라질 수도 있기 때문이다. 자유로움이 살아 있으면서도 질서를 가짐으로 전통적 복음주의 예배 안에서 조화를 이룰 수 있도록 해야 하는 것이다.

2. 전통적 예전적 예배 순서에 경배와 찬양을 접목하는 두 가지 방법

전통적 복음주의 교회의 대 예배에 있어서 경배와 찬양 접목은 소위 '준비 찬양'이라는 모습으로 시작되었다. 이때의 경배와 찬양의 목적은 그저 예배 분위기 또는 말씀 듣는 분위기를 조성하는 것일 뿐이었다고 할 수 있다. 물론, 지금도 이 목적으로 경배와 찬양을 접목하고 있는 전통적 교회들도 많다.

그러나, 이렇게 시작된 경배와 찬양은 시간이 흘러가면서 많은 전통교회에서 이제 나름대로 예배의 앞부분에 자리를 잡아서 하나의 예배 순서로 입지를 구축하였다.

한편, 또 하나의 접목 현상은 전통적인 찬송가나 성가가 하던 역할을 경배와 찬양 곡들로 대체하는 것이다. 먼저는 성가대 찬양의 곡들에서 나타났다. 전통적인 성가곡이 아닌 경배와 찬양 곡들이 성가대에 찬양으로 불려지기 시작한 것이다. 그리고, 이제 좀 더 나아가 찬송가가 하던 예배중의 역할들, 예를 들어, 입례송, 기도 송영, 결단 찬양 등에 있어서 경배와 찬양의 곡들로 대체하는 현상이 나타났다.

정리해 보면, 전통적 복음주의 예배에서의 경배와 찬양 접목은 크게 두 가지 방식으로 나타났다고 할 수 있다. 그리고, 실제로 이 두 가지 방식이 전통적 복음주의 예배에 경배와 찬양을 접목하는 좋은 방식이라 필자는 생각한다. 왜냐하면, 스스로의 경험을 통해서 구축된 방법들이기 때문이다. 이제 이 방법들이 예배학적으로 바르게 접목될 수 있도록 예배학적 논리를 제공해 준다면 경배와 찬양이 보다 전통적 예배로 정당하게 접목될 수 있을 것이라 생각한다. 다시 한 번 이 두 방식을 정리하면, 첫째, 예배 순서 중 찬송가가 하던 역할을 경배와 찬양으로 대체하는 것, 둘째, 몇 곡의 경배와 찬양을 메들리로 엮어서 10-20정도의 경배와 찬양의 시간을 예배 앞부분에 배치하는 것이다. 이제 이 두 방식에 대해서 예배학적 고찰을 통해서 예배학적 논리를 제공하고자 한다. 먼저는 찬송가를 대체하는 방식에 대해서 이야기하고자 한다.

3. 찬송가 대신 접목되는 경배와 찬양[88]

브라이언 채플이 제시한 그리스도 중심적 예배에 나타나는 측면들

1. 예찬(하나님의 위대하심과 은혜를 인지/인정함)
2. 죄의 고백(우리가 지은 죄를 인정하고 하나님의 은혜가 우리에게 필요함을 고백함)
3. 용서의 확증(하나님이 은혜를 베푸심을 긍정함)
4. 감사(하나님의 은혜에 대해 찬양과 감사를 표현함)
5. 청원과 도고(하나님의 은혜에 대해 신뢰를 표현함)
6. 가르침(은혜 가운데 성장하기 위한 지식을 습득함)
7. 성찬/친교(예수님 그리고 하나님의 백성과 연합하는 은혜를 기림)
8. 책임 부여와 축복(하나님의 은혜를 위해 그리고 그 은혜에 비춰서 생활함)

브라이언 채플이 제시한 예배 의식을 구성하는 요소

1. 부름
2. 기도
3. 성경 낭독
4. 음악
5. 헌금과 모금
6. 신조와 믿음의 선포
7. 축도와 책임 부여
8. 예배 규정
9. 설교
10. 성례
11. 친교의 표현
12. 간증과 사역 보고
13. 서약과 서원
14. 임직식과 파송
15. 교회 권징
16. 금식
17. 기타

찬송가를 대신하여 예배의 요소를 경배와 찬양으로 대체하는 것에 대해서 몇몇 예배학자들이 이미 제시해 주었다. 이것만을 연구했다기보다도 경배와 찬양도 예배의 요소로써 그 역할을 할 수 있음을 이야기하면서 다른 것들과 함께 열거해 주는 것이었다. 경배와 찬양을 예배 순서를 구성할 수 있는 예배 요소의 후보군으로 넣어준 것만 해도 전통적 복음주의에서는 엄청난 사건(?)이라 할 수 있겠다. 이런 연구에 있어서 가장 탁월한 인물은 커버넌트 대학의 총장인 브라이언 채플이라 할 수 있다. 이 방식에 대해서는 따로 필자의 연구를 이야기하기보다, 탁월한 연구를 한 브라이언 채플의 내용을 대신하여 소개하고자 한다. 그는 예배에서 나타나야하는 측면들과 그 측면들을 구성할 수 있는 구성 요소들을 구분하여 제시함으로 예배가 보다 그리스도 중심적으로 구성되도록 하였다. 즉, 예배에 나타나야 하는 측면들이 예배 구성 요소들로 인하여 잘 표현될 수 있도록 한 것이다.

예를 들어, 죄의 고백이라는 측면은 기도(목사의 기도, 개인 기도, 회중 기도), 성경 낭독(답창 형식의 낭독, 개인 낭독), 음악(공동으로 죄를 고백하는 찬송, 알맞은 메시지가 담긴 독창, 성가대 찬양) 등의 요소들로 구성할 수 있다는 것이다. 죄의 고백을 회중의 합심기도로 구성하여 펼쳐나갈 수도 있고, 죄의 고백을 공동의 찬양 부름을 통해서 펼쳐나갈 수도 있는 것이다.

이렇게 예배에 나타나는 측면들을 구성하는 예배 순서들의 구성 요소들 중 음악에 있어서 경배와 찬양까지를 포함시킴으로 경배와 찬양이 다양한 예배 순서들에 공헌할 수 있음을 보여 주었다. 그는 주장하길, 경배와 찬양은 다른 요소들 보다 전통적 복음주의 예배가 보다 현대적일 수 있도록 만드는 것이라 하였다. 그리고, 필자도 그의 의견에 동의한다. 더 나아가 필자가 특징을 하나 더 보탠다면 경배와 찬양은 전통적 복음주의 예배를 현대적이게 만들뿐 아니라, 보다 역동적이고 체험적으로 만든다 하겠다.

그러므로, 전통적 복음주의 교회들 중 예배를 보다 현대적이 되도록 그리고, 역동적이 되도록 변화를 시도하고자 한다면 예배 순서들 중 음악적 순서들에 있어서 찬송가 대신 경배와 찬양을 사용하여 보길 권한다. 브라이언 채플이 제시한 '그리스도 중심적 예배에 나타나는 측면들'의 1번에서 8번까지 모든 순서에서 찬송가의 부분들을 경배와 찬양이 대체하여 감당하는 것이다. 예를 들어, 성가대 찬양, 입례송, 기도 송영, 결단 찬양 등에서 경배와 찬양이 예배가 보다 현대적이고 역동적일 수 있도록 훌륭히 역할을 감당할 것이다. 특히, 설교뒤 결단 찬양에 있어서 경배와 찬양이 요즘 많이 사용되고 있는 추세이다. 결단의 시간은 예배자가 반응하며 결단해야하는데 찬송가 보다는 체험성이 강한 경배와 찬양이 그 역할을 감당하기에 효과적이라 하겠다.

4. 예배 앞부분에 접목되는 경배와 찬양

로버트 웨버에 의해 제시된 4중 구조[89]			
말씀		식탁	
하나님의 임재로 들어감	말씀을 들음	감사로 응답	사랑과 봉사를 위해 흩어짐

예배의 4중 구조

입례   말씀   성만찬   파송

필자의 연구는 사실상 이 부분에 많은 시간과 열정을 쏟았다. 이 책을 읽은 독자들에게 필자가 전해줄 수 있는 중요한 내용 중 하나가 이 부분이라 생각한다. 예배 갱신 운동 또는 예전 갱신 운동의 노력으로 예배의 구조 연구는 활발했다. 대표적으로 이를 연구한 인물이 바로 로버트 웨버가 되겠다. 그는 다른 예전 예배학자들과 마찬가지로 사도행전 2장 42절, 46-47절 말씀과, 회당과 다락방에 그 기원을 두고 있는 초기교회의 식탁공동체 예배 모습을 고려하여 4중 구조를 온전한 예배의 기본 구조로써 제시하고 있다.[90] 특히, 로버트 웨버를 비롯한 예배학자들은 성만찬이 하나님께 드리는 감사의 제사이며 하나님의 언약에 대한 감사의 응답으로써 말씀과 균형을 이루어야 함을 주장하며 회복시키는 노력을 하였다. 4중 구조는 입례, 말씀, 성만찬, 파송이다. 그리고, 보통 줄여서 2중 구조라고 할 때에는 말씀과 성만찬을 일컫는다. 중요한 것은 전통적 복음주의에서는 이런 연구의 내용을 소중히 여기고 이런 내용을 토대로 각자의 예배서와 예배모범을 세운다는 것이다. 다시 말해, 전통적 예배는 성경과 초대 교회 예배에 근거한 4중 구조에 입각한 각자 신앙전통만의 예배순서를 세우길 원하고 있는 것이다. 그러므로, 경배와 찬양을 전통적인 예배에 접목하고자 한다면 4중 구조의 틀에 정당한 목적으로 배치되는 차원이 있어야 할 것이다. 그래야, 전통적 복음주의 교회에서도 나름대로 정당성을 부여할 수 있을 것이다.

경배와 찬양이 4중 구조에 정당한 목적으로 배치되려면 어떻게 해야 할까? 보통 경배와 찬양은 예배 앞부분에 배치된다. 예배 앞부분에 배치되려면 입례의 국면에 배치되는 것이다. 그러므로, 경배와 찬양이 입례의 역할에 공헌하는 것이 되어야 정당하게 자리를 차지 할 수 있을 것이고 예배학적으로 정당하게 목적을 가질 수 있을 것이다.

경배와 찬양이 입례의 역할에 접목되기 위해서는 두 가지 작업이 필요하리라 본다. 첫째는, 입례의 순서들과 역할들이 무엇이 있는지 일단 입례의 순서들을 정리하는 것이다. 그리고, 두 번째는 경배와 찬양으로 입례의 어떤 역할들을 감당하게 할 것인지를 정하는 것이다.

1) 입례 순서들

(1) 미국장로교의 공동예배서(1993)의 입례 순서

1983년 남북의 장로교가 통합되면서 1993년에 공동예배서가 출판되었다. 공동예배서에는 4중 구조에 입각하여 개회 예전, 말씀 예전, 성찬 예전, 파송 예전을 제시해 주고 있고, 개회 예전이 입례에 해당되겠다. 제시된 입례의 순서들은 다음과 같다.[91]

예배의 부름, 오늘의 기도(개회기도), 찬송(시편, 영가), 죄의 고백과 용서, 평화의 인사, 영창(시편, 찬송, 영가)

(2) 감리교 새 예배서(2002)의 입례 순서

2002년 발간된 감리교 새 예배서는 미국 연합감리교회의 예배서를 자료로 하였다. 이 예배서에는 3가지 유형의 예배형태가 등장하는데 예전형, 비 예전형, 경배와 찬양형이다. 이들 예배 형태 중에서 입례의 순서만을 살펴보면 다음과 같다.[92]

감리교 새예배서에서 제시해 준 예배 형태들에 따른 입례 순서

말씀 중심 예전형	말씀 중심 자유형	찬양 중심 자유형
전주	전주	전주
입례송	입례송	예배로 부름과 기원
예배의 부름과 기원	회중의 열린찬양	경배 찬송
경배 찬송	예배로 부름과 기원	개회 기도
죄의 고백	오늘의 기도	특별 찬양
자비송	경배 찬송	
용서의 말씀	죄의 고백	
교독	회개의 기도송	
삼위 영가	용서의 말씀	
오늘의 기도	주님의 기도	
주님의 기도	교독	
기도 응답송	신앙 고백	
	삼위 영가	
	찬양	

(3) 성결교 새 예식서(1996)의 입례 순서

1990년대 들어서 예배 갱신에 가장 많은 마음을 쏟는 교단이 바로 성결교가 아닌가 싶다. 비록 전통적인 복음주의 예배의 입례순서들을 살펴보고 있지만 예전회복운동의 영향으로 예전적 연구를 통해 나온 성결교의 예배 형태를 살펴보는 것은 도움이 되리라 본다. 1996년에 발간된 새 예식서에서 제시하고 있는 성만찬이 없는 B형태의 예전적 예배 순서중 입례 순서들은 다음과 같다.93

성결교 새 예식서에서 제시해 준 예전적 예배의 입례 순서
전주, 예배에로의 부름, 경배 찬송, 시편 교독, 성령 임재의 기도,
기도송, 회개의 권면, 참회의 기도, 자비를 구하는 기도, 주기도,
사죄의 확인, 영광송

(4) 몇몇 신학자들에게서 제시된 입례 순서

세 명의 예배학자의 예배 모델을 살펴보기 원하는데, 첫째는 영남신학대학교 총장인 김소영 박사가 제시하는 다양한 예배 모델중 성만찬이 없는 예배 모델이고,94 두 번째는 복음신학대학교 교수인 허도화에 의해 제시된 예배 모델이다.95

김소영에 의해 제시된 성만찬 없는 예배 모델

개회
전주(반주자)
개회 찬송(다같이)
예배의 말씀(목사)
기원(목사)
주기도(다같이)
송영(성가대)
교독(다같이)
찬송(다같이)
목회기도 또는 기도
응답송(성가대)

말씀의 선포
구약성경낭독(사회자)
찬송(다같이)
신약성경낭독(사회자)
신앙고백(다같이)
찬양(성가대)
설교(설교자)
기도(설교자)
찬송(다같이)

감사의 응답
헌금(다같이)
찬송(다같이)
감사기도 및 중재기도(사회자)
환영 및 소식(사회자)

폐회
폐회찬송(다같이)
위탁의 말씀(목사)
축도(목사)
폐회

허도화에 의해 제시된 성만찬이 없는 개신교 예배 모델

모이는 예배
모임찬송
인사와 환영
전주
입례찬송
인사
예배부름
기원
경배찬송
고백과 용서
찬양
기도 또는 설교 전 기도

말씀 듣는 예배
구약성경봉독
시편송 (또는 말씀송)
서신서봉독
할렐루야송 (또는 말씀송)
복음서봉독
찬양(성가대)
설교

응답하는 또는 감사하는 예배
중보기도
침묵기도

신앙고백 또는 사도신경
찬송
제자도 초청 또는 세(침)례와 신앙갱신
간증
회중의 생활과 일에 관한 광고

파송하는 예배
축복
파송의 찬송
파송의 말씀
폐회
후주

로버트 웨버는 'Worship Old & New'와 'Blended Worship', 'The Complete Library of Christian Worship Volume Ⅲ' 등의 저서에서 4중 구조와 이에 입각한 예배 모델들을 제시해주고 있다. 'Blended Worship'의 4중 구조에 입각한 예배 모델은 'The Complete Library of Christian Worship Volume Ⅲ' 에서 제시하고 있는 'A Pattern for The Convergence of Traditional and Contemporary Worship'의 내용과 일치한다.[96·97] 'Worship Old & New'에서는 4중 구조를 근간으로 세 가지의 예배 통합 모델을 제시해 주는데, 앞선 내용들과 다소 차이를 보여주고 있다.[98] 이 예배 모델을 적절이 혼합하여 그가 제시하는 4중 구조에 입각한 통합적 예배 모델을 정리해 보면 다음과 같겠다.

4중 구조를 근간으로 하는 로버트 웨버의 통합예배 순서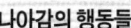

나아감의 행동들

(모임의 시간)
비공식적 찬양
오르간 서곡
독주악기
비공식적 인사
광고
환영의 말씀
회중음악의 리허설
조용한 묵상기도

(예배를 여는 시간)
입례송
인사
임재의 기도
찬양
죄의 고백과 용서(순서변경가능)
조명의 기도(찬양으로 대처가능)

말씀의 예전

(말씀의 시간)
성경봉독
(예전적 예배 - 구약봉독, 응답시편, 서신봉독, 영창)
(비예전적 예배 - 첫 번째 봉독, 합창, 두 번째 봉독)
설교

(회중이 하나님께 말하는 시간)
<말씀에 대한 응답>
신앙신조 고백
설교에 대한 그룹 토의

찬송
영접, 재헌신, 세례 요청
예언, 영적 사역
<회중기도>
그룹기도
연도
간구기도
목회기도
<평화인사의 교환>
<헌금>

감사의 예전

1. 성만찬이 있는 경우
회중초대
찬양
감사로의 초대문 낭독
(생략가능)
서문기도
삼성송
성찬집례
찬양(집례중찬양)
기도(집례중기도, 안수기도포함)
마침기도

2. 성만찬이 없는 경우
찬양, (혹, 주기도문)

폐회의 행동들

광고
축도
폐회송
폐회의 선언

2) 입례 순서 정리

이상에서 살펴본 다양한 입례의 순서들을 근거로 입례의 역할을 크게 4가지로 필자는 정리해 보았다. 하나는 예배의 부름과 관련된 순서들, 또 하나는 찬송과 관련된 순서들, 그리고, 죄의 고백과 용서와 관련된 순서들, 마지막으로 기도와 관련된 순서들이 된다.

(1) 예배의 부름과 관련된 순서들과 예배학적 고찰

예배의 부름과 관련된 순서들은 전주, 입례송, 인사 및 환영, 부름, 기원 등이다.

입례송(Entrance Hymn)은 보통은 목회자와 성가대의 입장과 함께 이루어지고, 예배의 시작을 알리는 역할을 해오고 있다. 이것의 의미는 모임(Gathering)의 역할이다. 우리를 구원하신 주님의 약속인 "두 세 사람이 내 이름으로 모인 곳에는 나도 그들 중에 있느니라(마태복음 18:20)" 말씀에 근거하여 이에 대한 응답으로 주님을 예배하고자 예배자들이 모이는 것이다. 인사와 환영(Greeting)은 예배로 모인 예배자들을 사회자가 환영하는 것과 예배자들 간의 환영 인사가 되겠다. 기원(Invocation)은 앞선 말씀에 근거하여 하나님께서 예배적으로 임재해 주시길 간구하는 기도가 되겠다. 주님은 예배자들의 모임에 예배적으로 임재하시어 만나주시는 좋으신 분이시다.

이제 예배자들의 모임 가운데 주님은 예배적으로 임재하시고 예배는 본격적으로 시작된다. 예배자들가운데 좌정하신 주님께 예배하러 나오라는 부르심이 있게 되는데, 이것이 예배의 부름(Call to Worship)이다. 그리고, 그 부름에 응답함으로 나아가는 의미로 찬양을 올리는 것이 개회 찬송(Opening Hymn)이다.

(2) 찬송과 관련된 순서들과 예배학적 고찰

개회 찬송과 구별되어 주님께 그야말로 찬양을 올리는, 찬송가가 그 역할을 감당하는 찬송의 시간은 입례의 순서들 중에 하나의 부분을 차지한다. 입례의 주된 역할 중 하나가 바로 우리 예배의 주재 되시는 주님을 높이는 것이다.

높이고 찬양한다는 것을 보다 자세히 구분해 볼 필요가 있다. 그분의 어떠함을 선포함으로 높이는 것과 그분께 직접적으로 찬송을 올리며 높이는 것으로 구분할 수 있겠다. 물론, 그분의 어떠함을 선포하는 것도 다시 그분이 행하신 역사를 선포함으로 높이는 것, 그분의 속성과 성품을 고백함으로 높이는 것, 그분이 예배자들에게 또는 예배자 본인에게 어떤 분이신지 신앙을 고백함으로 높이는 것 등으로 구분할 수 있다.

그분을 직접 높이는 것도 그분을 기뻐하며 축제적으로 높이는 것과 영광과 존귀를 돌리면서 감격하여 강력하게 높이는 것과 경외함으로 주님을 높이는 것 등으로 구분 할 수 있다.

한편, 신앙고백의 시간도 자신의 신앙을 고백함으로 주님을 높이는 것이 된다고 볼 수 있겠다. 예배자 본인에게 주님이 어떠한 분이신지 신앙을 고백하는 찬양과 맥락을 같이 한다고 볼 수 있다.

(3) 죄의 고백과 용서와 관련된 순서들과 예배학적 고찰

제임스 화이트를 필두로 많은 신학자들이 죄의 고백과 용서의 시간은 반드시 매 예배시간에 있을 필요는 없다고 말한다.[99] 그리고, 설교 말씀 뒤와 성찬의 시간으로 옮겨질 수 있다고도 말한다.[100]

즉, 죄의 고백과 용서의 시간은 필요에 따라 조절이 가능하다는 이야기가 된다. 그러므로, 한 교회에서도 어느 예배에는 죄의 고백이 있고 어느 예배에는 죄의 고백이 없을 수도 있다. 또한, 같은 교단이라고 해도 어느 교회에서는 매주일 죄의 고백을 하고 어느 교회에서는 주일 예배에 죄의 고백 순서가 빠져 있다. 실제로 대표적인 교회들의 주보를 살펴보면, 교단과 상관없이 장로교회나 감리교회 성결교회 등의 모든 교회에서 죄의 고백과 용서의 순서는 취사선택된 것을 볼 수 있다. 장로교회인 남서울은혜교회, 높은 뜻 광성 교회, 감리교회인 아현 감리교회, 성결교회인 신촌 성결 교회 등의 예배 순서에는 죄의 고백과 용서와 관련된 순서들이 존재한다.[101] 즉, 장로교회라고 반드시 죄의 고백과 용서의 순서가 있는 것도 아니고, 감리교회라고 반드시 죄의 고백과 용서의 순서가 있는 것이 아니라, 각 교회의 예배 철학에 따라 장로교, 감리교, 성결교, 침례교 모두 죄의 고백과 용서의 순서가 취사선택 되고 있다는 것이다.

(4) 기도와 관련된 순서들과 예배학적 고찰

입례 순서들에는 목회기도 및 설교 전 기도들처럼 기도 관련 순서들이 존재한다. 죄를 고백하는 회개의 기도도 물론 포함될 수 있다. 기도의 역할을 이렇게 볼 때 4가지로 정리해 볼 수 있다.

첫째는 감사와 신앙을 고백하는 기도이다. 주님의 구원하심과 함께하심에 대한 감사, 인도하심에 대한 감사와 신앙을 고백하는 기도이다.

둘째는 회개이다. 한 주간을 돌아보며 회개할 내용들을 주님께 회개함으로 기도할 수 있는 것이다. 또한, 회개와 함께 주님의 용서의 은혜를 구하는 기도를 함께 올릴 수 있다.

셋째는 간구와 중보의 기도이다. 성도들의 필요를 아뢰는 기도이다. 중보가 필요한 내용도 기도할 수 있다.

넷째는 조명의 기도이다. 조명의 기도란 이제 입례의 순서를 마감하고 말씀을 듣고자 하는 마음을 올려드리는 기도이다. 말씀의 주제가 언급될 수도 있고, 말씀을 전하는 설교자를 중보하는 내용을 올릴 수도 있다.

3) 입례에서의 경배와 찬양 예배학적 역할 모색

(1) 기존의 입례적 순서들 대체 역할 모색

이상에서 입례적 역할을 살펴보았다. 그렇다면, 경배와 찬양이 입례에서 어떤 역할들을 할 수 있을까?

첫째, 예배의 부름과 관련된 내용들에 있어서 사실상 경배와 찬양이 대부분의 역할을 다 감당할 수 있음을 발견한다. 기원과 관련하여 주님의 예배적 임재를 간구하는 것은 경배와 찬양에 그런 내용을 담은 찬양들이 존재함으로 경배와 찬양을 통해서 예배적 임재를 간구하는 기원의 역할을 하도록 할 수 있겠다. 또한, 예배의 부름과 관련된 경배와 찬양들도 다수 존재한다. 예배의 부름에 대한 응답으로 주님께 영광과 존귀를 돌리는 개회 찬양 및 영광송의 역할도 얼마든지 감당할 수 있다. 다시 말해, 예배의 부름에 대한 역할은 경배와 찬양이 충분히 대체할 수 있음을 알 수 있다.

둘째, 찬송과 관련된 내용들은 더 언급할 필요 없이 당연히 경배와 찬양이 대체할 수 있을 것이다. 오히려, 이 부분을 강화하는 역할을 할 것이다.

셋째, 죄의 고백과 용서와 관련된 내용들은 필요에 따라서 한 교회 안에 취사선택될 수도 있고, 또한 한 교회 안에서도 예배의 기획에 따라 변동이 가능함을 언급하였다. 어떻게 되든 경배와 찬양으로 이 부분도 얼마든지 감당할 수 있다. 경배와 찬양의 내용에는 죄의 고백과 용서 및 십자가, 보혈과 관련된 내용의 찬양이 많다. 찬양으로 이 부분의 역할을 대체하는 것이고 특히, 현대적 찬양으로 이 부분의 역할을 대체하는 것이라 할 수 있다.

넷째, 기도와 관련된 내용들에 있어서도 경배와 찬양은 얼마든지 역할을 감당할 수 있다. 필요를 간구하는 내용, 신앙과 관련된 간구의 내용, 조명을 위한 내용을 담은 경배와 찬양이 다수 존재하기 때문이다. 찬양은 곡조가 있는 기도이다.

(2) 입례에서의 경배와 찬양의 특징 첨가

경배와 찬양은 기존 입례에서의 순서들을 대체하는 역할뿐 아니라, 오히려 경배와 찬양의 특징으로 인하여 입례를 보다 예배적으로 풍성하게 할 수 있다.

첫째, 경배와 찬양은 앞서 살펴본 것처럼 체험적 요소가 강한 찬양이기에 입례의 순서들을 보다 역동적으로 만드는 역할을 한다. 전통적인 예전적 모습으로 찬송가를 통해서 하는 것보다 표현에 자유로운 경배와 찬양을 통해서 입례적 순서들을 감당하게 될 때, 보다 마음을 표현할 수 있고 주님과의 영적인 사귐 속에서 은혜를 더욱 누릴 수 있을 것이다. 경배와 찬양을 사용하는 강력한 이유가 된다.

둘째, 메시지 경험을 강화한다. 오늘날 복음주의 예배는 오늘의 주제에 해당하는 하나의 메시지가 흐름을 가지고 흘러가야 하고 선포되어져야 한다. 그래야, 좋은 예배가 되는 것이다.[102] 그리고, 그 중심이 설교에 있다.[103] 설교에서 메시지가 제대로 선포되어지고 경험되어질 때 그 예배는 성공한 예배가 되는 것이다. 그런데, 설교에서 메시지 경험이 제대로 되고자 하면, 물론, 설교를 제대로 해야 하겠지만, 모든 예배 순서가 질서와 흐름을 가지고 그 메시지 경험을 도와야 한다. 성가대 찬양도 같은 주제의 찬양을 해야 하고, 찬송도 같은 주제의 찬송이 불려야 한다. 또한, 설교 뒤에 적용을 위한 합심기도 시간이 있는 경우, 다시 한 번 같은 메시지를 되새기며 경험하도록 해 주어야 한다.

그런데, 경배와 찬양은 10-20분 사이에 보통 4-5곡을 연결하여 부르게 되는데 오늘의 메시지와 연관이 있는 경배와 찬양을 부름으로 본 설교를 듣기 전에 그 어떤 순서보다 더 강력한 메시지 경험을 미리 하도록 함으로 강화하는 역할을 할 수 있다. 성가대 찬양은 그냥 성가대가 하는 찬양을 예배자가 듣는 것이지만 경배와 찬양은 실제로 예배자 스스로가 참여하여 찬양을 함으로 그 주제와 관련한 메시지 경험을 보다 강력하게 하도록 한다. 예를 들어, '사랑의 주님'이라는 주제의 설교가 오늘 선포되는 예배라 할 때, 경배와 찬양의 시간에 주님의 사랑을 충분히 찬양하며 경험하게 된다면 설교시간에만 주님의 사랑의 메시지가 선포될 때 보다 더 감동하고 체험하게 되므로 말씀을 더 마음깊이 새기게 될 것이다.

한편, 주의할 부분이 있다. 이야기했듯이 예배에 있어서 중심은 설교 시간이다. 즉, 설교의 시간이 절정에 해당하는 부분이 되겠다. 그러므로, 경배와 찬양은 설교가 절정에 이르도록 돕는 역할임을 분명히 할 필요가 있다. 이 말은 경배와 찬양에서 너무 강력하게 경험하도록 이끌어 설교 시간에 지치지 않게 해야 한다는 것이다. 물론, 다른 신앙 전통에서는 경배와 찬양의 시간에 충분히 주님을 체험해도 된다. 오순절 신앙 전통이나 은사적 신앙 전통이 그러하다. 그러나, 전통적 복음주의 예배는 설교가 중심이라는 사실을 기억해야하는 것이다. 경배와 찬양을 운영하는 지혜가 필요하다.

경배와 찬양은 이렇게 예배의 앞부분인 입례의 부분에 얼마든지 대체적 역할을 감당하거나 첨가되어 예배의 입례 부분을 아니 예배 전체를 강화할 수 있는 것이다.

A worshipper, be the best
최고의 예배자가 되라

15장

경배와 찬양의 구조[104]

1. Worship 개념 고찰

이제, 필자는 예배에 접목되고자 하는 경배와 찬양 자체 구조에 대해서 논해보고자 한다. 형식과 질서와 흐름을 가지고 있는 전통적인 예배에 경배와 찬양이 접목되고자 한다면 나름대로 걸 맞는 질서를 스스로 갖추고 있어야 한다. 그래야, 전통적인 예배에 녹아 들어갈 수 있고, 전통적인 예배자들에게 수용될 수 있다.

여기서, 필자는 경배와 찬양의 3단계 구조를 제시하고자 한다. 사실상 이 구조는 경배와 찬양에서는 전통적으로 내려오는 구조라 할 수 있다. 그런데, 그 동안 이 구조에 대해서 나름대로 연구가 되었지만 예배학적으로 바르게 설명되지 못했다고 보인다. 그래서, 필자는 여기서 예배학적으로 연구한 내용을 제시하고자 한다. 여기서 나누는 내용은 필자의 전작인 '찬양이 하늘에 닿다'에서 이미 이야기한 바 있는 내용이다.

경배와 찬양의 구조		
감사(Thank)	찬양(Praise)	경배(Worship)
입례	일반적 계시와 응답	주제적 계시와 응답

먼저, 'Worship'이라는 단어에 대해서 생각해 보고자 한다. 지금 예배 현장에서 쓰이고 있는 'Worship'이라는 단어가 적어도 4가지 의미가 혼용되고 있음을 발견한다. 첫째는 경배로 번역되어 '엎드림'이라는 주님을 높이는 의미로 사용되는 것이다. 경배(敬拜)라는 한자어의 의미대로 엎드려서 경외를 표현하는 것이다. 영어로는 'Bow Down' 또는 'Face Down' 정도가 될 것이다.

둘째는 경배 또는 예배로 번역되어 영적 교제 또는 주님을 영적으로 만나는 의미로 사용되고 있다. 예배의 본질인 주님과의 영적 만남을 의미하는 것이다. 경배와 찬양이라고 말할 때 경배의 의미는 바로 이 의미이다. 찬양 중에 주님을 영적으로 만나는 것이 바로 경배인 것이다. 즉, 경배와 찬양의 경배는 예배의 본질이요, 찬양은 예배의 형식을 의미한다고 볼 수 있다. Praise & Worship을 찬양과 경배로 번역하여 사용하기도 하지만, 많은 경우 경배와 찬양으로 번역하여 사용하는 이유는 본질인 경배라는 단어를 앞세우기 위한 목적이라 할 수 있다.

셋째는 Worship Service의 준말로 예배 시간, 예배 순서를 의미하는 것이다. '우리 교회 예배는 10시에 드려집니다'라고 말할 때 예배의 의미는 예배 시간이 된다.

넷째는 경배와 찬양의 구조, 즉, 감사와 찬양과 경배에서 마지막 부분인 경배를 가리키는 의미로 사용된다. 사실상, 감사와 찬양과 경배 모두 하나님의 임재가 가득한 찬양 시간이다. 감사는 감사의 찬양시간이고 찬양은 찬양의 찬양시간이고 경배는 경배의 찬양시간이다. 그러므로, 경배는 찬양의 찬양시간 다음에 오는 경배의 찬양시간이 되겠다. 이 개념을 우리가 잘 이해할 필요가 있다.

보통 많은 예배자들이 또는 찬양인도자들이 실수하는 개념 중에 하나가 바로 이것이다. 전통적으로 경배와 찬양의 구조를 감사와 찬양과 경배로 본다. 시편 100편 4절 말씀인 "감사함으로 그문에 들어가며 찬송함으로 그의 궁정에 들어가서 그에게 감사하며 그의 이름을 송축할지어다"의 말씀을 모티브 삼고, 성막의 개념을 근간으로 세운 순서라 하겠다. 그런데, 문제는 많은 예배사역자들이 감사와 찬양과 경배의 구조에서 경배에 시점에 다다랐을 때 주님을 영적으로 만나게 되고 그 주님께 영적으로 경배하는 것이라 설명하곤 한다. 감사와 찬양의 시간을 거쳐서 경배의 시점에서 주님께서 임재하시고 예배자는 주님이 임재해 계시는 보좌 앞으로 더 가까이 나아가고 주님을 영적으로 만난다는 설명이다. 그래서, 경배와 찬양 마지막 부분인 경배의 시간은 임재가 일어나는 시점이고 무언가 경건한 시점이 되는 것으로 설명한다. 그러나, 이런 설명은 예배학적으로 문제가 많은 것이다. 두가지면에서 설명해 보면, 다음과 같다.

첫째, 임재와 임재 경험을 구분하지 못하고 있는 것이다. 앞서서 임재의 설명에서 살펴보았지만, 주님은 예배적으로 임재하신다. 그러므로, 전 예배는 주님의 임재가 전제되는 것이다. 다만, 예배자가 임재경험을 함에 있어서 전 예배 시간에 다 임재경험을 하느냐 그렇지 못하느냐가 일어나는 것이다. 믿음으로 응답하는 시간만이 임재경험이 일어날 수 있기에 전 예배시간에 믿음으로 응답한다면 예배 전 시간에 임재 경험을 할 수 있다. 그러나, 아무리 예배 전체가 주님의 임재가 전제되다 하더라고 적은 시간만 믿음으로 화답한다면 그 부분, 그 시간만 임재 경험을 할 수 밖에 없는 것이다. 아무튼 꼭 기억해야 하는 것은 전 예배 시간에 임재가 전제된다는 사실이다. 예배시간에 임재가 있고 없고는 있을 수 없다. 예수님은 우리 예배가운데 임재하심을 약속하신 분이시기에 예배 전 시간에 임재하시는 분이신 것이다. 우리가 예배 시간에 임재경험을 전 시간에 제대로 못할 경우가 있을 뿐인 것이다.

그러므로, 경배의 시간에 임재가 일어난다고 설명을 하게 되면, 반대로 감사와 찬양의 사간에는 임재가 없는 것이 되어 버린다. 그러므로, 경배에 임재가 일어난다고 설명을 하면 안 된다. 이는 마치 보수예배학자들이 예배 앞에 찬양을 준비 찬양이라고 말함으로 찬양은 예배를 준비하는 것으로 마치 예배도 아닌 것으로 만들어 버리는 오류와 같은 것이다. 하나님과의 만남은 전 예배시간에 일어나는 것이다. 즉, 모든 예배시간이 임재의 시간인 것이다. 경배와 찬양도 마찬가지다. 감사와 찬양과 경배 모든 시간이 주님께서 임재하시는 시간이요 주님과의 만남이 이루어질 수 있는 시간이다. 경배만이 주님의 임재가 있고 말씀이 선포되는 시간이 아닌 것이다. CI(Christian International)의 뮤직디렉터인 딘 미첨은 성막을 비유하여 경배와 찬양을 설명하는 방법의 문제점을 지적하면서 경배이전에 감사와 찬양의 부분에 주로 부르는 빠른 찬양들은 임재가 없는 것처럼 생각해서는 안 된다고 역설한다.105 즉, 감사 부분이나 찬양 부분에서 등장하는 빠른 찬양들도 경배에서 드리는 찬양과 똑같이 당연히 임재가운데 드리는 찬양이라는 사실을 기억해야 한다는 것이다.

둘째, 감사와 찬양과 경배의 구조를 설명함에 있어서 전통적으로 성막의 구조를 통하여 설명하곤 하였다. 이는 로버트 웨버로부터 시작되었다고 볼 수 있다.106 로버트 웨버는 지성소 개념으로 찬양을 이해하고 설명하는데, 감사를 뜰로 이해하고 찬양을 성소로 그리고 경배를 지성소로 대입하면서 경배와 찬양의 감사와 찬양과 경배의 흐름을 이야기하고 있다. 감사와 찬양과 경배의 흐름 구조를 이야기한 것은 좋으나 지성소와 경배와 찬양의 구조로써 순서 중 마지막 부분인 경배를 연결시킴으로써 경배에만 하나님의 임재와 말씀선포가 임하는 것처럼 본의 아니게 오해하도록 한 것은 생각해볼 문제이다. 이런 식으로 생각하게 되면 감사와 찬양은 그저 준비과정이고 경배의 시간에 주님의 임재가 있는 것으로 오해하여 감사와 찬양의 부분을 등한시 여길 수도 있게 되는 것이다.

그래서, 요즘은 성막대신 다윗의 장막으로 경배와 찬양을 설명한다. 다윗의 장막에는 언약궤만 있었다. 장막의 문을 열면 바로 언약궤가 보이고 주님의 임재를 느낄 수 있었던 것이다. 다윗은 늘 장막에 거하며 주님과 사귐을 가지곤 하였다. 다윗의 장막처럼 예배의 문을 열면 임재는 시작되는 것이다. 모든 시간에서 우리는 주님의 임재를 경험할 수 있고 주님을 만날 수 있는 것이다.

다시 한 번 정리해 보면, 예배는 또한 경배와 찬양 시간은 임재 유무의 차이는 없다. 다만, 임재 경험에 있어서 차이는 있을 수 있다. 그리고, 예배 또는 경배와 찬양에 임재 경험의 흐름이 있을 수 있다. 기승전결이 있는 것이다. 예배는 전체가 임재가 전제되지만 설교가 그 절정에 해당되듯이 경배와 찬양에서도 전체가 임재가 전제되지만 감사와 찬양 다음의 경배 부분이 임재 경험의 절정에 해당하는 부분인 것이다. 임재 유무의 차이가 아닌 임재 경험의 흐름상 경중의 차이인 것이다.

자신이 사용하고자 하는 worship이라는 단어가 어떤 의미로 사용되고 있는 것인지 잘 살펴서 사용하여야 할 것이다.

2. 경배와 찬양의 3단계 구조로써 감사와 찬양과 경배

이제 찬양다음의 순서로써 경배에 대한 개념을 이해했기에 감사와 찬양과 경배의 구조를 수월하게 이야기할 수 있겠다.

첫째, 감사와 찬양과 경배를 경배와 찬양의 구조로 정한다. 그리고, 모든 부분에 주님의 예배적 임재가 전제된다는 사실을 기억한다.

경배와 찬양의 구조							
감사				찬양		경배	
모임		나아감			일반적 계시	찬양	주제적 계시	경배
임재	환영	부름	나아감				

둘째, 감사와 찬양과 경배를 설명함에 있어서 계시와 응답이라는 틀로 설명하고자 한다. 왜냐하면 계시와 응답은 예배학적으로 예배 구조를 설명하는 틀이기 때문이다. 예배의 개념은 주님과의 만남 또는 대화로 정의된다. 그런데, 만남과 대화는 예배학적으로 계시와 응답으로 정리된다.[107]

경배와 찬양도 이 계시와 응답을 토대로 정리할 수 있다면 예배학적으로 정리가 되는 것이라 할 수 있다. 필자는 이를 시도하였다.[108] 그래서, 감사와 찬양과 경배의 국면들을 다시 계시와 응답의 틀로 정리하여서, 감사의 국면은 예배적 임재 약속, 그에 대한 응답으로써 모임, 부르심, 그에 대한 응답으로써 나아감, 찬양의 국면을 일반적 계시와 이에 대한 응답으로 찬양, 경배의 국면을 주제적 계시와 이에 대한 응답으로 경배로 제시하였다. 이제 앞으로 설명함에 있어서 계시와 응답의 틀을 통해서 설명하게 될 것이다.

셋째, 감사는 경배와 찬양에서 시작의 역할 즉, 입례의 역할이다. 기존 예배에서의 입례 국면 중 찬송이나 대표기도 등의 역할을 제외한 진정한 입례의 역할인 '주님과의 예배적 만남을 위한 모임', '주님의 예배적 임재 간구', '예배로의 부르심', '부르심에 응답하여 나아감'의 내용을 동일하게 포함하고 있고 동일한 역할을 하고 있는 것이다.

넷째, 찬양은 일반적 계시와 응답이 일어나는 부분이다. 즉, 주님의 어떠함이 선포되고 그런 주님께 마음의 고백과 찬양으로 높이는 시간이다. 또한, 사랑과 은혜의 주님을 내 영혼이 느끼고 감동하며 그런 주님께 마음의 고백과 찬양을 올려드리는 시간이다.

다섯째, 경배는 주제적 계시와 응답이 일어나는 부분이다. 즉, 오늘 주어질 메시지와 연관된 내용이 선포되고 그 메시지에 응답하고 경험하는 시간이다. 또한, 주제 메시지를 주시는 주님께 감격함으로 그분께 영광을 돌리고 삶을 드리는 시간이다. 주제적 계시와 일반적 계시에 포함될 수 있는 내용의 차이는 없다. 다만, 주제적 계시는 오늘의 주제와 연관된 계시를 하게 되는 것이라 하겠다.

여섯째, 경배는 주제적 계시와 응답이 이루어짐으로 임재 경험의 절정에 해당한다. 경배와 찬양은 자체적으로 흐름과 질서를 가지고 있는 것이기에 기승전결의 흐름이 있어야 하고 있을 수밖에 없다. 그래서, 입례를 지나 일반적 찬양의 시간을 지나 절정을 맞이하게 하는 흐름으로 구성을 하고 있는 것이다. 그리고, 그런 흐름이 구성에 있어서 특별한 거부감 없이 타당성을 인정받고 지지를 받는다. 전체 예배도 기승전결의 흐름을 가지고 있다. 그리고 그 절정은 설교의 시간이다. 경배와 찬양에서는 그 절정이 경배의 시간이 되는 것이다. 주제적 계시에 따른 메시지 경험이 강력해지고 성령의 만지심이 강력하여진다. 모든 경배와 찬양의 순서에 임재가 있는 것이고 임재 경험을 할 수 있는 것이다. 그런데, 경배의 시간에는 임재 경험이 절정에 이르게 되는 것이다.

좀 더 살펴보고자 하는 것은 일반적 계시와 주제적 계시의 차이이다. 주제적 계시는 오늘의 주제 메시지와 관련이 있는 것이다. 설교의 주제와 관련이 있는 찬양을 통해서 예배 전체가 한 주제로 흘러가도록 하는 것이다. 전체 예배의 절정은 설교에 있다. 그리고, 경배와 찬양의 절정은 감사와 찬양과 경배의 3단계 구조 중에 경배에 있다.

전통 복음주의일수록 경배와 찬양의 주제적 계시는 설교의 주제적 계시보다 약해야 한다. 전체 예배의 절정이 설교에 있기 때문이다. 돕는 역할로써 존재하는 것이다. 반면, 성결 복음주의, 오순절 복음주의, 은사적 복음주의로 갈수록 경배와 찬양의 자체 독립성이 더 커진다. 심지어 경배와 찬양의 주제적 계시가 설교의 주제적 계시를 압도할 수 있다. 경배와 찬양을 드리는 중에 강력한 성령의 계시로 인하여 준비한 설교를 하지 않고 그 순간 주신 말씀을 나누게 되는 경우가 바로 그런 경우이다. 은사적 복음주의로 갈수록 이런 경향은 강해진다.

어찌되었든 전통 복음주의 안에서는 경배와 찬양의 주제적 계시 경험은 전체 예배 및 설교의 계시 경험에 대한 복선 및 미리 경험함인 것이며 설교의 메시지 경험을 강화하는 역할을 하고 있는 것이다.

감사와 찬양과 경배의 시간 배분은 보통은 각 3분의 1을 생각하되 주제적 계시의 선포 정도에 따라서 경배의 시간이 더 길어질 수 있다. 경배의 시간이 3분의 1 밑으로 내려가는 것은 바람직하지 않다. 전통적인 복음주의 안에서 경배와 찬양은 결국은 주제적 메시지를 전달하고자 하는 목적이 큰 것인데 감사와 찬양의 시간이 너무 길고 경배의 시간이 너무 짧다면 그 효과 면에서 부적절한 것이다.

한편, 주제적 계시를 선포하는 정도가 강할수록 찬양 부분까지 주제와 관련된 찬양을 하게 된다. 심지어 감사에서부터 주제와 관련된 찬양을 할 수도 있다. 예를 들어, 부활절이나 성탄절의 경우에는 그 메시지를 강력하게 전달하기위해 처음부터 부활 및 성탄과 연관된 찬양을 할 수 있는 것이다. 어떻게 배분하느냐는 메시지 경험의 효과를 고려하여 정할 수 있는 것이다.

A worshipper, be the best
최고의 예배자가 되라

16장

전통적 복음주의 경배와 찬양의 임재 경험

1. 체험적 신앙의 뿌리

전통적 복음주의의 임재 경험에 대해서 살펴보기에 앞서서 임재 경험에 기초가 되는 체험적 신앙에 대해서 살펴보고자 한다. 이미 앞에서 복음주의가 체험적임을 살펴보았다. 그렇다면 어떤 역사적 흐름 속에서 복음주의가 이런 체험적 신앙을 형성하게 된 것일까? 필자는 두 가지 역사적 흐름이 복음주의를 체험적 신앙이 되도록 한 것이라 생각한다. 하나는 경건주의 운동이고, 또 하나는 성결신앙과 오순절 신앙 및 은사주의 신앙으로 흘러오고 있는 성령중심의 신앙이 되겠다. 전통적 복음주의가 체험적 신앙이 되는 데에는 당연히 성령중심의 체험적 신앙보다는 경건주의 운동의 체험적 신앙의 영향에 더 컷을 것이다.그리고, 이 체험적 신앙은 경배와 찬양을 통해 전통적 복음주의에서 경험하게 되는 임재 경험에 바탕이 되는 것이라 하겠다.

1700년도를 지나면서, 유럽은 한편으로는 전통 개신교가 자리를 잡고 한편으로는 계몽주의나 이단적 사상들에 영향을 받게 된다. 이런 혼란의 시기에 개인적으로 주님을 인격적으로 만나고, 말씀대로 살려고 몸부림친 개신교 신앙 회복 운동이 첫 번째로 일어나게 되는데 그것이 바로 경건주의 운동이다. 독일에서 일어난 독일 경건주의 운동과 모라비안 운동, 그리고, 영국을 중심으로 일어난 메소디스트 운동, 그리고 미국에서 일어난 제 1차 대각성 운동은 이 첫번째 신앙 회복 운동의 테두리 안에 들어가는 운동들이다. 이 셋을 다 광의적 개념으로써 경건주의 운동이라고 할 수 있다. 이 셋의 공통점은 모두 다 신앙 회복 운동으로써 신앙 체험 운동이었다는 것이다. 즉, 이 세 운동은 모두 주님을 인격적으로 경험하고자 하였다.

　　한편, 마틴 로이드 존스는 이 셋을 모두 메소디스트 운동(Methodist Movement)이라 일컫는 것을 선호한다. 경건 운동 중에서 메소디스트 운동이 가장 영향력이 컸기 때문이고, 메소디스트 운동이라는 말에 더 신앙 체험적 의미가 강하다고 보았기 때문인 것 같다.[109]

1) 체험적 신앙의 뿌리 1
: 독일 경건주의(Pietism) 운동, 모라비안(Moravian) 운동[110]

　　독일에서 시작된 경건주의 운동은 야콥 스패너(Philip Jacob Spener, 1635-1705)부터였고, 활기를 띠운 자는 헤르만 프랑케(August Hermann Francke, 1663-1727)였다. 그리고 특히 프랑케는 할레대학교를 세우고 경건과 선교를 강조하였다. 말씀을 스스로 읽어야 함을 강조하였고, 그 말씀을 성령의 도우심으로 깨닫길 원했고 그 말씀을 통해서 주님을 만나는 경험을 하고자 하였다. 무엇보다도 말씀대로 살려고 애를 썼다.

한편, 이들의 뒤를 이어 할레대학교 출신인 진젠도르프 백작(Nicholas Ludwig Von Zinzendor, 1700-1760)이 보헤미아에서 피난 온 자들을 위해 땅을 내주었는데 이들과 같이 경건생활을 하다 아예 이들의 지도자가 되어 신앙 운동을 펼쳤는데 이들을 모라비안이라 한다. 이들은 기존의 이성 중심과 대조되는 감정 중심의 신앙 그리고, 하나님과 인격적으로 만나는 체험 중심의 신앙을 가졌다. 독일 경건주의 운동이 감정과 음악에 있어서 보수적인데 반해 모라비안들은 감정과 음악에 상당히 열려 있었다. 또한, 성령의 이적과 은사적 특징들이 나타났다. 이상의 두 가지 운동은 독일을 중심으로 하는 루터교회에 영향을 미쳤다. 그리고, 이 영향은 루터교에만 머무르지 않고, 영국으로 건너갔다. 특히, 모라비안의 경우는 존 웨슬레(John Wesley, 1703-1770)에게 영향을 미치게 되었다.

2) 체험적 신앙의 뿌리 2 : 메소디스트(Methodist) 운동

메소디스트 운동은 실로 개신교의 일대 변혁을 이룬 신앙 체험 운동이라고 할 수 있다. 이전의 개신교와는 전혀 다른 개신교의 탄생이었다. 비록, 이들 메소디스트 운동은 칼빈주의자냐 아니면 알미니안주의자냐에 따라서 나중에는 갈라서게 되지만 이들이 일으킨 신앙 운동은 소위 복음주의 개신교의 모태가 된다 하겠다.

1700년대 영국을 살펴보면, 잉글랜드는 영국국교인 영국성공회가 자리를 잡았다. 이들은 칼빈주의에 반대하여 알미니안적 신앙을 가지고 있었다. 오랫동안 칼빈의 영향아래 있던 청교도와 투쟁하면서 칼빈주의를 배격하고 그 대신 알미니안 사상을 받아들였던 것이다. 스코틀랜드는 존 녹스에 의해서 칼빈주의 정신의 장로교가 자리를 잡았다. 그리고 웨일즈는 역시 칼빈주의 정신의 장로교가 자리를 잡았는데, 나중에는 메소디스트 운동으로 인하여 메소디스트적 장로교로 변모하였다.

메소디스트 운동은 신앙 체험 운동으로써 영국 전 지역에서 자발적으로 일어났다. 전통신앙이 되어 버린 칼빈적 장로교의 영향력이 강한 스코틀랜드에서는 별로 큰 반항이 일어나지 못한 것에 비해, 웨일즈와 잉글랜드에서는 강력한 움직임이 일어났다. 그리고, 미국의 경우도, 조지 휫필드(George Whitefield, 1714-1770)와 조나단 에드워즈(Jonathan Edwards, 1703 - 1758)의 영향으로 메소디스트적인 대각성 부흥 운동이 일어났다.

(1) 메소디스트 운동의 역사[111]

잉글랜드 메소디스트 운동의 기원은 조지 휫필드, 그리고, 웨슬리 형제들의 체험에 있다. 그리고, 웨일즈 메소디스트 운동의 기원은 웨일즈의 유능한 설교가 하웰 해리스(Howell Harris, 1714-1774)와 다니엘 로랜드(Daniel Rowland)의 회심으로부터였다. 웨일즈의 메소디스트들은 모두 칼빈주의자였다. 그러나, 잉들랜드 메소디스트들은 대다수가 알미니안주의자들이었고, 몇몇만이 칼빈주의자들이 있었다. 잉글랜드의 대표적 칼빈주의 메소디스트가 바로 조지 휫필드이다. 처음에는 칼빈주의와 알미니안주의가 구별 없이 함께하였지만 시간이 흘러가면서 칼빈주의적 메소디스트들과 알미니안주의적 메소디스트들이 분열하였다.

　메소디스트 운동이 조지 휫필드와 웨슬리 형제에 그 기원을 둔다고 했지만, 좀 더 구체적으로 구분하면 메소디스트 운동의 효시는 조지 휫필드라 하겠다. 왜냐하면, 그 당시 회심을 최초로 경험한 인물이 그였기 때문이고, 그 당시 메소디스트 운동의 중요한 통로인 옥외설교를 처음 실시한 인물도 그였기 때문이다. 찰스 웨슬리보다 3년 앞서는 1735년에 조지 휫필드는 회심을 경험하였다. 그리고, 옥외설교를 통해서 성공을 거둔 후 웨슬리 형제들을 설득해 옥외설교를 하도록 한 인물이 바로 그였다. 또한, 그는 웨일즈 칼빈주의 메소디스트 교회라고 불리우는 웨일즈 장로교회의 첫 번째 회장이었다. 그 당시 웨일즈에 유명한 설교가인 하웰 해리스와 다니엘 로랜드로부터 추대되어 알미니안적 신앙을 가지고 있던 존 웨슬리를 떠나 웨일즈로 가서 첫 번째 웨일즈 장로교회 회장이 되었다. 웨일즈의 부흥은 바로 웨일즈의 메소디스트들인 하웰 해리스, 다니엘 로랜드, 웨일즈의 아이작 왓츠인 윌리엄 윌리엄스(William Williams, 1717-1791), 그리고, 조지 휫필드가 중심이 되어 일어나게 된 것이다.

　한편, 그는 미국의 영적 대각성에도 큰 영향을 미쳤다. 조나단 에드워즈에 의한 1차 대각성 운동은 2차의 파장으로 이루어졌는데 1차 파장보다 2차 파장기간이 더 큰 부흥의 기간이었다. 그 2차 파장에 결정적인 영향을 미친 인물이 바로 조지 휫필트였다. 조지 휫필드를 초청한 조나단 에드워즈로 인하여 미국에 큰 부흥이 일어났던 것이다. 조지 휫필드는 평생에 미국을 7차례나 다녀왔다.

존 웨슬리는 옥스퍼드 중에서 크라이스트 칼리지를 졸업하였다. 그곳에서 그는 홀리 클럽을 이끌었다. 동생인 찰스 웨슬리(Charles Wesley, 1707-1788)가 먼저 홀리 클럽을 만들었지만, 결국, 그가 1729년에 리더가 되었다. 그리고, 몇 년 후, 조지 휫필드가 홀리 클럽에 가입하게 되었다.

1735년경 미국 조지아로 선교여행을 떠나는 여정의 시간과 미국에서의 3년여의 생활은 존 웨슬리에게 큰 변화를 주었다.[112] 모라비안 교도들을 선상에서 만나게 되고 큰 감동을 받게 되었다. 조지아에서의 선교활동 중에도 모라비안인들과 자주 마주치며 예배를 같이 드리곤 하였다.

모라비안 목사인 피터 뵐러(Peter Boehler, 1712-1775)가 찰스와 존에게 모두 영향을 주었다. 찰스가 먼저 자신의 집에서 회심을 경험하고 며칠 후 1738년 5월 24일 존이 올더게이트 거리에 있는 모라비안 예배에 가서 회심을 경험하게 되었다. 이렇게 잉글랜드 메소디스트 교회 즉, 감리교회는 시작이 되었다.

감리교회는 처음에 영국성공회 안에 감리교신도회로 출발하였다. 결코 그는 영국성공회를 나가려 하지 않았다. 영국성공회안에서 개혁운동을 펼치고자 하였다. 예를 들자면, 루터교회의 모라비안과나 가톨릭의 예수회와 비교 될 수 있겠다. 오전에는 영국성공회 예배에 참석하고 오후에 감리교 예배를 따로 가졌다.

자주 옥외에서 옥외집회를 열었기에 그들은 탈 형식적인 예배를 드릴 수밖에 없었다. 그런데, 주일 오후 5시에 모이는 이 옥외 집회가 점점 성황을 이루었다. 얼마 후 감리교도의 부속 예배당(Chapel)이 생기면서 그들은 거기서 집회를 드리고 친교를 나누었다. 그들은 하나님의 은총을 전보다 더 생생하게 경험해 나가기 시작했다.

브리스톨에 지어진 처음 감리교회는 칼빈주의적 감리교회의 모태였고, 페더레인에서 모라비안과 웨슬리는 페더레인 신도회를 구성하나 결국, 모라비안인과 헤어지고 이곳은 모라비안에게 양도하였다. 그 이후 런던에 와서 다시 세운 웨슬리교회가 웨슬리 감리교회의 모태가 되었다. 이때가 1740년이었다. 웨슬리는 이후에 아일랜드와 웨일즈, 미국으로 감리교의 영향력을 강하게 펼쳐갔다.

(2) 메소디스트의 신앙적 특징[113]

메소디스트는 칼빈주의와 알미니안주의 그리고, 잉글랜드와 웨일즈 지방의 차이는 있지만 메소디스트 운동으로써는 공통의 특징을 가지고 있다. 메소디스트 운동의 특징을 정리해 보면 다음과 같다.

첫째, 회심의 경험이 강조되었다. 전통 개신교에서 구원을 받는다는 것은 거듭남 즉, 중생이었다. 특히, 칼빈주의의 영향으로 자신의 결단보다는 하나님의 예정으로 인하여 선택된 자가 받는 하나님의 주권적 역사가 강조되었다.

또한, 전통 개신교는 신앙고백이나 교리에 동의하는 이성적 이해가 보통 구원의 기준이 되었고, 공동체의 인준이 중요한 것이었다. 그리고, 이렇게 인준받기까지는 오랜 세월이 필요했다. 구원에 있어서 감정은 중요한 것이 아니었다. 아니, 감정은 배척되어야 할 것이었다. 차분하게 주님의 주권적 역사를 인정하며 따르는 것이 중요했다.

그러나, 메소디스트 운동은 성령의 도우심속에 주님을 나의 주인으로 인격적인 만남을 가지는 경험이 중요했고 이런 경험은 마음의 감동으로 다가 온다고 보았다. 예수님께서 나의 구원자라는 사실이 단순히, 나의 머리로 이해하는 것을 넘어 성령의 강력한 역사하심 속에 깨닫고 감동함으로 나의 것이 되어야 했다.

이들은 모두 성령의 도우심속에 자신이 얼마나 죄인인지를 강력하게 깨달았고 자신 스스로는 자신을 구원할 수 없음을 강력하게 느꼈다. 그리고, 나 같은 죄인을 죽으면서까지 구원해 주신 주님의 은혜에 사로 잡혔고 세상이 달라지는 느낌과 마음이 시원해지는 말할 수 없는 기쁨과 평안을 느꼈다. 바로 이것이 그들이 경험한 회심이었다. 이들에게 구원의 확신으로써 회심의 경험은 가장 소중한 것이었다.

둘째, 순간적 회심의 경험이 강조되었다. 그 당시 전통 개신교인들은 사람에 따라서 물론 그 기간 정도가 다를 수 있지만 회개를 하기위해서 많은 깨달음의 시간이 필요했다. 회개하고 나서 주님을 믿기 위해서도 많은 시간이 필요했던 것이다. 물론, 성화의 과정은 죽을 때까지 하는 것이다.

그러나, 메소디스트들은 이런 오랜 시간이 필요 없었다. 왜냐하면 이 모든 회심의 경험은 성령님께서 주시는 것이기에 인간이 준비하고 노력해서 얻는 것이 아니었다. 오히려, 아무런 준비 없이 예배에 왔다가 성령님의 강력한 역사로 갑자기 주님 앞에 엎드려지며 자신이 죄인임을 통회하며 주님을 믿게 되는 갑작스런 회심이 주류였다. 인간이 공부하고 노력해서 얻는 구원은 이들에게 구원일 수 없었다. 심각한 죄인이라 할지라도 말씀을 듣다가 성령님께서 만지시면 주님 앞에 통렬하게 회개하고 그 은혜에 감동되어 사죄의 확신 그리고, 구원의 확신을 얻게 되는 것이 진정한 구원인 것이었다. 또한, 이런 구원의 역사야말로 하나님의 주권적 역사임을 나타내는 증표라 여겼다.

셋째, 신앙체험을 강조했다. 교리를 믿는 것을 넘어서 주님을 느끼길 원했다. 감정적 체험을 하기 원했다. 진정한 그리스도인은 평소 신앙생활에서 주님을 경험하며 알아가는 자여야 한다고 생각했다. 이들은 실로 주님에 대한 갈망함이 대단했다. 주님이 어떤 분이신지 인격적으로 교제하는 것, 주님이 나 같은 것을 구원해 주신 것을 다시금 늘 깨닫는 것, 그리고 그리스도인의 삶을 지금도 인도하시는 은혜를 깨닫고 느끼는 것, 어려울 때 위로하시고 도우시는 주님을 실제로 경험하는 것 등을 신앙적으로 체험하고자 했다.

넷째, 회심 이후 이차적 성령경험을 추구했다. 전부는 아니었지만 많은 메소디스트들이 회심이후 강력한 성령의 경험을 통해 두 배의 확신을 체험하였다. 회심이후 신앙체험을 강조하는 신자의 삶을 추구했던 그들은 성령님의 도우심이 있어야만 가능하다는 것을 늘 인식했다. 그래서, 강력한 성령님의 도우심을 구했는데, 성령 세례를 강력하게 경험하였고, 이런 성령세례의 경험을 통해서 구원의 확신은 더욱 견고해졌다. 결국, 성령세례를 받고자 하는 기도회 등이 일반적 예배에 이어 추가되었다.

회심이후, 어느 시점에 성령의 강력한 경험을 하는 것이 강력하여진 것은 칼빈주의의 경우는 조나단 에드워즈(Jonathan Edwards,

1703-1758)에 가서였고, 알미니안주의는 존 플레처(John Fletcher, 1729-1785)에 가서였다. 그리고, 정착된 것은 칼빈주의는 찰스 피니 (Charles. G. Finny, 1792-1875) 그리고, 알미니안주의는 피비 파머 (Phoebe Palmer, 1839-1908)여사에 가서였다. 그리고, 이는 오순절 신앙의 모티브가 되었다.[114]

아무튼, 많은 메소디스트들은 구원의 확신 이후 어느 시점에 성령님을 강력하게 체험하는 경험을 하였다. 그 경험으로 인하여 나타난 결과는 다음과 같다. 첫째로, 성령의 체험을 한 자들은 구원의 확신이 강력해졌다. 그들은 이것을 두 배의 확신이 주어졌다고 하였다. 둘째로, 구원은 받았지만 삶에 변화가 없던 자들에게는 이 성령의 체험을 통하여 거룩한 삶의 추구, 즉 성화의 삶이 강력하게 일어났다. 순간적으로 죄를 끊어 버리는 현상도 일어났고, 계속적으로 죄를 멀리하고 죄와 싸우려는 강력한 의지가 생기기도 했다. 더 나아가, 사랑을 실천하고자 하는 거룩한 욕망이 불붙었다. 셋째로, 사명이 강력하게 부어졌다. 목회나 선교에로의 헌신이 불 일 듯이 일어났다.

다섯째, 소그룹 모임을 통해서 그들이 체험한 경험과 신앙을 서로 점검하도록 했다. 이들은 회심을 경험한 자들과 그렇지 못한 자들을 구분하여 관리하였는데, 회심을 경험하지 못한 자들은 회심의중요성을 알리고 이를 사모하도록 독려하였고, 회심을 경험한 자들은 이제 주님을 알아가는 삶을 살도록, 그리고 주님을 더욱 느끼는 삶을 살도록 그리고, 성령님께 붙들린 삶을 살도록 독려하였고 이를 잘 실천하고 있는지 서로 점검했다.

여섯째, 이들은 정규 예배이외에 따로 집회를 가졌다. 왜냐하면, 이들은 여전히, 영국국교회 목회자들이거나 회원들이었기에 기존의 예배를 준수하여야 했다. 자신들이 추구하는 예배를 드리기 위해서는 따로 시간을 내고 장소를 얻어서 별도의 집회를 가져야 했다. 특히, 장소를 얻지 못할 때에는 야외에서 집회를 하였는데, 이는 부흥운동의 야외집회 내지는 전도 집회의 효시가 된다. 이런 집회의 등장으로 인하여 순서와 질서를 중요시 하는 전통적인 예전적 예배가 아닌 정말 주님을 만나고자 하는 형식이 파괴된 예배가 등장하게 되었다. 이로 인해서 집회에서는 찬양을 자유롭게 많이 부를 수 있었고, 설교도 보다 길게 역동적으로 할 수 있었다.

일곱째, 전도에 열심을 냈다. 그들은 믿지 않은 자들을 향해 전도에 열심을 냈다. 또한, 회심의 경험을 체험한 자들로 다른 그리스도인들이 자신들과 같이 진정한 체험을 한 그리스도인이 되도록 돕고자 하는 열정으로 가득하였다.

이상에 특징들에 예배관련 몇 가지 특징을 더 보태면, 다음과 같다.

첫째, 기쁨과 즐거움이라는 특징을 가지고 있었다. 이들은 예배를 드리면서, 그리고 설교를 들으면서도, 아멘으로 화답하거나 할렐루야를 외치며 환호성을 지르곤 했다. 전통 개신교에서는 이런 모습을 감히 상상도 못했다. 예배를 축제라고 하는데 기존 전통적인 개신교에서 축제로 이야기하는 것은 기념으로써의 개념이다. 그런데 반해, 이들의 축제 개념은 축제라는 뜻 그대로 부활의 기쁨과 주님과 함께하는 즐거움의 의미였다. 실로 기쁨과 즐거움이 가득한 축제로써 예배였다.

둘째, 강력한 설교가 있었다. 전통 개신교 설교가 교리중심, 성경 해석 중심의 설교였다면, 이들의 설교는 회중으로 주님을 만나게 하기위한 설교였다. 철저한 죄의 회개 촉구, 날마다 주님을 느끼고 은혜를 누리고 살 것에 대한 촉구, 성령 체험 촉구 등의 설교가 강력하게 선포되었다. 특히, 따로 모인 야외 집회에서는 더욱 자유롭고 강력하게 설교를 하였다.

셋째, 찬송이 중요하게 등장하였다. 이들 예배에서의 특징은 찬양을 마음껏 부를 수 있었다는 것이다. 또한, 찬송을 통해서 그들이 선포하고자 한 내용을 잘 정리하여 선포하였다. 그리고, 찬송을 부르면서 주님을 느끼도록 하였다. 찬송이 주님을 느끼고 만나는 데에 도움이 된다고 이들은 생각하였다. 그래서, 찬송 중에 주님을 향한 갈망을 표현하고 주님께 받은 은혜를 표현하도록 하였으며 찬송 중에 계속적으로 주님의 은혜를 경험하고 주님을 느끼도록 찬송을 중요하게 사용하였다.

(3) 메소디스트 찬양(웨슬리, 왓츠의 찬양)

복음성가의 아버지라고 일컬어지는 왓츠(Isaac Watts, 1674-1748), 주관적 찬송가의 아버지라고 일컫는 존 웨슬리(John Wesley, 1703-1791)와 찰스 웨슬리(1707-1788)의 등장은 실로 이전과는 다른 찬양의 등장을 가능케 했다. 앞서 말씀드렸듯이, 정통 개혁교는 시편 가사를 그대로 사용하는 것을 원칙으로 하였다. 말씀의 가사를 바꾸는 것이 신앙적으로 바르지 않다고 보았기 때문이었다. 그에 반해, 분리주의적인 회중교회 목사인 왓츠는 두 가지 급진적인 생각을 하였다.

첫째로, 시편 가사를 그냥 모티브로만 사용하고 그 내용을 자유롭게 바꾸어서 가사를 쓰면 어떨까 생각하였다. 가사를 바꾸지 않으면 운율에 맞지 않아서 멜로디가 감정적으로 다가오는 것이 적었다. 그리고, 가사를 보다 시적으로 바꾸어야 가사로 인한 감동도 강하다는 생각을 했다. 이는 루터와 같은 생각으로 루터 찬양신학의 회복이라고 할 수 있다.

둘째로, 신약의 내용, 복음적인 내용의 가사가 담긴 찬양이 만들어져야 한다고 생각했다. 그래야, 예수님을 더욱 인격적으로 만나는 데에 도움을 줄 수 있을 거라 생각했다. 어찌, 찬양에 예수님 중심의 찬양이 없을 수 있는 것인가? 이런 이유로 바로 왓츠로 부터 예수님 중심의 복음적 찬송이 등장한 것이다. 물론, 성경본문에 구속받지 않고 자유롭게 가사를 썼다.

그의 찬양은 분리주의적인 회중교회에 큰 영향을 미쳤다. 이 이야기는 장로교임에도 회중주의적 장로교를 탄생시킨 미국 교회들에게도 큰 반향을 일으켰다는 것을 시사하는 것이다. 또한, 자유로운 예배와 주님을 경험하고자 하는 예배를 추구함으로 영국국교회와 자연스럽게 분리되어 나오고 있는 웨슬리에게도 영향을 주었다. 아이작 왓츠는 사실상 복음주의적 개신교 찬양의 초석이었다.

한편, 웨슬레 형제는 아이작 왓츠의 정신을 본 받아 이를 더욱 발전시켜 나갔다.

첫째, 세상 음악적 요소들을 가져와서 접목시켰다. 가사와 곡조에 있어서 감성을 더욱 강하게 자극하는 세상의 요소들을 많이 가져와 교회음악에 적용했다.

둘째, 가사를 보다 학문적으로 바르고 풍성하게 되도록 했다. 찬송을 교육용으로 사용한 첫 번째 인물이라 할 수 있는데, 이 말은 찬송 만드는 것을 조직적으로 하여, 자신의 신학적 내용을 다양하게 담아 회중으로 찬양만 불러도 신앙교육이 되도록 하였다는 것을 의미 한다.

웨슬리의 찬양에 의해 메소디스트의 신앙은 불타올랐다. 그들의 찬양은 실로 메소디스트들을 메소디스트답게 만드는 도구였다. 칼빈주의적 메소디스트든 알미니안주의적 메소디스트든 상관없이 영향을 미쳤다. 주님을 경험하도록 하는 찬양, 주님을 향한 고백을 마음껏 올리는 찬양 등을 다양하게 만들었다.[115]

3) 체험적 신앙의 뿌리 3
: 조나단 에드워즈와 미국의 1차 대각성

(1) 조나단 에드워즈에 의한 1차 대각성 운동[116]

메소디스트 운동은 나중에 가서 둘로 갈라지게 된다. 그 이유는 칼빈주의와 알미니안주의의 대립 때문이다. 칼빈주의 메소디스트 운동은 조지 휫필드를 필두로 하여 발전해 나간다. 그리고, 그 영향은 미국 1차 대각성 운동의 중심인 조나단 에드워즈에까지 이르게 된다.

1700년대 미국은 사회적으로 교회적으로 상당한 변화가 있었던 시기였다. 특히, 교회적으로는 조나단 에드워즈 때 나라와 교회가 분리되었다. 1700년 이전만 하더라도 나라와 종교는 절대로 분리될 수 없는 것이었다. 한편으로는 나라가 교회를 책임져 주었다. 그런데, 영국에서 1689년 통과된 관용령(Toleration Act)으로 인하여 영국의 식민지였던 미국 역시 관용령의 영향으로 이제 지역적으로 다양한 개신교회가 같이 공존하게 되면서 나라가 책임져 줄 수 없었고 각 교회들이 자체적으로 자생해야하는 시기가 도래한 것이었다.

심지어 세상은 세속주의와 계몽주의 등의 인본주의가 중심이 되었고, 무엇보다 경제와 돈이 삶의 중심이 되었다. 이로 인해 사람들은 자신의 삶을 중심으로 살기 시작했고 이를 위해 돈을 벌려고 시간을 투자하였다. 결국, 이로 인해서 사람들은 점점 교회를 떠나갔다.

교회는 이를 극복하기위해 믿지 않는 자들에게도 세례를 베풀어서 성도를 끌어 모으는 일을 했는데 이를 '반길 계약(Half-Way Covenant)'이라고 한다. 교회는 이렇게 교회를 이어가려 한 것이다. 그러나, 이로 인하여 진정한 신앙의 나라를 추구하던 미국 교회가 진정한 신앙인과 그렇지 않은 신앙인이 다시 교회 안에 공존하는 계기를 마련하고 말았다.

조나단 에드워즈는 이를 반대하였다. 결국 이로 인하여 교회에서 쫓겨나기까지 했다. 진정한 신앙을 촉구했던 그는 강력한 설교로 성도들에게 도전을 주었다. 메소디스트 운동의 목회자들은 하나같이 강력한 설교를 하였는데, 그도 그럴 것이 성도들로 회심을 할 수 있도록 돕기 위해서였다. 물론, 아무리 뜨거운 설교를 한다 해도 모두가 다 주님을 만나는 것은 아니었다. 이 모든 것은 하나님의 주권적 역사이기 때문이었다.

이런 설교들로 인하여 예배는 전통적인 예전적 예배에서 벗어날 수밖에 없었다. 영국의 경우는 나라가 영국국교회였기에 이런 설교를 하기위해서는 따로 밖으로 나와서 집회를 할 수밖에 없었다. 그래서 옥외 집회가 발전했다. 그러나, 미국은 자유가 있었기에 자신의 교회를 목회자의 목회철학으로 운용할 수가 있었다. 조나단 에드워즈는 마치 부흥회와 같은 집회적 예배도 많이 드렸고, 예배시간도 상당히 길었다.

조나단 에드워즈에 의한 부흥은 그가 섬기는 메사추세츠 노쓰햄튼 교회에서 시작되었는데 1734년 12월 말 '오직 믿음으로 말미암는 칭의'라는 설교를 하면서 부흥이 시작되었다. 조나단 에드워즈에 의한 1차 대각성 운동은 1734-36년, 1740-42년의 두 번에 걸쳐서 일어났다.

첫 번째 시기에서는 위의 설교들로 인하여 죄에 대한 깨달음과 자신이 얼마나 죄인인지에 대한 각성이 일어났다. 그리고 죄의 회개를 통해서 구원의 확신을 얻게 되었고, 기쁨과 평안 등의 은혜를 경험하는 체험이 일어났다. 모이는 것을 기뻐했고, 기도를 기뻐했다. 무엇보다도 이들의 삶이 변화하였다. 그러나, 첫번째 부흥의 시기는 2년을 넘지 못했다. 사단의 공격이 있었기 때문이다. 이때 다시 불을 지핀 이가 바로 조지 휫필드였다. 조지 휫필드에 의해서 다시 노스햄턴에는 부흥이 일기 시작했다.

조나단 에드워즈는 칼빈주의자였고, 청교도 운동의 후예였으며, 미국 대각성 운동의 주역이었다. 그리고, 그는 학문적으로 탁월하고 균형을 잡을 줄 아는 영성의 소유자였다. 그로인하여, 칼빈주의 계열 경건운동(또는 메소디스트 운동)은 그에게서 정립되었다.

(2) 조나단 에드워즈에 의해 정립된 체험적 신앙

조나단 에드워즈는 기존의 청교도 누구보다도 성령과 감정에 대해 강조하였다. 성령의 지배적인 역사와 부흥, 체험 그리고 감정에 있어서 균형 잡힌 신앙을 소유하였다. 그래서 마틴 로이드 존스는 그를 신앙의 본질을 삶에 실천하고자 노력했던 청교도주의의 절정이라고 평가한다.[117] 그가 강조했던 체험적 신앙을 두 가지고 설명할 수 있는데 하나는 감정적 신앙이고 또 하나는 실천적 신앙이다.

A. 감정적 신앙

조나단 에드워즈는 감정을 멸시하는 것이나, 또는 감정주의로 흘러가는 것 모두를 거부했다. 그 둘 사이에서 균형을 가졌다. 또한, 감정과 성령을 연결하였다.

"감정이 극히 높게 고양되었다는 사실이
감정이 진리라는 어떠한 표증도 아닙니다.
많은 종류의 종교적 감정도 그것이 진실한 것이라는 표증은
될 수 없습니다."[118]

조나단 에드워즈는 이렇게 감정이 진리의 근거가 아님을 명확히 하였다. 그러면서 다음과 같이 또한 이야기하였다.

"은혜로운 감정은 신적 영향에서 나오는 것입니다.
감정의 목적은 하나님께 속한 것들의 탁월성을 보여주는 것입니다."[119]

즉, 그는 감정은 진리의 척도가 되지는 않지만 성령님께서 사용하는 도구라고 인정했다.

"하나님의 성령의 감동을 받는 어떤 사람들이 일종의 황홀경의 상태에 들어가 자신을 잊어버리고 강하고 유쾌한 상상의 세계로 넘어가 일종의 환상을 보고 마치 자신이 하늘에 까지 올라가 영광스러운 광경을 목격한 것처럼 하는 사람들이 있다고 하는데, 이런 일이 하나님의 성령께 속해 있지 않다고 하는 것은 어불성설입니다.
나는 그러한 경우를 잘 알고 있습니다. 이러한 일들을 설명하는 데 마귀의 도움을 빌릴 필요가 조금도 없습니다. 또한 선지자들이나 사도 바울이 낙원에 끌려 올라가 받은 환상과 그러한 것들이 같은 성질의 것이라고 상정하는 것도 아닙니다. 이러한 강렬한 활동과 애정 아래 있는 인간 본성이야말로 중요하게 여겨져야 합니다"[120]

"그러한 것들이 광신이거나 병든 뇌에서 발생한 것이라면, 나는 내 뇌가 그런 병에 오래 걸려 있었으면 좋겠습니다. 만일 그것이 정신 착란이라면, 인간 세계가 이러한 자비롭고 온유하고 덕스럽고 아름답고 영광스러운 정신 착란으로 다 사로잡힐 수 있기를 하나님께 기도합니다.
여기서 설명한 것을 거부하는 사람들이 가진 종교에 대한 관념은 어떤 것입니까? 다음의 성경 표현들과

부응하는 것은 무엇이 있습니까? — 모든 지각에 뛰어난
하나님의 평강, 말할 수 없는 기쁨으로 즐거워하는 것,
영광 충만(하나님께서 우리 마음을 비추사 예수 그리스도의
얼굴을 통해 하나님의 영광을 알게 하심), 수건을 벗은
얼굴로 거울을 보는 것같이 주의 영광을 보니 주와 같은
형상으로 변화하여 영광으로 영광에 이르니 곧 주의 영으로
말미암음이라고 한일, 어두운데서 불러내어 그의 기이한
빛에 들어가게 하심, 마음에 떠오르는 샛별 등등과 상응하는
것은 무엇입니까? 만일 지금 언급한 이 경우들이
이런 표현들과 서로 상응하지 않는다면
그것들과 상응하는 것은 무엇입니까?"[121]

조나단 에드워즈는 감정주의에 빠지지 않았다. 그러나, 감정을 무시하지도 않았다. 다시 말해서, 감정주의에 빠져서 감정이 기준이 되어 우리의 영적 상태를 판별하지도 않았고, 그 대신 성령님께서 감정을 충분히 사용하심을 인정하며 감정적으로 주님을 깊이 경험하길 원했다. 감정주의에 빠지게 되면 반 지성주의로 흘러가게 되기 때문이다.[122] 다시 말해, 말씀에 근거하는 삶이 아닌 체험한 감정과 경험에 의존하는 신앙생활을 하게 되는 것이다. 이것을 추구하라는 것이 아니다. 감정을 충분히 사용하여 감정까지를 포함한 더욱 온전한 신앙이 되도록 하라는 것이다.

B. 실천적 신앙

그는 하나님의 주권과 인간의 책임의 균형을 가졌다. 칼빈주의자인 조나단 에드워즈는 하나님의 주권을 강력하게 강조했다. 구원은 하나님의 주권적 사역임을 주장했다. 전적으로 타락한 인간이 도울 수 있는 것은 없다. 전적 부패한 인간은 스스로의 힘으로 구원에 이를 수 없고 또한, 주님을 닮아갈 수도 없다. 오직 주님의 주권적 역사와 성령의 역사로 인하여 구원이 주어지고 변화가 주어진다. 또한, 부흥도 오직 주님의 주권적 사역이다. 진정한 변화는 오직 하늘로부터 오는 성령 충만과 부흥으로 이루어지는 것이다.[123]

그러나, 그는 전통 장로교회에서 흔히 일어나는 인간의 책임 회피나 삶의 변화가 없는 무미건조한 신앙을 배격한다. 조나단 에드워즈는 하나님의 주권과 인간의 책임을 성령님으로 연결시키며 인간 스스로만의 노력은 배격하지만 성령님에 의한 인간의 열정적 노력을 이야기하고 있다. 하지만, 칼빈주의에 입각하여 이 땅에서의 완전한 성화는 인정하지 않는다. 다시 말해, 아무리 주의 백성이라 해도 이 땅에서 죄 없는 성인이 될 수는 없는 것이다. 오직 죽은 후에 우리는 영화롭게 되는 것이다. 이에 대해 다른 견해를 가지고 있는 것이 바로 존 웨슬리이다. 한편, 조나단 에드워즈의 이런 신앙은 사실상, 웨슬리 신앙에도 영향을 미쳤다. 웨슬리 연구의 대가인 아우틀러(Albert Outler) 교수는 영국에서 일어난 웨슬리안 부흥운동의 실제적인 원인들 중 하나가 대각성 운동이었다고 말한다.[124]

어떤 부흥 운동이 먼저이냐와 상관없이, 앞서 메소디스트 운동의 특징으로 서술한 내용들은 조나단 에드워즈와도 함께 하는 내용들이라 할 수 있겠다.

C. 감정적 신앙과 실천적 신앙의 연결

조나단 에드워즈는 감정적 신앙과 실천적 신앙을 연결하여 설명하길 진정한 영적 감정은 삶의 실천으로 이어져야 한다고 설명한다. 반대로 삶의 실천으로 이어지지 않은 감정은 절대로 진실된 영적 감정이 아닌 것이라고 하였다.[125] 아무리 뜨거운 감정의 경험을 한다고 해도 삶의 실천으로 연결되는 열매가 없다면 그 감정 경험은 진짜가 아닌 것이다. 오직 진짜 감정 경험은 주님을 향한 갈망이 지속되고 아니 더 깊어지고, 삶의 실천적 열매가 맺어지는 결과로 나타나야 하는 것이다. 복음주의의 체험적 특징은 바로 이런 체험적 신앙의 역사 위에 서 있어야 할 것이라 생각한다.

2. 전통적 복음주의에서 경험하는 임재 경험

전통적 복음주의에서 경험에는 메시지 경험에 따른 임재 경험으로써 감정 체험들

내용		전통 복음주의	성결적 복음주의			오순절적 복음주의	은사적 복음주의
		칼빈	웨슬리		성결 오순절		
			감리	성결			
메시지 경험에 따른 임재 경험으로써 감정 체험	감사	○	○	○	○	○	○
	갈망, 목마름	○	○	○	○	○	○
	사모함, 사랑함, 사랑을 느낌	○	○	○	○	○	○
	경외, 경탄	○	○	○	○	○	○
	회개, 통탄, 후회	○	○	○	○	○	○
	위로와 격려, 치유의 은혜 체험	○	○	○	○	○	○

전통적 복음주의 경배와 찬양의 임재 경험

메시지 경험(지적 경험) ⋯▶ 감정 경험 ⋯▶ (결단과 헌신, 의지적 경험)

이제 경배와 찬양의 예배적 임재 경험을 논리적 과정으로 정리하여 설명하고자 한다. 전통적 복음주의 예배에 있어서 주님과의 만남과 사귐이라고 할 수 있는 임재경험은 보통 메시지 경험으로부터 시작된다. 왜냐하면, 전통적 복음주의 예배는 말씀 선포가 중심이 되기 때문이다. 그러므로, 경배와 찬양중 예배적 임재 경험도 성령의 도우심으로 찬양 중 들려지는 가사 또는 예배적 정황을 통해 나의 메시지로 들리기 시작하는 메시지 경험으로부터 시작한다고 보는 것이 타당하다 하겠다. 그리고, 이런 메시지 경험에 이어서 감정 경험을 임재 경험으로 하게 된다. 단순히 메시지가 깨달아지는 것을 넘어서 감동이 되고 감정적 반응들이 일어나는 것이다. 그리고, 감정 경험은 메시지 경험을 강화한다고 볼 수 있다. 이런 감정 경험들을 구분하여 자세히 살펴보면 앞선 표와 같겠다.

표의 윗부분 3가지는 하나님을 향한 방향으로 예배자가 체험하는 감정 체험들이고 밑의 2가지는 예배자 자신을 향한 방향으로 예배자가 체험하는 감정 체험이다.

첫째, 감사, 메시지 경험을 통해서 계시를 해주신 하나님께 감사하는 마음이 드는 것이다. 어찌 나 같은 존재에게 이런 귀한 메시지를 주실 수 있는가? 그리고, 그 메시지가 얼마나 놀라운가? 감격하고 감사하는 것이다.

둘째, 갈망, 목마름, 메시지 경험을 통해서 주님을 더 알고 싶고 주님과 더 사귐을 갖고 싶은 마음이 드는 것이다. 가슴이 아플 정도로 목마름과 갈망이 내 안에서 심해지는 경험이다. 주님이 없으면 안 될 것 같은 느낌과 주님의 얼굴을 보고 주님을 만져 보고픈 마음이 강해지는 것이다. 우리는 늘 주님을 갈망해야 한다. 주님을 향한 갈망함이 멈추는 순간 나의 신앙은 세상 다른 것을 찾아 우상숭배하게 되어 있는 것이다. 그리고, 자신의 영혼이 갈급해 있었다는 깨달음과 갈급해 있던 자신을 향한 안타까움과 후회의 마음이 또한 들 수 있다.

셋째, 사모함, 사랑함, 일찍이 존 윔버는 주님에 관한 찬양과 주님을 향한 찬양의 차이를 발견하고 주님을 향해 사랑을 고백하고 사모함을 고백하는 찬양을 드림으로 강력한 영적 사귐을 추구하였다. 찬양의 가사를 통해서 주님을 갈망하게 되고 사랑하게 되어 주님께 타오르는 사랑을 고백하는 것, 그것이 바로 사랑함과 사모함의 감정 경험이다.

한편, 찬양의 가사를 통해서 주님이 나를 얼마나 사랑하시는지 깨닫고 이어서 그 사랑에 감격하는 경험 또한 정말 필요한 감정 경험이다. 주님의 사랑을 받는 감정 경험은 예배자로 새로운 삶을 살게 할 것이다.

넷째, 경외, 경탄, 전능하시고 지존하신 주님의 위엄을 느끼고 그분의 영광에 압도되는 경험은 두 가지 종류가 있을 수 있다. 첫째는 주님의 위엄과 영광에 압도되어 무릎을 꿇고 눈을 감고 손을 들고 엎드려서 그 위엄을 경험하는 것이다. 둘째는 주님의 위엄과 영광에 벅차서 그분을 소리 높여 외치며 천상의 천사들과 함께 찬양하듯 온 열정으로 높이는 것이다. 첫 번째 것을 '경외(Adoration)'라고 정의하고자 한다.[126] 두 번째는 것은 '경탄(Admiration)' 이라고 정의하고자 한다.[127]

다섯째, 회개, 통탄, 메시지 경험을 통해서 자신의 죄악된 모습과 주님 앞에 한없이 부끄러운 모습이 깨달아지게 된 후 가슴속에 통탄하는 마음이 불붙듯 타오르게 되는 것이다.

여섯째, 위로와 격려, 치유의 은혜 체험, 경배와 찬양 중에 주님의 위로를 얻고 격려를 받는 경험을 하는 것이다. 더 나아가서, 마음의 상처와 아픔을 치유 받는 은혜의 경험을 하는 것이다. 일반적 복음주의 예배에서 임재 경험이라 할 때 보통 이 경험을 가장 먼저 생각하게 되는 것 같다.

이상의 감정 경험들은 찬양 가사를 더욱 깊이 마음에 새기게 만들 것이다. 그래서, 경배와 찬양중 메시지 경험을 더 강력하게 만들 것이다. 그뿐 아니라, 이제 듣게될 설교의 말씀을 더욱 갈망하며 듣게 만들 것이고, 설교 말씀을 듣는 것에서 끝나지 않고 깨닫고 감동하고 결국에는 결단하고 헌신하도록 하게 할 것이다. 앞서서 말씀 드렸지만 전통적 복음주의 예배는 메시지를 경험하는 것이 중요하다. 그리고, 그 중심은 설교에 있다. 그리고, 그 외 예배의 모든 순서들은 그 메시지 경험을 돕는 위치에 있다. 그 중 경배와 찬양은 가장 강력하게 설교의 메시지 경험을 돕고 강화하는 예배 순서라 필자는 생각한다. 바르게 경배와 찬양을 통해 임재 경험을 한다면 반드시 전체 예배의 메시지 경험은 강력해질 것이다.

최고의 예배자가 되라
복음주의 경배와 찬양 가이드북

성결적 복음주의 신앙과 경배와 찬양

| 17장. 성결 신앙관련 역사

웨슬리 신앙에서의 다양성의 시작: 존 플레처
2차 대각성 운동
3차 대각성 운동과 다시 등장한 성결 운동
성결 교단의 등장

| 18장. 성결 신앙의 내용

중생과 성결 | 세대주의 전천년설

| 19장. 성결적 복음주의 경배와 찬양의 메시지 경험

성결 | 임박한 종말론적 신앙의 고백 | 알미니안적 부흥 | 선교 사명을 위한 헌신

| 20장. 성결적 복음주의 경배와 찬양의 임재 경험(성령 체험)

성령 체험을 위한 실용적 찬양의 등장
성결의 유지 발전을 위한 성령 충만

17장

성결 신앙관련 역사

1. 웨슬리 신앙에서의 다양성의 시작: 존 플레처[128]

성결 신앙의 등장은 새로운 성령 신학의 등장이다. 그리고, 이로 인하여 예배에도 새로운 변화가 등장하게 된다. 그리고, 경배와 찬양에도 마찬가지이다. 먼저, 이들의 역사를 살펴보기 원한다.

웨슬리 사후 여러 신학자들이 웨슬리의 신학을 전개해 나갔으나, 그의 후계자는 그보다 먼저 죽은 존 플레처(John W. Fletcher, 1729-1785)였다. 웨슬리는 기독교 완전을 이야기할 때 늘 존 플레처를 예로 들었다. 자신은 자신이 말하는 기독교 완전을 이룬 사람이 아니라고 말했고 기독교 완전을 이룬 자는 바로 존 플레처라고 이야기했다. 이토록 웨슬리의 인정을 받은 자가 바로 존 플레처였다.

그런데, 존 플레처는 웨슬리의 신학을 이어 받아 전수하면서도 웨슬리와 다소 차이를 보였다. 이 존 플레처의 신학은 바로 성결교회와 오순절 교회의 모티브가 된다.

첫째, 웨슬리와 플레처는 인간을 긍정적으로 바라보는 사고, 회심과 점진적 성화, 그리고, 온전한 성화라는 개념에서는 같은 이해함을 가졌다. 그러나, 웨슬리가 점진적 성화에 이은 온전한 성화의 경험을 하나님의 형상 회복으로써 인간의 회개와 믿음의 노력의 결과로 본 것이 비해, 플레처는 온전한 성화의 경험을 성령을 강력히 체험하는 경험이라고 보았다. 온전한 성화의 순간을 초대교회 오순절 사건과 같은 성령이 부어지는 경험으로 보았다. 그래서, 그는 온전한 성화의 경험을 성령을 받는 경험이라고 설명하곤 하였다. 다시 말해, 성령세례라 하였다. 즉, 플레처는 회심 때에 임하시는 성령님의 1차적 경험과 온전한 성화 때에 성령세례로 임하시는 성령님의 2차적 경험을 이야기 한 것이다. 이 성령의 2중적 사역에 대한 설명은 바로 오순절 신학의 모태가 되는 것이다.

둘째, 웨슬리는 점진적 성화를 계속 이어가다가 결국 온전한 성화를 경험하게 된다는 점진적 사고를 가진데 반해, 플레처는 점진적 성화의 어느 시점에 강력한 성령 경험을 통해서 갑작스레 온전한 성화를 경험하게 된다고 보았다. 이것은 마치 개혁 신앙에서 회개로부터 시작하여 믿음 그리고 성화의 과정을 거치는 오랜 과정으로써의 구원과 성령의 강권적인 역사로 급작스럽게 회심하는 것의 차이와도 같은 것이라 하겠다. 이런 플레처의 신학은 웨슬리의 감리교와 다른 성결신앙의 모티브가 되었다.

셋째, 웨슬리는 인생을 둘로 구분했다. 그것은 회심이전과 회심 이후이다. 회심이 인생을 구분하는 기준이었다. 그리고, 회심 때에 성령님이 내주하시는 것이고 내주하신 성령님으로 인하여 점진적 성화와 온전한 성화를 이루어 가는 것이라 보았다.

반면, 플레처는 인생을 셋으로 구분하였다. 회심 전, 회심 후, 그리고, 온전한 성화를 이룬 후이다. 회심 전에는 예수님을 믿기 위해 기다리는 시기, 회심 후는 온전한 성화를 기다리는 시기, 온전한 성화이후는 재림의 때를 기다리는 시기라고 보았다. 또한, 각각을 성부 시대, 성자 시대, 성령 시대로 시기를 구분했다.

인생을 셋으로 바라보는 플레처의 신앙은 자연스레 종말론적 신앙을 가지게 되었다. 웨슬리 신앙은 이 땅에서의 변화와 개혁과 승리를 추구했다. 이 땅에서의 변화가 중요한 것이었다. 그러나, 플레처는 물론, 이 땅에서의 변화된 삶도 중요하지만 종말론적인 신앙이 더 중요한 것이라 보았다. 이 종말론적 신앙은 이후 오순절적 신앙과 은사적 신앙에 큰 영향을 미치게 되는 것이다.

2. 2차 대각성 운동

1) 적극적 부흥 운동의 출현

조나단 에드워즈, 조지 휫필드, 존 웨슬리를 중심으로 1700년도 중반에 일어난 1차 대각성 운동은 미국의 독립전쟁(1775-1783)으로 인하여 그 열기가 식어버렸다. 이렇게 되면서 다시 교회의 성도들은 줄기 시작했다. 이때, 이를 극복하기 위해 등장한 것이 바로 부흥집회였다. 관용령이후 그리고, 미국 독립으로 인해 교회들은 더욱 스스로 서야하는 부담감을 가지게 되었기에, 교회에서 그냥 사람들을 기다리는 것이 아니라, 사람들을 모아서 복음을 선전하고 그들로 신앙인이 되도록 결단케 하는 부흥집회 및 전도 집회가 성행하게 되었던 것이다. 이보다 더 효과적인 자생 방법은 없었다. 특히, 아직 개척지인 서부의 경우는 이런 부흥집회가 아니면 성도들을 한데 모아서 제대로 예배를 드리는 것도 쉽지 않았다. 미국의 2차 대각성 운동은 바로 이런 상황에서 전개되었다.

서부 개척지에서 이런 부흥집회를 처음 시도한 인물은 바로 장로교 출신의 제임스 맥그래디(James McGready, 1758~1817)였다.[129] 제임스 맥그래디는 1800년 여름에 켄터키주, 케인릿지 가스팔 강(Gaspal River)가에서 야외 성찬식을 갖는 야영 천막 집회를 주도하였는데 이것이 바로 '개척지 예배(Frontier Worship)'의 시작이었다. 이러한 야영 천막 집회는 대략 1만에서 2만 5천 정도의 많은 사람들이 모일정도로 성황을 이루었다. 이러한 개척지 예배의 특징은 우선, 예배가 성례전을 받기 위한 예배였다는 것이다. 그리고 대략 4일정도 진행이 되었는데, 재미있는 사실은, 그들이 초교파적으로 모였기 때문에 성경공부 때에는 섞여서 있다가도 집회 마지막에 세례를 받을 때나, 성찬을 받을 때에는 교파별로 줄을 서서 성례에 참여하였다는 것이다. 또한 성찬의 집례자는 반드시 성직자가 아니어도 되었다는 점이 특이하였다.

이 집회에서 많은 사람들이 한꺼번에 회심을 경험하고 여러 교파 교회의 멤버가 되었다. 2차 대각성은 바로 이런 적극적인 신앙이 바탕이 되는 부흥운동이다. 조나단 에드워즈로 대표되는 제 1차 대각성 운동은 성령님의 주권적 역사하에 있는 부흥이었다. 성령님께서 허락하시면 부흥이 임하는 것이고 아니면 부흥은 오지 않는 것이었다. 인간은 간절히 갈망하며 사모할 뿐 부흥의 주체는 아니었다.

그런데, 2차 대각성 운동은 전혀 달랐다. 수동적인 부흥운동이 아니었다. 사람들이 예수를 믿지 않고 돌아가면 자신의 기독교는 자생할 수 없는 것이었다. 어떻게든 회개하도록 도와야 했다. 그래서, 주님을 만나도록 하기위한 노력을 더하기 시작했던 것이다. 하루 집회하던 것을 연속으로 며칠을 집회하든지, 아니면 개인의 구체적인 죄를 회개하도록 결단을 돕는 프로그램을 도입하였다. 예를 들어, 강단 앞으로 나오게 해서 좀 더 회개하기 쉽도록 참회석에 앉히는 일들을 하였다. 혹자들은 이것은 부흥이 아닌 부흥주의라고 비판한다.[130] 더 나아가 펠리기안주의라고까지 비판한다. 그러나, 성결신학자 박명수는 이는 칼빈주의 입장에서의 비판이라 설명한다.[131] 그리스도의 은총을 무시했던 펠리기안주의와 다르게 찰스 피니(Charles Grandison Finney, 1792 - 1876) 등의 2차 대각성 중심 인물들은 그리스도의 은총을 무시하지 않았기 때문이다. 기독교의 다른 분파인 복음적 알미니안인 것은 맞지만 펠리기안은 아니라는 것이다. 아무튼, 2차 대각성 운동은 바로 이런 알미니안적 그리고 적극적인 사고의 부흥이라 하겠다.

한편, 케인릿지 천막 집회에서는 강력한 성령의 경험으로 넘어짐과 경련과 웃음 등의 현상이 일어났다.[132] 그런데, 장로교의 경우는 이런 성령의 현상에 소극적이었기에 장로교인들은 제외되거나 아니면 감리교 신앙으로 옮기는 현상이 일어났다. 그리고, 성령에 열려 있고, 긍정적인 인간상, 기독교의 승리와 발전 등의 사고를 가지고 있던 감리교는 시대적 흐름과도 맞아떨어지면서 점차 천막 집회를 주도하기 시작하였고 2차 대각성 운동의 중심으로 부각되었다.

2) 찰스 피니

이런 19세기 부흥의 모습에 가장 영향력을 미친 인물이 바로 찰스 피니였다. 법률가 출신인 그는 장로교에서 설교자로 안수를 받고 1820년부터 복음전도자로 활동하였고 오벌린 대학에서 오랜 시간 강의를 하였고 결국 총장까지 되었다. 그는 그 대학에서 자신의 가르침을 펼쳐나갔다. 그의 가르침을 '오벌린 완전주의(Oberlin Perfectionism)'라 말한다. 찰스 피니는 19세기 가장 유명한 전도자로 이름을 날렸다.

그는 장로교 출신이었지만 웨슬리안적 신앙을 가지고 있었다. 이로 인하여 칼빈주의자로부터는 지금까지 좋지 못한 평가를 받고 있다.[133] 반면, 그는 칼빈주의와 웨슬리안주의 및 성결 신앙을 결합한 인물로 평가되기도 한다. 그의 신앙을 정리해 보면 다음과 같다.[134]

첫째, 기독교적 낙관론, 그는 구원받은 믿음의 백성들이 세상을 개혁할 수 있음을 강조한 인물이었다. 기독교가 세상의 죄를 이기고 천년왕국을 건설할 것이라는 후 천년설에 입각한 기독교 발전을 강조한 인물이었다. 그는 노예제도 폐지 운동을 가장 오랫동안 펼친 인물이었다. 금주운동과 여성인권 운동 등을 강력하게 펼쳤고, 주일 성수를 강조했던 인물이었다.

개신교 안에서 사회운동은 그 전에도 있었다. 그런데, 시대상과 맞물려서 이토록 강력하게 사회개혁을 부르짖었던 인물은 전무후무하다. 그는 피조물인 인간 특히, 회심한 인간에 대한 낙관론을 가지고 있었다. 믿는 자의 책임 있는 노력으로 인하여 이 사회가 변할 수 있다고 보았다. 그리고, 그렇게 될 것이라 믿었다. 그의 모든 신학은 바로 이런 생각에 근거한다고 볼 수 있다.

그는 전통 개신교가 예정론과 하나님의 주권을 너무 강조하는 나머지 인간의 책임을 저버렸다고 비판했다. 사실상, 전통 개신교의 세상과의 분리적인 모습, 그리고, 이론뿐이고 변화가 없는 모습, 사회에 전혀 영향을 미치지 못하는 모습 등은 찰스 피니의 눈에는 분노였다. 기독교는 변화를 보여주고 천국을 보여주어야 하는 것이며, 개혁이 필요하면 기독교가 앞장서야 하는 것이었다.

그는 저 천국에서만 잘되고 좋은 것은 복음이 아니라 생각했다. 이 땅에서의 회복과 하나님 나라 건설이 되어야 진정한 복음이라 보았다. 그렇지 않으면 이 세상을 살 이유가 없는 것이라 보았다. 이런 신앙은 서민들과 여성들 그리고 노예들의 해방과 회복이라는 그의 운동으로 나타났다. 그리고, 사회를 어떤 악도 지배하지 못하도록 기독교적 윤리로 배격해 나가는 노력을 하였다.

둘째, 구원에 있어서 인간 책임 강조, 그는 구원에 있어서 인간의 책임을 강조하였다. 찰스 피니는 원죄를 부정한다. 인간의 부패성도 부정한다. 아담이 죄를 지은 것도 자신의 자유의지에 의해서 이루어진 것으로 본다. 하나님을 믿는 것도 인간의 자유의지에 의한 선택에 의한 것으로 본다.

한편, 집회 중 다양한 회심 프로그램들을 통해서 집회에 참석한 사람들이 자유의지를 사용하여 주님 앞에 회개하고 돌아오도록 도울 수 있다고 보았다. 인간 스스로가 자신의 의지를 발동하여 결단하도록 돕는 것은 좋은 것이라 보았다. 물론, 칼빈주의자들은 이런 인위적인 노력을 배격하여 '부흥주의'라 하였다.

셋째, 성화에 있어서 인간 책임 강조, 그는 성화에 있어서도 인간의 책임을 강조하였다. 즉, 인간이 죄를 짓는 것은 인간의 자유의지에 따라 자신이 선택한 것이다. 다른 것으로 책임을 돌려서는 안 되는 것이다. 그리고, 낙관적인 인간론을 가지고 있었기에 기독교적 인간은 얼마든지 윤리적 노력을 통해서 죄를 멀리하고 사회를 개혁할 수 있다고 보았다.

그가 사회개혁을 주장했던 근간은 인간을 향한 낙관성이다. 그리고, 책임성이다. 인간은 구원에 있어서 또한 삶의 죄들에 있어서 자신의 책임을 회피해서는 안 되는 것이다. 자신이 부패한 인간이기에 어쩔 수 없이 죄를 짓고 있다는 식의 말은 그에게 통하지 않았다. 인간은 그렇게 비정상적으로 창조되지 않았다고 보았고, 책임감을 가지고 주님을 선택하고, 책임감을 가지고 사회를 개혁해 나아 갈 수 있고 또, 그렇게 하면 사회는 반드시 개혁된다고 보았다.

부흥에 대한 개념에 있어서 그는 개인적으로 윤리적 노력을 다하고 다함께 사회개혁을 위해 노력한다면 부흥은 온다고 보았다. 부흥이 하나님으로부터 시작되는 것이 아니라, 인간의 노력에서부터 시작되는 것이라 보았다. 인간의 책임 있는 노력에 성령님께서 임하셔서 불을 붙이는 것이 부흥이라 하였다. 이는 조나단 에드워즈가 이야기한 부흥과는 전혀 다른 개념이다. 이를 알미니안적 부흥이라고 말한다.[135]

넷째, 성령세례, 성령의 강력한 역사를 주장하였다. 사실상, 그는 성령세례를 주장하였다. 플레처에서 주장되었던 성령세례의 내용이 피니에 와서 정립되었다고 볼 수 있다. 그의 성령세례 주장은 그의 체험에 근거하고 있다. 그는 회심의 경험이후에 성령의 임재와 능력을 경험하는 체험을 가졌는데 그 이후의 삶은 전혀 다른 삶이 전개되었다. 이것을 회심과는 다른 성령의 2차적 축복으로 보았다. 그가 체험한 2차적 성령 체험은 성결의 체험이 아닌 능력의 체험이었다. 성결은 예수를 믿는 자라면 스스로의 윤리적인 노력으로 얼마든지 성취할 수 있다고 보았다. 그리고, 그는 그렇게 철저한 삶을 살았다. 능력을 덧입는 2차적 성령체험을 통해 강력한 복음전파와 기적과 이적들을 행하였다. 그가 가는 곳마다 회심과 성령세례가 일어났다. 이렇게 성령의 강력한 역사는 찰스 피니 부흥의 특징 중에 하나가 되었다.

다섯째, 새로운 방법들(New Measure), 부흥집회에서 입증된 여러 가지 방법들을 정리하여 새로운 방법들을 주장하였는데, 특별히, 그는 대부분의 청교도주의자들이 주장하는 예배의 원칙을 전면적으로 부정하였다. 그는 그의 강의에서 "하나님께서는 예배에 사용해야 할 특별한 방법들을 정하지 않으셨다"고 주장했다.[136] 모두 시대에 따라 변했고 종종 시대상황에 따라 전통적인 방법들이 모순이 되는 경우가 있으므로 어떠한 예배의 표준도 존재하지 않는다는 것이었다. 피니가 생각하기에 예배에 있어서 가장 중요한 것은 예배의 실용성의 문제였다. 즉, "그 예배의 방법이 효과가 있는가? 만일 있다면 계속하라. 하지만 효과가 없다면 버리라"고 소리 높였다.[137] 결과적으로 많은 장로교의 목사들이 이러한 새로운 방법을 수용하기 시작하였는데 이것이 바로 신파(New School)이다. 신파의 예배신학은 전통적인 장로교나 청교도의 신학과는 전혀 다른 것이었다. 신파(New School)를 통해서 경험과 실용을 중시하는 예배신학이 등장하게 되었다.

그들은 복음 전파를 예배의 목적으로 삼았다. 즉, 예배란 믿지 않는 사람들을 회심시키는 데 목적이 있다는 것이다. 따라서 그들은 주님을 영접하기 위한 강한 열정과 분위기를 예배 중에 만들어가는 것을 중요하게 생각하였다. 사람들이 결단을 할 수 있도록 돕기 위해서였다. 점차 그들의 설교는 잃어버린 자들을 찾는데 중점을 두게 되었으며 사람들이 거부감이 없이 듣도록 하는 이야기식의 설교가 주종을 이루게 되었다. 예배 중에 춤을 추는 것이 다반사였고, 다양한 많은 찬양을 불렀다. 또한 신파는 전통적인 교회력을 지키기보다는 세속절기를 통해서 그들을 교회로 인도하고자 하는 노력을 하였다.

결국, 구파와 신파는 1837년 이후 한동안 나누어지는 아픔을 겪게 되었다. 구파는 엄숙과 성서의 규범아래 행해지는 예배가 하나님을 경배하는 참된 표현이며 이것을 통해서 회중들이 교화될 수 있다고 생각했다. 그들이 생각하기에 예배란 하나님께 드려지는 것이지 인간들이 대상이나 목표가 되어서는 안 되는 것이었다. 구파는 설교자의 철저함을 강조했는데 설교자는 정시에 나와야 했고 철저한 주석과 교리연구를 요구받았으며, 설교의 현장에서는 열정과 함께 지성이 요구되었다. 신파(New School)와 같이 현장에서 설교를 즉흥적으로 하며, 감정이 섞인 설교를 하는 것은 거부되었다. 신파에게 있어서 찬송은 회중들의 감정을 자극하는 중요한 도구였지만, 구파는 시편송과 일부 전통적인 찬송가만을 예배 찬양으로 인정하였고 찬송은 감정을 자극하지 않아야 한다는 예배 철학을 가지고 있었다.

3) 피비 파머[138]

제 2차 대각성 운동의 하나의 주요 흐름이라고 할 수 있는 초창기 웨슬리안 성결 운동의 중심은 피비 워럴 파머(Phoebe Worrell Palmer, 1807-1874) 여사로부터라 하겠다. 그녀는 감리교회가 웨슬리가 주장했던 온전한 성화 및 기독교 완전에 대한 열정이 사라져 가고, 자유주의에 물들어 갈 때 웨슬리적 신앙을 다시금 주장하여 성결 부흥 운동을 이끈 인물이다. 미국에서의 진정한 웨슬리안 성결 운동의 시작은 그녀로부터이다. 그녀는 화요모임을 세워서 성결 운동의 중심 진원지가 되도록 하였고, 순회전도사로써 명성을 떨쳤다. 또한, 기독교 잡지 '성결의 안내'와 여러 저서를 통해서도 계속적인 영향력을 미쳤다. 그녀의 남편은 감리교 부흥사인 월터 파머 박사(Dr. Walter C. Palmer)이고, 그녀의 딸은 '예수를 나의 구주 삼고', '주의 피로 이룬 샘물' 등의 찬송가를 작곡한 피비 냅(Phoebe Palmer Knapp, 1839-1908)이다.

그녀의 성결운동의 특징은, 첫째, 성결의 성령세례, 전적타락 인정과 원죄와 자범죄의 구분이다. 원죄와 부패성이 제거되는 경험이 중생이다. 이 중생 때 성화가 시작된다. 그러나, 자범죄와 남아 있는 잔여 죄로 인한 갈등의 삶에서 이러한 것까지 완전히 제거하여 온전해지는 경험이 성결의 경험이요, 성화의 완성이다. 그런데, 이런 성결의 경험은 오직 성령의 역사에 의해 주어진다. 그래서, 그녀는 강력한 단번의 성령의 역사로 성결을 경험하는 것을 성령세례라 명칭하였다. 찰스 피니만 하여도 성령세례라는 용어를 전문적 용어로 등장시키진 않았다. 그런데, 파머에 와서는 성령세례라는 용어를 활발하게 사용하였다.

둘째, 2차 경험으로서의 즉각적 성결 경험으로써 성령세례 경험, 그녀는 점진적 성화를 거쳐서 어느 때에 온전한 성화를 이룬다고 보지 않았다. 이는 플레처의 생각에서 발전된 것이다. 어느날 갑작스레 성령의 경험인 성령세례를 경험함으로 성결케 된다고 보았다. 그리고, 성결의 경험으로써 성령세례는 신앙의 목표가 아닌 회심한 신앙인이면 누구나 신앙 초기에 경험해야하는 것으로 보았다. 이런 점에서 플레처와도 다른 신학을 가지고 있었다. 플레처도 갑작스런 성령의 경험에 의한 성령 세례 그리고 성결의 경험을 이야기했지만 누구나 다 신앙 초기에 경험할 수 있다고 하지는 않았다. 한편, 성결의 경험으로 성령세례를 경험하고서도 성결의 유지를 위해서 계속적으로 성령 충만을 받아야 한다고 주장하였다.

셋째, 이런 성결을 위한 성령 세례를 받기위하여 피비 파머는 화요 집회를 열고 오래도록 이 집회를 유지하였다. 정규 예배와 다르게 집회는 보다 성령의 역사를 경험하기에 자유롭고 효과적인 것이었다. 그는 갈망하는 심령들을 집회로 초청하였고 집회가운데 성령세례와 성령 충만을 위해서 마음껏 찬양하고 예배하였다. 또한, 성령세례를 위해 어떤 큰 노력을 기울이는 것이 아닌 자신의 삶을 그저

산 제물로 드리기만 하면 성령의 역사하심 속에 성령 세례를 받을 수 있다는 '제단 신학(Alter Theology)'을 펼쳤다.

넷째, 전천년설. 그는 전천년설을 주장하였다. 특히, 세대주의적 종말론에 입각한 신앙을 가졌다.

1858년 즈음은 2차대각성 운동의 절정이었다. 1857-8년에 있었던 뉴욕 폴턴가를 시작으로 한 정오기도회 부흥 운동도 이 때 있었다. 찰스 피니중심의 오벌린 완전주의, 그리고 피비 파머의 제단 신학, 자유 감리 교회의 온전한 성화 추구 등의 성결 운동들은 제 2차 대각성 운동의 큰 하나의 축이었다. 그런데, 노예제도를 지지하던 남부에는 이런 부흥의 영향이 많지 않았다. 그리고, 남북 전쟁으로 인해 부흥 운동은 식어지고 말았다.

3. 3차 대각성 운동과 다시 등장한 성결 운동[139]

1800년대 후반 남북 전쟁 후에 미국 남부를 시작으로 하여 부흥 운동이 다시 시작되었다. 1800년대 중반까지만 해도 노예 제도로 인하여 남부는 부흥과는 거리가 멀었다. 그런데, 전쟁에 지고 어려워진 상황 속에서 주님을 찾게 된 것이다. 이제 남북의 신앙인들은 다시 성결 운동의 내용이었던 웨슬리가 주장한 온전한 성화, 기독교 완전이란 주제를 붙잡고 성결과 완전의 삶을 추구해 나갔다. 2차 대각성 운동 초반에 성행하던 야외 천막 집회를 다시 시작하여 이를 폭발적으로 발전시켜 나가면서 1800년대 후반의 부흥 운동, 즉 3차 대각성 운동의 한 흐름인 성결 운동의 재 점화를 이루게 되었다.

그 시작은 뉴저지 바인랜드에서였다. 1867년 그 첫 번째 집회인 '전국성결연합회(The National Camp Meeting for the Promotion of Holiness)'는 큰 성공을 거두었다. 성공을 거둔 후 앞으로의 계속적인 집회를 위해서 '전국성결연합회'가 결성되었다. 이 단체는 앞으로 등장할 다양한 성결 교회들의 모체가 되는 것이라 하겠다.

이 집회는 계속적으로 발전해 갔는데, 1887년에는 67회의 전국 규모의 캠프집회를 하였으며, 현장에서 전적으로 성결 운동을 펼치는 전담 전도자 즉, 성결 부흥사들이 1888년에는 206명이나 있었다. 1892년에는 354회의 전국규모 또는 지역규모의 집회가 있었으며, 이 때 전담 전도자들은 304명이나 있었음이 공식적으로 보고되고 있다. 이들은 집회 때가 되면 모여들어서 사역하곤 하였고 개인적으로도 집회를 인도하곤 하였다. 그리고, 1870년대에서 1880년대 사이에 성결운동을 지지, 홍보하는 간행물들이 봇물처럼 쏟아져 나왔다.

이 운동은 초교파적인 유대를 유지하면서 전개되었는데, 그 중심은 감리교에서 잡아주었다. 그리고, 감리교의 후원을 받고 있었다. 그러나, 시간이 흐르면서 감리교로부터 후원이 끊기고 거절되었다. 왜냐하면, 분리 독립에 대한 위기를 느꼈기 때문이었다. 결국, 성결 운동은 감리교의 지원이 끊겨서 전국적인 조직력을 잃게 되었다. 이로 인해 이 운동은 서로 다른 특징을 지닌 교단으로 분산되어 성장하게 되었다. 그래서, 웨슬리의 성결론에 기초한 성결운동을 고수하는 교단이 되든지(the Church of Nazarine, Pilgrim Holiness Church, 후에 Wesleyan Holiness Church로 병합, Christian Mission Alliance 등), 아니면 나중에 오순절 교단들이 된 오순절적 능력에 초점을 맞춘 성결 오순절 교단이 되었다(Assembly of God, Church of God in Christ, Church of God in Cleveland, Tennessee 등).

4. 성결 교단의 등장[140]

성결 운동이 감리교와 분리되면서 성결 교단들이 우우죽순처럼 생겨났다. 성결 교단은 하나의 커다란 교단은 되지 못했다. 성결 운동을 주도하던 인물들이 감리교로부터의 분리 독립을 원하지 않아서였다. 결과적으로 성결 운동에 가담한 사람들이 감리교로부터 분리 독립된 것을 생각하면 애당초 커다란 교단 조직을 만들면서 나오지 못한 것이 아쉬울 수 있다. 그러나, 하나님의 뜻이 거기에 있지 않았다고 볼 수 있겠다.

(1) 나사렛 교회(Church of the Nazarene)

동부에서는 뉴욕을 중심으로 세워진 미국 오순절교회 연합회(1896,11,12), 서부 로스엔젤레스에서 피니스 F. 브리지(Fhineas F. Bresee)를 지도자로 하여서 세워진 나사렛 교회(1895,10)는 1907년 10월 10-17일까지 시카고에 모여 사람들의 영혼을 구원하고 성서적인 성결을 전파하기 위하여 하나의 교단으로 손을 잡고 오순절 나사렛교회를 창립하였다. 그 다음해인 1908년 10월8-14일에는 남부 텍사스를 중심으로 세워진 그리스도의 성결교회와도 합쳐져서 대 통합을 이루었다. 세월이 흘러 오순절이라는 단어가 방언을 중심으로 하는 오순절 교단의 표상이 되자 이름에서 오순절이라는 단어를 빼고 나사렛 교회라고 이름을 다시 바꾸게 되었다.

초창기 나사렛교회는 브리지(Fhineas F. Bresee), 저니간(C. B. Jernigan), 루스(C. W. Ruth) 그리고 레이놀즈(H. F. Reynolds), 엘리슨(E. P. Ellyson) 목사 등이 중요한 지도자들이었다. 그 후에도 계속해서 많은 교단과 선교단체들 특히 영국과 캐나다의 성결교회들이 가입하여 성결교단으로써는 세계에서 제일 큰 교단이 되었고 현재 전 세계 119개 국가에서 강력한 성결 복음을 전파하고 있다.

방언을 거부하고 온건한 성결 신앙위에 서있는 나사렛 교회는 예배에 있어서 성령의 임재를 강조하며 어떤 틀에 짜인 의식과 형식에 얽매이는 것을 거부한다. 구원받은 하나님의 자녀들의 영적인 잔치답게 감사와 기쁨과 생명력이 넘치는 예배를 선호한다.

(2) 만국 성결 연맹(웨슬리안 교회)[141]

냅(Martin W. Knapp)을 중심으로 1897년 오하이오주 신시내티에서 '만국 성결 연맹 및 기도 동지회(International Holiness Union and Prayer League)'라는 이름으로 시작하였다. 일사병으로 고생하며 힘들어 하던 그는 성결의 체험과 동시에 신유 체험을 하게 되면서 보다 오순절에 영향을 많이 받은 성결 신앙을 추구하였다. 그는 이렇게 성결과 신유 그리고 전도를 강조하였다. 그는 성결 집회에서 섬겼던 그리고 순회하던 성결 부흥사중 하나였다.

냅의 집회는 1896년에 이어 1897년에도 이루어졌고, 그는 신시내티에서 집회를 한 후 거기서 성결연합회를 세웠다. 그리고, 신학교가 아닌 복음을 전파할 전도자와 선교사를 배출할 하나님의 성서학원 및 선교사훈련원을 운영했다. 이로 인하여 감리교 눈 밖에 나게 되고 결국 그는 신시내티에서 '만국 성결 연맹과 기도 동맹'을 세우게 된다. 그리고, 사중복음을 가르쳤던 심프슨의 제자인 리스를 협회 회장으로 세운다. 그리고, 나중에 '만국 사도적 성결 연맹(International Apostolic Holiness Union)'으로 이름을 바꾼다. 그리고, 헌법을 만들었는데, 그 내용에 다음과 같은 구절이 있다. '사도시대와 초대교회가 보여준 성서적 성결에 필수적인 것은 온전한 복음의 전파인데 그것은 웨슬리의 중생과 성결 외에도 신유와 재림, 성령의 능력, 세계 선교를 포함하는 것이다'

냅 사후에 리스가 사임하고 걸프가 회장이 되는데 그 때 이름을 '만국 사도적 성결 연맹 및 교회(International Apostolic Holiness Union & Church)'로 바꾼다. 그리고, 바로 뒤이어 '만국 사도적 성결 교회(International Apostolic Holiness Church)'로 이름을 다시 바꾸면서 정식 교단이 된다. 여기에 여타 성결교회와 다시 합쳐서 '만국 성결 교회(International Holiness Church)'로 또다시 이름이 바뀌었다.

한편, 리스는 사임한 이후 캘리포니아 패서디나에 캘리포니아 필그림 교회를 세웠다. 그런데 이 교회가 만국 성결 교회와 연합하여 필그림 성결 교회(Pilgrim Holiness Church)로 바뀌었다. 이후 놀라운 성장을 하게 되었다. 그리고, 마침내 1968년에는 웨슬리안 감리 교회와 연합하여 웨슬리안 교회(Wesleyan Church)가 되었다. 만국 성결 연맹으로 시작된 웨슬리안 교회는 과격 성결 운동의 중심 줄기라 하겠다. 과격 성결 운동 지류는 성령의 강력한 역사와 성령 세례를 필두로 하는 4중 복음을 추구한다. 그것은 첫째, 중생, 둘째, 성결(성령 세례), 셋째, 신유, 넷째 재림이다.

(3) 동양선교회와 한국의 성결 교회[142]

동양 선교회는 1901년 미국인 카우만과 일본인 나까다 주지가 세운 신앙선교단체이다. 카우만은 일본 선교를 떠나고자 감리교 교단에 요청을 하였지만 거절당했다. 그러다, 만국 성결 연맹의 냅을 만나고 그의 성서학원에 첫 번째 학생으로 들어가서 공부한 후 도전을 받고 Faith Mission으로 선교를 떠나기로 결정하고 일본으로 떠났다. 그는 만국 성결 연맹의 멤버가 되었으나 그의 동양 선교회는 만국 성결 연맹과 깊은 관련은 맺으면서도 여전히 그 종속적인 기관이 아니라 초교파적이고 독자적인 기관으로 있었다. 이것이 그들의 영성이었다.

만국 성결 연맹이 필그림 성결 교회로 변모할 때 동양 선교회는 그들과 자연스레 멀어져서 독자적인 길을 걷게 되었다. 그러나, 신앙에 있어서는 4중복음의 신앙을 여전히 가지고 있었다. 그리고, 한국 성결 교회는 바로 동양 선교회로 인하여 시작되었다. 앞서 언급한 것처럼, 냅과 심프슨 그리고 만국성결 연맹으로부터 시작된 4중 복음을 중심으로 하는 성결 신앙을 과격 성결 신앙이라 하는데, 한국의 기독교 대한 성결 교회 및 예수교 대한 성결 교회는 이런 역사적 배경으로 인해 과격 성결 신앙을 소유하고 있다.

18장

성결 신앙의 내용

1. 중생과 성결[143]

성결 신앙은 앞서 살펴 본 것처럼, 일반적인 성결 신앙과 과격 성결 신앙으로 나눌 수 있다. 과격 성결 신앙은 기존의 중생과 성결의 내용에 성결을 성령 세례로써 급작스럽게 경험하는 성결의 체험으로 보는 점과, 신유와 세대주의적 전천년설의 재림 사상을 강조하는 점을 더했다. 한국 성결 신앙에 영향을 미친 성결 신앙은 과격 성결 신앙으로써 그들의 신앙 내용은 4중 복음으로 정리 된다. 중생, 성결, 신유, 재림이다. 이 중 여기서는 중생과 성결에 대해서 살펴보고자 한다. 재림과 관련된 세대주의 전천년설은 이어서 살펴볼 것이고, 신유는 오순절 신앙을 이야기하면서 다루고자 한다. 세대주의 전천년설과 신유는 오순절 신앙에서도 동일하게 붙잡고 있는 신학이 되었다.

첫째, 성결의 개념, 성결 신앙은 웨슬리의 성화에 대한 내용을 성결 운동의 관점에서 재해석하여 자신의 것으로 만든 신앙이라 할 수 있다. 예수교 대한 성결 교회 헌장에서 성결을 '거룩' '정결' '불세례' '완전한 사랑' 등의 말로 표현한다고 밝히고 있다. 요한 웨슬리는 위의 표현들 외에도 '그리스도인의 완전' '온전한 성화' '제2의 축복'이라고 성결을 정의하고 있다. 성결 신앙에서 말하는 성결은 웨슬리의 점진적 성화에 이은 온전한 성화로써 성결이 아닌 중생의 은혜를 체험한 이후 순간적으로 받는 성령의 불세례를 말한다.

둘째, 사죄, 중생의 체험은 우리의 범죄를 고백할 때 사죄(赦罪)의 은혜를 받아 내가 지은 죄인 자범죄(自犯罪)에서 깨끗함을 받고 원조의 죄책과 영벌을 면하게 되는 것을 말한다. 성결의 체험은 중생의 체험 후에도 그리스도인 안에 있는 마음과 반대되는 성질들 즉 정욕, 분노, 불평 같은 죄된 성질들을 해결 하는 것과 관계가 있다. 이것들은 부패하고 타락한 인간성이며 아담 이후 유전하여 내려오는 죄 즉 원죄(原罪)이다.

우리가 얼마나 부패한 존재인가를 깨닫고 주님 앞에 이를 시인하고 성결을 갈망함으로 예수님의 보혈의 피를 믿고 나아갈 때 성령의 불세례를 통해 내면의 죄성인 원죄에서 깨끗함을 받을 수 있다.

셋째, 성령의 주권적 역사, 감리교의 성화 교리와의 차이점 중 하나는 성결 신앙은 온전한 성화인 성결의 경험을 인간의 노력으로 이룰 수 있는 것으로 보지 않는다. 교육이나 훈련으로 성결이 되는 것이 아니다. 이는 전적인 성령의 역사로 주어지는 것이다.

넷째, 순간적 체험, 점진적인 성화 즉, 인간의 노력에 의해서가 아니기에 순간적이 체험을 통해서 성결은 주어지는 것이다. 물론, 이 체험은 성령님께서 주관하신다. 이를 성령의 불세례 또는 성령 세례라고 말한다.

다섯째, 완전의 제한적인 면, 성결을 '그리스도인의 완전'이라 부르지만 온전한 그리스도인들에게 완전하지 않은 면들이 있는 것을 웨슬리는 지적하고 있다. 즉 지식에 있어서 완전하지 못하다. 그리스도인이라 할지라도 무지와 착각과 오류로부터 자유롭지 못하다. 그렇기 때문에 실수할 수 있다.

인간은 연약성으로부터 떠나 완전할 수 없다. 우리가 살아있는 동안에 이 세상에서 유혹으로부터 완전히 벗어난다는 것을 기대할 수 없다. 온전한 그리스도인들이 성경적 의미에서 완전하다 하여도 이러한 제한을 가지고 있기 때문에 절대적 완전이란 땅에 없으며 신자가 도달할 수 있는 성결은 '상대적 성결'이며 성결의 체험 후에도 "은혜 안에서 자라가야"(벧후 3:18)할 필요가 여전히 있는 것이다.

그리스도인의 완전 즉, 성결을 부정하는 사람들은 무지와 연약성 때문에 범하는 오류와 실수 등을 죄라 부르면서 땅위에 사는 동안 인간은 완전할 수 없다고 말한다. 그러나 웨슬리는 알고 있는 하나님의 계명을 고의로 범하는 것을 죄라고 부르고, 연약성이나 무지를 죄라 부르지 않는다. 알고 있는 하나님의 계명을 고의로 범하지 않는다는 의미에서 그리스도인은 완전하다고 주장하지만 연약성과 무지 등이 여전히 남아 있기에 '죄 없는 완전'이라는 말은 사용하지는 않는다. 물론, 무지와 연약성 자체가 죄는 아니나 그대로 두면 큰 죄로 발전할 가능성이 있기 때문에 이 문제를 위해서도 하나님께 기도하며 "모든 행실에 거룩한 자"(벧전 1:15)가 되어야 한다.

여섯째, 계속적인 성화, 그런 의미에서 성화는 '온전한 성화'인 성결을 체험한 후에도 계속되어야 한다. 온전한 성화 즉, 성결 체험 이후의 점진적 성화는 성결의 유지와 관계가 있고 성결한 생활의 계속적인 발전을 위해 필요한 것이라 말한다.

즉, 웨슬리는 성화의 목표가 온전한 성화에 있는 반면, 성결 신앙은 중생이후 보다 가까운 시점에 성령 세례로써 성결의 체험을 하게 되고 그 이후 계속적인 성화의 삶을 산다고 보는 것이다. 온전한 성화로써 성결을 보다 앞으로 가져온 것이다.

일곱째, 성결의 유지, 웨슬리 신앙은 성도의 견인의 교리와 다르게 구원을 잃을 수 있음을 말한다. 성결도 마찬가지다. 웨슬리가 지적했던 것처럼 한번 체험한 성결의 은혜도 잃을 위험이 있다. 성결 후에 범죄 하지 않는 것이 원칙이나(요일 3:9, 5:18) 인간에게 주어진 자유의지를 잘못 사용하거나 인간의 연약성 때문에 범죄할 수 있음을 인정하고 있다. 성결의 은혜를 잃을 위험이 있기 때문에 성결의 유지를 위해 더욱 힘써 기도하고 노력해야 할 것이다.

이렇게 성결을 유지하고 사역적으로 더 열심을 내기위해서 성령 충만이 늘 필요하다. 성결의 체험으로써 처음의 성령 충만은 바로 성령 세례인 것이고 성령 세례이후에 계속적인 성령의 능력을 덧입는 것이 성령 충만인 것이다. 성령 충만은 성령 세례와는 구분되는 개념이고 성결의 유지를 위해 필요한 것이라 하겠다.

2. 세대주의 전천년설[144]

천년설은 크게 3가지로 구분된다. 무천년설과 후천년설, 그리고 전천년설이다. 정통 개혁 교회들은 무천년설을 따른다. 무천년설은 요한 계시록에 나타나는 천년왕국을 문자적인 천년왕국으로 인정하지 않고 교회나 기독교 국가를 나타내는 용어로 본다. 조나단 에드워즈로부터 시작되어 존 웨슬리, 찰스 피니 등이 붙잡고 있던 18, 19세기의 천년설은 후천년설이 되겠다. 19세기의 자유주의자들도 이 후천년설을 지지했다.[145] 후천년설은 역사적 난관주의적인 종말론이다. 복음전파가 성공적으로 이루어지고 교회가 세상을 복음으로 아름답게 바꾸어 천년왕국을 이룩하게 될 것이라고 보는 천년설이다. 한편, 초대교회 당시의 천년왕국설이기도하고 19세기 중엽 남북전쟁 이후 나라가 어려운 가운데 역사는 발전하는 것이 아닌 퇴보한다는 비관적 역사관에 근거하여 등장한 것이 전천년설이다. 요한 계시록의 천년왕국을 문자 그대로 믿는 천년설이다. 전천년설은 두 가지로 나뉜다. 역사적 전천년설과 세대주의적 전천년설이다. 그중 영국의 플리머스 형제단(Plymouth Brethren)의 창시자인 달비(John Nelson Darby, 1800-1882)에 의해 시작된 세대주의 전천년설은 보수 정통 교단들과 성결 신앙과 오순절 신앙 및 독립교회들에게 받아드려졌다. 세대주의적 전천년설의 내용을 역사적 전천년설과 비교하여 살펴보면 다음과 같다.

첫째, 둘 다 그리스도의 재림이후 천년왕국이 시작된다고 보지만, 역사적 전천년설은 공중 재림과 지상 재림의 구분이 없다. 세대주의에서 이 구분이 시작되었다. 공중 재림과 지상 재림의 구분이 없는 역사적 전천년설은 성도들이 7년 환란을 세상과 같이 겪고 난후 그리스도의 재림에 의해서 구원을 받는다고 본다. 반면, 공중 재림과 지상 재림의 구분이 있는 세대주의적 전천년설은 예수님의 공중 재림과 성도의 휴거가 먼저 일어나고 그로인하여 7년 대환란이 시작된다고 본다. 공중에서 혼인잔치가 벌어지면서 공중 권세 잡은 사탄이 땅으로 떨어져 대환란이 시작된다는 것이다. 그리고, 7년 대환란이 후에 그리스도의 지상 재림이 있고 천년왕국이 펼쳐진다고 본다.

둘째, 역사적 전천년설은 역사주의자의 입장으로써 다니엘과 계시록의 예언들이 과거의 역사 속에 이미 이루어졌다고 보고 있다. 반면에, 세대주의 전천년설은 미래주의자의 입장으로써 그리스도의 재림 이전 짧은 기간에 종말의 예언들이 이루어질 것이라고 보고 있다. 그래서, 지금 예언의 성취가 이루어지고 있다고 말한다.

셋째, 천년왕국의 성격에 있어서 역사적 전천년설은 교회에게 약속된 왕국이라고 보는 반면, 세대주의적 전천년설은 이스라엘에게 약속된 이스라엘의 회복으로 본다. 이로 인하여 '백투 예루살렘'과 같은 이스라엘의 회복을 주장하는 운동을 하게 되는 것이다.[146]

넷째, 세대주의 전천년설은 칼빈적 요소가 담겨저 있다. 인간의 노력에 의해서가 아닌 예수님의 초자연적 개입인 재림으로 교회의 휴거 일어나고 천년왕국이 도래한다고 본다. 그리고, 역사는 인간 실패의 역사요 구원은 주님의 주권적 역사를 통해서 이루어지는 것이다.

그리스도의 그리스도의 초자연적 개입인 공중 재림으로 선택된 자만이 휴거를 받게 된다. 휴거는 믿는 자들만이 하게 되는 것이다.

한편, 세대주의 전천년설이 성결 신앙을 만나 가지게 된 내용이 있는데, 휴거된 거룩한 신부의 모습에 대한 이해이다. 성결 신앙에서는 휴거된 거룩한 신부의 모습을 성결한 신부의 모습과 동일하게 이해한다. 그리스도의 보혈과 성령의 능력에 의한 성령 세례로 성결케 된 신부만이 바로 휴거되어 거룩한 신부로써 그리스도와 혼인잔치를 벌이게 된다고 본 것이다.

A worshipper, be the best
최고의 예배자가 되라

19장

성결적 복음주의의 경배와 찬양의 메시지 경험

성결적 복음주의는 기존의 전통적 복음주의와는 차별되는 나름대로의 신학적 주장들을 가지고 있다. 그래서, 기본적인 기독교적 메시지 경험이외에 성결 신앙의 특징적 메시지 경험을 더 하게 되었다. 과연, 성결적 복음주의여서 경험할 수 있는 메시지 경험은 어떤 것이 있을 수 있을까? 첫째는 성결을 강력히 사모함과 관련된 메시지 경험, 둘째는 성결 체험 또는 성령 세례를 위한 성령 체험, 셋째는 성결을 유지 발전을 위한 메시지 경험과 성령 충만을 위한 성령 체험, 넷째, 알미니안적 부흥과 관련된 메시지 경험, 다섯째, 임박한 종말론적 신앙과 관련된 메시지 경험, 여섯째, 전도와 선교로의 헌신과 관련된 메시지 경험이다. 이중에 두 번째, 세 번째에 해당하는 성령 체험 및 성령 세례의 경험 및 성령 충만의 경험은 메시지 경험과는 또 다른 성령 체험의 경험이라 할 수 있다. 이 부분은 따로 살펴보게 될 것이다.

1. 성결

예배의 메시지가 죄를 버리고 성결한 삶을 살고픈 고백과 간구를 요하는 경우 경배와 찬양은 예배자 스스로가 그런 고백과 간구와 결단을 올릴 수 있는 메시지 경험을 제공할 필요가 있다. 성결 신앙의 예배에서는 이런 류의 메시지가 중요한 메시지인 것이다.

'성령이여 내 영혼을' 찬양은 '성령이여 내 영혼을 충만케 하소서 내 속에 강물이 넘쳐 나게, 오 성령 하나님 날 다시 새롭게 하소서, 채우소서. 내 영혼이 세상 유혹 다 이기고 오직 주만 나타내도록'이라고 찬양하고 있다. 이 찬양은 성령님의 도우심으로 내 영혼을 새롭게 해주실 것을 간구하는 찬양이다. 얼마든지 성결을 위한 간구 찬양으로 사용할 수 있는 것이다.

'오소서 오 나의 성령이여' 찬양은 '...임하소서 거룩한 성령의 불길로 헛된 마음 모두다 태우시고 나를 새롭게 하소서...' 라고 고백하고 있다. 이 찬양 역시 성령님의 역사하심으로 내 영혼을 새롭게 해주시길 간구하는 찬양이다.

'나의 만족과 유익을 위해' 찬양은 '나의 만족과 유익을 위해 가지려 했던 세상일들 이젠 모두가 해로 여기고 주님을 위해 다 버리네...'라고 고백하고 있다. 물론, 이 찬양도 중생을 경험한 자로써 주님만을 주인으로 삼는 삶을 살겠다는 전통 복음주의적 입장에서 부를 수 있다. 그러나, 이 찬양은 이제 옛 과거의 성결치 못했던 못된 습관을 버리고 새롭게 성결케 되어 성결의 삶을 살고 싶다는 고백과 결단을 올려드리는 찬양으로 사용할 수 있는 것이다.

'십자가의 길 순교자의 삶' 찬양은 주님이 오시는 날까지 순결한 신부가 되어서 성결의 삶, 십자가를 따르는 삶, 사명을 감당하는 삶을 살겠다는 고백을 담고 있다.

2. 임박한 종말론적 신앙의 고백

세대주의적 천년설에 입각한 종말론을 가지고 있는 성결 신앙은 임박한 종말론적 신앙을 강조한다. 세상을 개혁하는 것을 강조하기 보다는 세상은 이제 어둠을 향해 가고 있고 주님께서 세상을 심판할 종말이 이제 곧 다가 오고 있기에 복음전파의 사명을 더욱 감당하자고 촉구하는 것에 더 열심을 가지고 있는 것이다. 그러므로, 이들은 이제 얼마 남지 않은 시간 삶을 드려서 복음을 전파하고 선교하는 사명을 감당하자는 메시지 경험을 강조한다.

'주님 다시 오실 때까지' 찬양은 주님 다시 오실 때까지 어렵고 힘들어도 주님을 따르고 주님을 전하는 이 길을 끝까지 걸어가겠다는 결단을 담고 있다.

'주님 나라 임하시네' 찬양에는 주님 다시 오실 날이 멀지 않았음을 지적하며 주님의 말씀을 따라서 복음 전파의 사명을 감당하라고 촉구하고 있다.

3. 알미니안적 부흥

앞서 살펴보았지만, 조나단 에즈워드는 오직 성령님께서 주권적으로 부흥을 허락하신다는 칼빈적 부흥을 이야기하고 있고, 찰스 피니는 인간이 열심을 다해 노력하며 주님을 붙들면 주님께서 반드시 부흥을 허락하신다는 알미니안적 부흥을 이야기하고 있다. 성결 신앙은 다분히 알미니안적 부흥관에 서 있다. 간절한 마음으로 간구할 때 주님께서 반드시 응답하신다고 하는 믿음을 가지고 세계 복음화의 비전을 품고 있기 때문이다.

'Again1907'[147] 찬양은 부흥을 담은 찬양중 알미니안적 요소를 가장 많이 담고 있는 찬양이라 생각한다. '백년전 이 땅위에 진정한 회개가 있었을 때 주의 교회는 빛이 되기 시작 하였네....이 나라의 진정한 파수꾼 주님의 백성들아 우리 삶을 주 앞에 불태우며 다시 한 번 모두 함께 일어나자. again 이 땅의 부흥이여 이 나라 주의 법 앞에 다시 세워지도록 부흥이여 다시 오라, again 이 땅의 부흥이여 이 나라 열방을 향해 다시 일어나도록 부흥이여 다시 오라 이 나라 위에'라고 고백하고 있다. 주님의 백성들이 회개함으로 그리고 삶을 드리며 결단함으로 부흥을 구하면 주님께서 반드시 부흥을 주실 것이라는 믿음을 가지고 선포하고 있다.

4. 선교 사명을 위한 헌신

전통 복음주의나 여타 복음주의에서도 당연히 선교 사명을 위한 찬양이 드려지고 있다. 그러나, 임박한 종말론에 서 있고 그 태생적으로 선교적 사명을 붙잡고 있는 성결 신앙이야 말로 가장 강력한 선교 사명을 부르짖는 찬양을 한다고 볼 수 있다. 앞서 살펴본 것처럼 성결 운동에서부터 선교사 훈련원과 성서학원이 출발하였다. 목회자가 아닌 전도자의 배출을 위해 오랜 시간이 걸리는 목회학을 공부하는 것이 아닌 성경과 복음과 전도만 배우고 파송하는 성서학원과 선교사 훈련원을 세운 것이다. 이들이 얼마나 전도와 선교에 열정을 가지고 있는지를 알 수 있는 대목이라 하겠다.

'오직 예수'[148] 찬양에는 '…오직 예수 다시 이 땅위에 서서 오직 예수 주의 이름을 외치리라 오직 예수 다시 이 땅 위에 서서 주의 나라와 주의 사랑과 주의 이름을 외치리…' 라고 고백하고 있다.

'모든 민족과 열방 향하여', '모든 민족과 방언들 가운데' 찬양들을 모두 '모든 열방가운데 복음이 전파되면 그제야 끝이 온다'(마 24:14) 라는 성경 말씀에 근거한 종말과 연관된 선교 사명의 찬양이라 하겠다.

A worshipper, be the best
최고의 예배자가 되라

20장

성결적 복음주의 경배와 찬양의 임재 경험 (성령 체험)

1. 성령 체험을 위한 실용적 찬양의 등장

성결 신앙의 예배자들은 예배 시간에 메시지를 깨닫는 것뿐 아니라, 성결의 체험과 성령 세례를 추구한다. 다시 말해, 성결 체험 또는 성령 세례를 경험함으로 새롭게 태어나길 원한다. 그런데, 그렇게 성결 체험과 성령 세례를 경험하고자 하는 경우는 그 경험을 보통 기도시간이나 찬양시간에 하게 되어 있다. 이 때 경배와 찬양은 체험을 돕는 도구로써 사용되어지는 것이다.

한편, 보수 신학에서는 이렇게 찬양을 통해서 성령을 체험하는 행위를 보고 인위적이라 비판하곤 한다. 그러나, 앞서 계속 이야기한 것처럼, 복음주의 신앙은 조나단 에드워즈 및 존 웨슬리로부터의 영향으로 인하여 체험 추구와 감정 사용을 옹호한다. 그리고, 체험과 감정을 위해 음악의 사용을 독려한다.

여기서 생각해 보고 싶은 것은 찬양을 통해서 교육을 하거나 메시지 경험을 하게 하는 것도 결국에는 찬양을 인위적으로 사용하는 차원이 아니겠느냐는 것이다. 메시지 경험을 잘하도록 가사를 아름답게 하고 멜로디를 적당하게 하는 노력은 결국 인위적인 노력이라 볼 수 있다. 전적으로 스스로가 무언가를 깨닫는 것이 되지 않고 어떤 모양의 도움이 있게 되면 그것은 인위적이라고 평가 될 수 있다고 본다. 그러므로, 성결 신앙 이후부터 등장하는 성령 체험 등의 현재적 체험을 독려하는 찬양만을 인위적으로 보는 것에서 필자는 반대한다. 인위적이라고 말하기보다는 예배 경험을 돕는다는 표현이 적절하리라 생각한다.

음악 미학 용어에 관련주의 음악이라는 용어가 있다. 음악 자체를 감상하기 위한 것이 아닌, 어떤 목적을 위해서 사용되는 음악을 말한다. 음악을 활용하여 어떤 메시지와 정신을 고취시키고자 하는 것이 바로 관련주의적 음악의 한 예라 하겠다.[149] 반대로 형식주의는 음악을 음악 자체로 듣는 것이다. 경배와 찬양은 음악자체를 감상하기 위한 것이 아니다. 음악을 사용하여 예배적인 무언가를 하는 것이다. 이제 성결 신앙에 와서 두 가지로 정리할 수 있게 되었는데, 하나는 전통적 찬양의 역할인 높임과 메시지 경험을 위해서 음악을 이용하는 것과 또 하나는 바로 성령 체험을 위해 음악을 이용하는 것이다.

필자는 이렇게 메시지 경험과 성령 체험으로 사용되는 경배와 찬양을 음악적 역할을 고려하여 '실용적 찬양'이라 정의하고자 한다. 전통적 복음주의에서는 주로 메시지 경험을 위해서 그리고, 그에 이은 감정 경험을 위한 실용적 찬양으로써 경배와 찬양이 사용되었다. 그러나, 성결 신앙에 와서는 현재적인 성결 체험과 성령 세례 경험을 위한 실용적 찬양으로써 경배와 찬양이 사용되고 있는 것이다. 이같은 등장과 변화는 경배와 찬양을 또 다른 차원으로 풍성하게 만들었다고 볼 수 있다.

한편, 성령체험을 위한 실용적 찬양이라 할 때에 실제 예배 현장에서는 어떤 내용의 찬양이든 성령 체험을 돕는 것이면 됨으로 꼭, 성결 체험의 내용을 온전히 담고 있는 찬양이 아니어도 사용될 수 있다. 예를 들어, 보혈 내용의 찬양을 열심히 부르는 것이 성령 체험에 도움이 된다면 이는 성령 체험을 위한 실용적 찬양으로 사용될 수 있다. 물론, 정확한 성결 체험 및 성령 체험을 위한 메시지를 포함하고 있다면 더 효과적일 수 있다. 그러나, 과격하게 표현하여 도움이 되고 효과가 있다면 가사의 내용이 전혀 상관없어도 가능한 것이다. 이런 현상은 성결 신앙에서 오순절로 갈수록 더 강하게 나타난다고 볼 수 있다.

2. 성결의 유지 발전을 위한 성령 충만

성결 신앙을 소유한 자들은 성결의 체험이후에도 성결의 유지와 발전을 위해서 노력한다. 그런데, 그 노력의 중요한 부분이 열정적인 예배이다. 또한 열정적인 예배의 중요한 부분은 뜨거운 기도와 뜨거운 찬양이다. 기도와 찬양을 통해서 본인의 결단을 강화하고 흐트러져 있던 마음을 다잡는다. 앞서서 언급했지만 성결 체험으로서 성령 세례와 성령 충만은 구분된다. 성령 세례는 처음 성결 체험을 하기위한 성령님의 역사이고, 성령 충만은 성결을 계속적으로 유지 발전하기위한 성령님의 역사하심이다. 성경 말씀에 나와 있는 주님의 뜻이므로, 성령 충만을 위해 간구하면 성령 충만을 받을 수 있다. 그리고, 성령 충만한 자는 성결을 유지 발전해 갈 수 있다.

물론, 성령님의 도우심과 역사가 중요하지만, 그와 함께 성도의 피나는 노력 또한 중요하다. 늘 깨어서 주님을 향해 달려가야 하는 것이다. 성결을 놓치지 않고 계속 붙잡는 방법에 대해서는 많은 성결 신학자가 이야기하였다. 한국 성결교회의 어른인 이명직 목사(1890-1973)의 충고는 다음과 같다.

이명직 목사의 성결 유지를 위한 충고[150]

1) 항상 성경을 읽을 것(엡5:26)
2) 항상 기도할 것(눅18:1, 살전5:17)
3) 정욕을 좇아가지 말 것(롬8:13, 고전6:8-9)
4) 적은 죄라도 용납하지 말 것(살전5:21)
5) 근신하고 깨어 있을 것(벧전5:8)

앞서 언급한 것처럼, 성결 유지 및 성령 충만을 위해, 성결 유지 및 성령 충만 관련 메시지 경험과 성결 유지 및 성령 충만을 위한 성령 체험의 실용적 찬양이 예배 중에 등장할 수 있다. 예를 들어, 설교 후에 성결 유지를 위한 결단을 촉구하면서 그런 주제의 경배와 찬양을 부를 수 있다. 이때는 메시지 경험을 하는 것이 되겠다. 물론, 이 메시지 경험은 지적인 깨달음과 감정적인 감동과 의지적인 결단이 동반될 것이다 그리고, 이어서 성령 충만을 받고자 통성 기도할 때에 찬양과 기도가 함께 어우러질 수 있다. 이 때 드려지는 경배와 찬양은 성령 충만 경험을 위한 실용적 찬양이 된다.

다음의 찬양들은 성결을 위한 결단과 간구를 독려하는 메시지 경험을 위해서 사용될 수 있는 찬양들이다.

'불을 내려 주소서' 찬양은 살아가는 이유가 불이 되는 것이라 고백하고 있다. 그리고, 성령 충만을 구하며 찬양하고 있다.

'십자가의 길 순교자의 삶' 찬양은 어떤 어려움과 상황 속에서도 순결한 신부로써 성결을 유지 발전해 나갈 것을 결단하며 부르는 찬양이 될 수 있다.

'주님 말씀하시면' 찬양은 주님의 말씀하시는 대로 살겠다는 결단을 담고 있다. 역시 이 찬양도 전통적 복음주의 안에서 말씀대로 살겠다는 결단으로 얼마든지 사용된다. 그러나, 성결 신앙에서는 성결을 유지해 가고자 하는 비장한 각오로 부르게 되는 것이다.

'나의 모습 나의 소유' 찬양은 '...내가 사는 날 동안에 주를 찬양하며 기쁨의 제물 되리 나를 받아 주소서'라고 찬양하고 있다. 이 찬양 역시, 성결 유지를 위해서 비장함을 가지고 부를 수 있겠다. 성결의 신앙을 유지 발전하는 데에는 죄를 멀리하는 노력, 주님을 닮고자 하는 노력이 당연히 큰 도움이 되지만 주님께 삶을 드림으로 사명을 완수하고자 하는 노력도 정말 큰 도움이 된다. 아니, 당연히 그런 삶이 따라야 하는 것이다.

7편

최고의 예배자가 되라
복음주의 경배와 찬양 가이드북

오순절적 복음주의 신앙과 경배와 찬양

21장. 오순절 신앙관련 역사

성결 운동에서 오순절 신앙으로 | 웨일즈의 부흥
미국 오순절 운동의 시작 | 하나님의 성회

22장. 오순절 신앙의 내용

5중 복음 3중 축복 | 성령 세례와 방언 | 신유 | 성화, 성결, 성령 세례 정리

23장. 오순절 복음주의 경배와 찬양의 메시지 경험과 성령 체험

방언 및 성령 세례와 실용적 찬양 | 축복과 실용적 찬양 | 방언 찬양

24장. 오순절적 경배와 찬양 접목과 관련한 고찰

오순절적 경배와 찬양 접목에 있어서 고려해야할 부분1: 형식 부분
오순절적 경배와 찬양 접목에 있어서 고려해야할 부분2: 내용 부분

21장

오순절 신앙관련 역사

1. 성결 운동에서 오순절 신앙으로[151]

1) 초기 인물들

캐나다 성결 전도자인 호너(R. C. Horner)는 1890년대 급진적인 성결운동단체를 설립했는데 이로 인하여 3개 이상의 성결 교파가 세워졌다. 그런데, 그는 성결 경험을 성령 세례라 하지 않고 성결 경험 이후에 제 3의 축복으로 성령 세례가 있다고 말하였다. 또한, 그 성령 세례의 목적은 성결과 성화가 아닌 섬김을 위한 것이라 하였다. 이는 성결 신학자들이 말하는 제2의 은총이 성결의 경험인 동시에 능력을 경험하는 것이라는 내용과는 다른 가르침이 되겠다. 그리고, 그가 인도하는 집회에서는 바닥에 쓰러짐, 황홀경, 웃음 등의 현상들이 특징이었다. 그의 이런 집회적 특징으로 그는 감리교에서 분리되어 나와 독자적으로 행동하였다.

호너보다 제 3의 축복으로써 성령 세례를 주장한 최초의 인물로 평가되는 이는 불세례 성결교회를 창립한 벤자민 하딘 어윈(Benjamin Hardin Irwin)이었다.152 그는 나중에 기존의 성결 조직과 분리되어 독립된 조직으로 불세례 성결 연합회를 세웠다. 그가 가는 곳마다 불세례 성결 연합회들을 세웠다. 그는 제 3의 축복을 감리교 지도자 플레처의 영향으로 불세례라 하였다. 그의 집회에서도 황홀경, 고함, 웃음, 거룩한 춤, 경련 등이 나타났다. 이런 현상을 바로 불 받은 현상 즉, 성령 세례의 현상이라 보았다. 그는 많은 영향력을 미쳤으나, 도덕적으로 타락한 삶을 살았고 결국 발각되었다. 많은 이들이 실망하였고 슬픔에 잠기게 되었다. 결국, 그는 교회 감독직을 물러났다. 하지만 그의 영향력은 실로 컸다. 많은 오순절 신학자들은 오순절 운동을 탄생시킨 찰스 파햄이 그에게서 기본 개념을 배웠을 것이라 본다.

특이하게 장로교 목사 중에 성결과 함께 오순절 신앙을 추구한 인물이 있었다. 그는 사우스 캐롤라이나주 그린빌의 브리워톤 장로교회 목사 홈즈(N. J. Holmes)였다. 변호사였다가 목사가 된 그는 무디의 영향으로 성결신앙을 접하였고 더 나아가, 장로교 교리문답과 성결 신앙을 통합하는 노력을 한 인물이었다. 그는 불세례 교리와 함께 오순절 신앙까지 결국 가지게 되었다. 그가 세운 홈즈 신학교는 세계에서 가장 오래된 오순절 학교로 평가되고 있다.

2) 오순절 성결 교회(The Pentecostal Holiness Church)

어윈의 가르침과 제 3의 축복 교리는 계속 이어져 갔는데, 그 영향으로 나타난 것 중 하나가 오순절성결교회의 등장이다. 어윈을 따르던 자들이 그의 불세례 성령관을 붙잡고 일으킨 교회이다. 이쯤에 제 3의 축복 주장에 동참한 인물이 한 명 더 있는데 그는 바로 크럼플러(A. B. Crumpler)이다. 그는 감리교 목사로써 성결의 체험을 하였다. 그 당시 감리교회에서 성결의 교리를 가르치지 못하게 하자 그는 탈퇴하여 독자적 성결단체를 만들었다. 그는 어윈과 같은 극단적인 면은 회피하면서도 제 3의 축복을 강조하였다.153

3) 하나님의 교회(The Church of God)

최초로 "하나님의 교회"란 이름을 자신의 교회에 붙인 성결 그룹은, 1880년 인디애나주 앤더슨에서 시작한 워너(D.S.Warner)의 교회였다. 역사적으로 보면, 1894년 이전에 구성된 그룹은 성결교회에 소속으로 남고, 1894년 이후에 시작된 그룹들은, 후에 오순절파가 되었다. 하나님의 교회란 이름을 가진 교파들은 여럿 있었다. 그중 대표적인 것이 3개이며 다음과 같다.

첫째로, 하나님의 교회, 산악총회(the Church of God, Mountain Assembly)이다. "연합 침례교회의 남부 연맹 침례교 연합회" 소속이던 교회중 성결 교리를 추구하던 교회 몇이 나와서 세웠다.

둘째로, 하나님의 교회 그리스도파(The Church of God in Christ)이다. 온전한 성화 교리를 붙잡은 메이슨이 주축이 되어 흑인 성결

교회로 시작한 이 교회는 원래 침례교회 교파였으나 결국 나와서 새롭게 교파를 형성하였다. 나중에 백인 목사들이 메이슨에게 안수를 받게 되면서 혼합적인 교단이 되었고, 아주사 부흥 이후로 오순절 교단으로 변모하였다.

셋째, 하나님의 교회(테네시주)이다. 하나님의 교회 그리스도 파에서 분리되어 나왔다. 브라이언트(W.F.Bryant), 스펄링(R.G.Spurling)의 의해서 캠프크릭 성결교회로 시작하였다. 나중에 톰린슨(A.J.Tomlinson)이 합류하였고, 하나님의 교회(테네시주)로 불리었다. 테네시주와 노스 케롤라이나주를 중심으로 하였기 때문이다. 그런데, 이 하나님의 교회(테네시주)에서는 방언과 경련과 울부짖음 등의 현상이 크게 등장하였다. 어원의 영향을 가장 크게 이어 받았다고 볼 수 있다.

2. 웨일즈의 부흥[154]

1) 개관

웨일즈 부흥 운동은 영국 전역은 물론 유럽과 아시아 지역으로 확산된 강력한 성령 운동이었다. 그러나, 그 시작은 광부의 아들로 태어난 이반 로버츠(Evan Roberts, 1878~1951)라는 무명의 청년에 의해서였다. 그 시작의 장소는 웨일즈의 글레모건에 있던 모리아 교회라는 작은 교회였다. 이반은 생활이 넉넉하지 못한 가정에서 14형제 중 아홉째로 태어나 교구학교에서 공부할 수밖에 없었다. 이반이 12살 되던 해에 다른 소년들처럼 탄광에서 일하기 시작했다. 그런데, 그는 13세가 되던 1891년부터 자신을 성령으로 충만케 하여 웨일즈 부흥에 사용되도록 기도하였다. 갱도 안에서 일할 때도 그는 계속 기도와 찬양, 성구 암송으로 시간을 보냈고, 저녁이 되어 집에 돌아오면 여러 시간 동안 성경을 읽었다. 사실 그는 식사시간보다도 기도하기를 더 좋아했고 자주 한밤중에 일어나 부흥을 보내 달라고 하나님께 간청하곤 했다.

그러던 중 그의 나이 26세가 되는 1904년, 칼빈파 감리교회 목회 후보자로 선발되어 뉴캐슬 에믈린에 있는 대학 예비학교에 들어가게 되었다. 그리고, 한창 공부하던 1904년 10월 28일 블레나너취 집회에서 그는 성령을 경험하였다. 로버츠는 즉각 고향으로 돌아가 모리아 교회를 중심으로 기도집회를 시작했다. 그해 10월 30일 그는 기도 중에 고향으로 돌아가라는 주님의 음성을 듣게 되자 그 다음날 지체 없이 고향 교회로 돌아간 것이었다. 성령에 사로잡힌 로버츠는 모리아 교회 담임목사 다니엘 존스에게 자신이 체험한 비전을 얘기하고 설교할 기회를 달라고 호소했다. 그러나 무명의 전도자를 좀처럼 교회는 쉽게 받아 주지 않았다. 가까스로 설교의 기회를 얻은 로버츠는 "성령님께 순종할 준비가 되어 있지 않은 사람은 나가도 좋습니다"라고 담대히 도전했다. 그리고, 17명 남아 있던 자들에게 설교를 하였는데, 오순절 마가의 다락방 같은 성령의 강력한 역사로 모두 회개하고 성령 충만함을 받게 되었다. 그중에는 로버츠의 동생과 세 자매도 포함돼 있었다. 부흥의 불길이 웨일즈의 모리아 교회에 떨어졌다는 소문은 삽시간에 전국으로 퍼져나갔으며 첫 집회 이후 30일 만에 3만 7000명이 주께 나아가 회개하고 놀랍게도 5개월 만에 웨일즈 전역에서 10만 여명이 교회를 찾게 되었다. 이러한 놀라운 사건으로 인해 사람들은 이반 로버츠를 '웨일즈의 존 웨슬리'라고 불렀다.

그의 성령집회에는 탄광에서 일하는 광부들이 피곤한 몸을 이끌고 대거 참석했는데 그들은 눈물로 회개하며 훔쳐온 연장을 돌려주거나 함부로 다룬 당나귀를 껴안고 사과하는 일까지 있었다고 한다. 웨일즈의 부흥운동은 그 지방의 사회정화운동을 가져와 술집과 당구장이 텅텅 비고 형무소 죄수들에게까지 전도운동이 일어났다.

그가 집회에서 한 메시지는 내용이 간단하였다. 그러나, 성령의 강력한 역사가 따랐다. 첫째, 당신은 생각나는 모든 죄를 하나님께 고백해야만 한다. 둘째, 당신은 생활 속에서 좋지 않은 습관은 모두 제거해야만 한다. 셋째, 당신은 성령님의 인도하심에 즉각 순종해야 한다. 넷째, 당신은 그리스도를 증거 하기 위해서 대중에게 나아가야만 한다.

그는 위의 내용을 강조하며 이어 기도모임을 할 것을 권면하였다. 먼저는 회개하고 결단할 것을 이야기하고 성령의 세례를 구할 것을 이야기하였다. 그의 성령세례는 방언과의 연결이 아닌 임재와의 연결이었다.

이반 로버츠는 2년간의 짧은 부흥사역을 담당하고 은퇴하여 1907년부터 이 세상을 떠날 때까지 중보기도에만 전념했다. 릭 조이너는 웨일즈 부흥을 가장 짧은 기간 전 나라에 영향력을 미친 부흥으로 평가한다.[155]

2) 웨일즈 부흥의 예배와 찬양

웨일즈의 부흥에는 설교가 거의 없었다. 그는 설교하지 않았다. 그저 기도와 찬송 사이사이 간증과 몇 마디의 말뿐이었다. 그것도 한 번에 몇 문장을 넘기지 않았다. 또한, 찬양과 기쁨이라는 특성이 웨일즈의 부흥운동을 지배하고 있었다. 집회의 대부분이 찬양시간으로 이루어졌으며 걷잡을 수 없는 기쁨이 뒤따랐다. 흔히 부흥에는 언제나 죄의 통회와 눈물이 있기 때문에 경직되고 침울한 것으로만 생각하는 경향이 있다.

이반은 항상 미소를 머금은 채 기도했고 웃으며 설교했다. 그는 이렇게 말하곤 했다. "아, 놀라운 삶입니다. 나는 너무나도 행복해서 마치 구름 위를 걷는 것처럼 느낍니다."[156] 이반은 강단에 서서 환희로 빛을 발하는 표정을 지은 채 찬송을 인도했다. 그는 만면에 웃음을 머금고 있었는데 심지어는 소리 내어 웃기까지 했다. 그는 완전한 자유로움에 전혀 엄숙한 표정이라고는 찾아볼 수 없는 모습을 주로 하였는데 그의 그런 모습은 모든 이에게 깊은 감명을 주었다. 그는 마치 행복감에 도취되어서 끓어오르는 것도 같았고 기뻐 날뛰는 것 같기도 했다.

그의 집회는 누구나 메시지를 전할 수 있었다. 그리고, 어떤 한사람의 강사에 집중되지도 않았다. 겸손하게 영접하였다. 그는 기름 부으심이 없을 때는 침묵하였다. 몇 주를 침묵하기도 하였다. 대용물을 찾지 않았다. 때로는 기도만 하기도 하였다. 때로는 찬양만 하였다. 때로는 침묵만 하다 끝이 났다. 때로는 밤을 새서 집회를 하였고, 거리로 행진하며 나아가기도 하였다. 자연스런 복음전도와 회심이 동반되었다. 주님께서 부으시는 대로 순종하였다. 철저히 하나님께 순복하는 부흥이었다.

찬양함에 있어서, 성령의 인도하심을 따라 즉흥적으로 누군가가 시작하면 온 회중이 함께 찬양하였다. 아예 즉흥적인 멜로디로 노래 부르기도 하고 1000명의 회중이 즉흥적인 멜로디와 화음을 넣어 찬양하기도 하였다. 소위 Spontaneous song의 시작이었다. 찬양과 기도가 연결되어 찬양하다가 성령의 인도하심을 따라 즉흥적으로 기도하기도 하고, 기도하다가 성령의 인도하심을 따라 즉흥적으로 찬양하기도 하는 것은 여기서부터 시작되었다고 볼 수 있겠다. 이 부흥은 설교말씀을 듣고자 하여 모여 들었다기보다, 강력한 임재를 경험하기 위해 모여들었다.

3. 미국 오순절 운동의 시작[157]

1) 찰스 파햄(Charles Parham, 1873-1929)

현재, 오순절 운동은 미국에서만이 아닌 전 세계적으로 시작되었다는 연구가 나오고 있다.[158] 그러나, 미국의 오순절 신앙이 세계 오순절 신앙의 흐름에 가장 크게 영향을 주어온 것은 부인할 수 없다.

찰스 파햄은 1873년 아이오와에서 태어났다. 그는 감리교를 다녔지만 성결 운동에 관여하였다. 그러다. 그는 신유를 경험하게 되었고 신유사역자가 되었다. 캔사스 토페카에서 그의 신유 사역을 펼칠

벧엘 요양원(Bethel Healing Home)을 세웠다. 그리고, 사도적 신앙(Apostolic Faith)을 월간지로 발행했다. 사도적 신앙이란 제목을 단 이유는 초대교회의 사도적 능력인 신유와 기적이 오늘날도 일어날 수 있다고 믿었기 때문이었다. 원래, 과격 성결 신앙을 추구하는 이들은 사도적 신앙이라는 말을 자주 사용하였다. 이 요양원은 결국 벧엘 성경학교로 발전하였다.

어윈에게도 영향을 받은 그는 성결을 넘는 무언가가 있다는 제3의 축복을 추구하였다. 그러다 도위, 심프슨의 집회와 프랭크 샌포드의 교회에서 방언(외국어 방언, 크세노랄리아 xenolalia)을 접하게 되었다. 그러면서 그는 성령 세례는 성결의 경험이 아닌 성결이후의 경험으로 제 3의 축복이라 결론 내리게 되었다. 그리고 그 제 3의 축복으로써 성령 세례의 증거가 방언일 것이라 생각하였다. 성령 세례가 제 3의 축복이라는 교리는 어윈 등에서 나타났지만 제 3의 축복으로써 성령 세례의 증거가 방언이라는 공식적인 선언은 그에게서였다.

그는 집회를 떠나면서 자신의 벧엘 성경학교 학생들에게 성령 세례의 증거는 무엇일까라는 숙제를 남겼는데 학생들은 만장일치로 방언이라 생각하였다. 학생들과 함께 제 3의 축복으로써 성령 세례의 증거가 방언이라고 확정하고 그는 1900년 송구영신 예배에서 학생들과 함께 성령세례의 증거로써 방언을 구하며 기도하였다. 기도하던 중, 파햄이 학생인 오즈만에게 안수하게 되었는데, 방언이 터졌다. 오즈만 학생이 중국 방언을 하게 되었던 것이다. 파햄 역시 스웨덴 방언을 받았고 계속 방언이 바뀌어 갔다.

그는 친구들의 요청으로 휴스턴으로 갔다. 그곳에서 다시 성경학교를 열었다. 거기에 아주사 부흥의 주역인 윌리암 시무어가 오게 되었다. 파햄은 그를 입학시키긴 하나 같이 수업을 듣도록 하지는 않았다. 흑인이 수업을 듣는 것은 법적으로 금지되어 있었고 더구나 파햄 자체가 인종차별적인 생각을 가지고 있어서 시무어가 수업을 듣도록 더더욱 허락하지 않았던 것이다. 그러나, 시무어는 옆방에서 들으면서도 성령을 경험하게 되었다. 그러나, 방언은 하지 못하였다.

뒤에 일어나게 되는 아주사 부흥이후 파햄은 안타깝게도 쇠퇴하기 시작한다. 그 이유는 첫째, 비언어 방언(글로소랄리아, glossolalia)를 인정하지 않았다. 둘째, 제도적인 교회를 비판하여 그 자신 스스로 제도화를 하지 않았다. 이것은 그의 계속적인 조직적 발전을 저해했다. 셋째, 그는 유색인종의 리더십을 인정하지 않았다. 인종차별을 가지고 있었다. 그래서 시무어를 멸시하였다.

2) 윌리엄 시무어(William J. Seymour, 1870-1922)

1870년 루지애나에서 태어났다. 어려서는 침례교회를 다녔다. 장성해서는 흑인감리교회를 다녔다. 신시내티에서 마틴 냅의 영향으로 제2의 축복 교리를 배웠다. 그 이후 교회를 옮겨 하나님의 교회를 다녔다. 안타깝게도 그는 천연두에 걸려 한쪽 눈을 실명하는 아픔을 겪었지만 성령의 역사하심 속에 사명자로 부르시는 하나님의 부름을 들었고 이에 순종함으로 목회자의 길을 걷게 되었다.

1905년 휴스턴에서 파햄을 만나 성령세례를 경험하였다. 이듬해 1906년 한 교회의 담임 목회자로 초청을 받고 LA로 가게 되었다.

그러나, 성결 신앙을 추구하던 교회는 그의 방언을 주장하는 가르침으로 인하여 그를 쫓아내었다. 그래서, 그는 그의 가르침을 따르는 자들과 보니브래어 거리 214번지, 리차드 에즈버리의 집에서 기도회를 가졌는데 거기서 모두가 다 방언을 받게 되었다. 사람이 몰리자 흑인감리교회로 쓰다 마굿간 및 도살장으로 쓰던 아주사 거리 312번지를 빌려 집회를 열었다. 그리고, 거기에 모인 이들이 방언(비언어 방언, 글로소랄리아, glossolalia)을 받으면서, 1906년 4월 아주사 부흥운동이 일어나게 된 것이다. 이 집회는 설교보다 찬양이 강조되었다. 그리고 비언어 방언이 강조되었다. 이 집회는 백인과 흑인이 같이 있었다. 인종차별을 극복한 최초의 집회라 하겠다. 중생, 성결, 신유, 재림, 그리고 방언을 강조하였다. 그는 제 3의 축복인 성령 세례의 증표로 비언어 방언을 주장한 최초의 인물인 것이다.

시무어의해서 사도 신앙 선교회(Apostolic Faith Gospel Mission)가 세워지고 파햄이 발행했던 신문과 같은 이름인 사도적 신앙(The Apostolic Faith)신문을 발간하여 그의 신앙을 펼쳐나갔다. 이 집회와 교회는 성공적으로 발전하였다. 파햄은 비언어적 방언을 하는 것으로 인해서 그리고, 인종차별의식 속에서 이들을 무시하고 거절하였지만, 오히려 파햄은 몰락하고 시무어에 의한 오순절 신앙은 더욱 발전해 나갔다. 결국, 시무어가 오순절 신앙의 중심에 서게 되었다.

4. 하나님의 성회[159]

1910년 남부 오순절 운동을 장악하던 흑인 목사 메이슨에게서 백인들이 따로 나와서 세운 것이 하나님의 성회이다. 이들은 여러 종파들 출신이어서 회중제도를 선호하였고 성결을 거부하고 중생과 성령세례만을 주장하였다.

특히, 이 일의 중심에 있던 더햄(William H. Durham)이 바로 성결의 경험 없이 방언을 경험하였기에 그러했다.[160] 이런 그의 주장은 성결 교리가 없는 장로교를 비롯한 비웨슬리 계통에 호응을 얻게 되었다. 그래서, 비 웨슬리계통은 다 더햄의 이론을 받아들였다. 결국, 시무어와 갈라서게 되었다. 벨(E. N. Bell)이 하나님의 성회의 초대 회장이 되어 더햄과 함께 하나님의 성회를 이끌었다.

이 하나님의 성회 소속 럼시(Miss Mary C. Rumsey) 선교사가 1928년 내한하였고, 럼시 선교사와 허 홍을 중심으로 서빙고 교회를 창립함으로 한국에 처음 오순절 계통의 교회가 세워졌다. 해방 후에 1953년 4월에 기독교 하나님의 성회가 창립하게 되었다. 1966년에는 기독교 하나님의 성회 12대 총회장으로 조용기 목사가 선출되었다. 이렇게 조용기 목사는 한국 오순절 계의 큰 인물로 등장하게 된 것이다. 결국, 한국 오순절 교회는 이런 역사적 배경으로 인하여 성결이 아닌 능력의 성령 세례에 근간을 둔 오순절 신앙위에 서 있게 된 것이다.

22장

오순절 신앙의 내용

1. 5중 복음 3중 축복[161]

4중 복음을 처음 제시한 신학자 심프슨은 성결신학을 바탕으로 중생, 성결, 신유, 재림으로 제시해 주었다. 그런데, 하나님의 성회 신학자 스탠리 홀턴이 현대 오순절 신앙에 맞게 4중 복음을 정리하였다. 구원, 성령세례, 신유, 재림이다. 성결 신앙과 달리 완전한 성화가 빠졌고, 그 자리에 성령 세례를 집어넣었다. 그런데, 이를 더욱 발전 시켜서 조용기 목사는 5중 복음과 3중 축복을 이야기하였다.[162] 기존의 내용에 축복의 내용이 첨가된 것이다. 이 축복의 개념과 관련하여 오순절 신앙은 두 가지 말씀을 중요시 여긴다.

요한 3서 1:2

사랑하는 자여 네 영혼이 잘됨 같이 네가 범사에 잘되고
강건하기를 내가 간구하노라

이 말씀은 3중 축복에 근거가 되는 말씀이다.

마태복음 6장 30-33절

30. 오늘 있다가 내일 아궁이에 던져지는 들풀도
하나님이 이렇게 입히시거든 하물며 너희일까보냐 믿음이
작은 자들아
31. 그러므로 염려하여 이르기를 무엇을 먹을까
무엇을 마실까 무엇을 입을까 하지 말라
32. 이는 다 이방인들이 구하는 것이라 너희
하늘 아버지께서 이 모든 것이 너희에게 있어야 할 줄을
아시느니라
33. 그런즉 너희는 먼저 그의 나라와 그의 의를 구하라
그리하면 이 모든 것을 너희에게 더하시리라

물론, 오순절 신앙은 우선순위를 분명히 하는 노력을 할 필요가 있다. 먼저 그의 나라와 그의 의를 구할 때 이 모든 것을 더하시는 것이다. 이 모든 것을 더 받기 위해서 그의 나라를 구하는 것이 아니다.

1) 5중 복음

(1) 구원의 복음

예수 그리스도를 구주로 영접함으로써 죄사함을 받고 구원 얻어 하나님의 자녀가 된 후 성령의 인치심과 인도함으로 구원받은 백성의 생활을 시작하게 되는 것이다.

(2) 성령 충만의 복음

물과 성령으로 거듭난 성도들은(요 3:6-7) 하나님께서 말세에 만민에게 주시겠다고 약속하신(욜 2:28-29) 성령을 받고(행 2:4) 권능을 얻어 예수 그리스도의 증인이 되며(행 1:8) 성령 충만을 통해 성령의 은사와 열매를 생활 가운데 나타내며 하나님께 영광 돌리는 삶을 살게 되는 것이다.

성령신학자인 로버트 하이들러는 '성령의 기름 부으심'을 성령의 능력을 덧입는 것이라 설명하였다.[163] 성령 충만과 성령의 기름 부으심은 성령님께 붙들림바 되는 것이다. 변화를 위해서(고후 1:21, 요일 2:20, 27), 사역을 위해서(눅 4:18, 행 10:38) 성령님께 붙들리고 능력을 받게 되는 것이다.

조용기 목사는 중생과 성령세례가 분명히 다른 별개의 체험이라고 전제하였다. 중생과 성령세례의 체험은 시기적으로 동시에 일어날 수도 있고, 또 어떤 기간을 두고 분명히 체험할 수 있는 별개의 체험으로 나타나기도 한다고 했다. 그러면서, 그는 방언자체가 성령 충만은 아니지만, 방언은 성서적으로 확증된 성령 충만한 체험의 가장 강력한 외적 표적이라고 보았다.[164] 그는 우리가 성령세례를 받았다는 증거를 크게 내적 증거와 외적 증거로 보아 알 수 있다고 하면서, 내적 증거로는 마음의 강한 확신과 평안으로 환경과 조건을 초월하는 절대 감사와 절대 기쁨의 삶과 영혼에 대한 뜨거운 사랑의 마음이며, 외적 증거로는 방언과 강력한 복음 전파라 하였다.[165]

(3) 신유의 복음

그리스도의 사역 중 하나가 병 고침이며, 그리스도께서 약속하시기를 "믿는 자에게는 이런 표적이 따르리니 병든 사람에게 손을 얹은 즉 나으리라"(막 16:17~18)고 하셨다. 예수께서 친히 우리의 연약함을 담당하시고 병을 짊어지셨기 때문에(마 8:17) 구원받은 성도는 병 고침을 받는 축복과 신유를 위해 기도해 줄 특권과 의무가 있다.

(4) 축복의 복음

구원받은 성도는 십자가의 은혜로 율법의 저주에서 속량되었다(갈 3:13~14). 또한 그 나라와 그 의를 먼저 구하는 성도들에게 주님께서 먹을 것과 입을 것을 주시며 하나님 중심에서 정직, 공의, 성실, 근면, 충성으로 생활할 때 가난과 저주에서 놓여나고 생활의 축복을 누리는 축복을 받아 이웃에게 나누어 주는 풍성한 삶을 살아갈 수 있다(고후 9:8).

(5) 재림의 복음

세대주의 전천년설에 입각한 예수님의 지상 재림과 공중 재림 그리고 휴거를 믿는다. 주님께서 재림하실 때 그리스도 안에서 죽은 자들과 살아있는 자들이 함께 공중에서 주를 영접하며(살전 4:16-17), 7년 혼인 잔치를 갖고, 그 이후 천년왕국에서 왕 노릇하다가 백보좌 심판 후 새 하늘과 새 땅에서 하나님과 영원히 영화로운 삶을 살게 될 것을 믿는다(계 20-21장).

2) 3중 축복(3박자 축복)

3중 축복은 오중복음의 실천이다(요삼 1:2). "영혼의 잘됨"이란 예수 그리스도를 믿고 구원을 받아 영적으로 풍성한 삶을 사는 것이고, "범사에 잘 되고"는 그리스도 안에서 모든 일이 합력하여 선을 이루는 삶을 통해 받는 축복을 의미하며, "강건하기를"이란 구원받는 성도가 질병의 고통에서 놓여남을 받는 축복을 의미한다. 이 삼중축복은 마태복음 6장 33절에 근거하여 '먼저 그 나라와 그 의'를 구하는 일에 목표를 둘 때 모든 성도가 누릴 수 있는 축복이다.

첫째, 영혼이 잘되는 축복
둘째, 범사에 잘되는 축복
셋째, 강건하게 되는 축복

2. 성령 세례와 방언

오순절 신앙은 성령세례와 방언을 연결시켰다. 그리고, 토레이의 이중적인 성령의 사역 개념은 오순절 성령 신학의 많은 부분을 설명해주고 있다. 토레이의 성령론은 그의 손자 대천덕 신부에게 이르러 더 많이 연구되고 정리되었다.

1) 성령의 내주 사역과 능력으로 임하시는 사역[166]

오순절 신앙은 중생할 때 성령의 내주하심과 성령세례로 성령의 능력을 받는 것을 구별한다. 토레이의 손자인 대천덕 신부는 이를 원어 연구로 정리하였는데, 충만이라는 헬라어 원어가 두 가지가 있다는 것을 발견한 것이다. 한편, 성령 세례는 성령의 능력을 덧입는 첫 번째 사건이고 성령 충만은 이를 계속적으로 유지하는 것으로 정리한다.

첫째, Pler이다.

사도행전 6장 3절
온 무리가 이 말을 기뻐하여 믿음과 성령이 충만한 사람
스데반과 또 빌립과 브로고로와 니가노르와 디몬과
바메나와 유대교에 입교했던 안디옥 사람 니골라를 택하여

사도행전 7장 55절

스데반이 성령 충만하여 하늘을 우러러 주목하여
하나님의 영광과 및 예수께서 하나님 우편에 서신 것을 보고

에베소서 5장 18절

술 취하지 말라 이는 방탕한 것이니 오직 성령으로
충만함을 받으라.

둘째, Pleth이다.

사도행전 2장 4절

그들이 다 성령의 충만함을 받고 성령이 말하게 하심을 따라
다른 언어들로 말하기를 시작하니라.

사도행전 4장 31절

빌기를 다하매 모인 곳이 진동하더니 무리가 다 성령이
충만하여 담대히 하나님의 말씀을 전하니라

이상에서 보듯이 충만이라는 단어의 원어가 2가지가 있음을 발견할 수 있다. Pler는 내주하시는 성령과 관련하여서 사용되고 있음을 발견한다. 그리고, 내주하시는 성령은 믿는 자가 성령의 열매를 맺는 성품과 관련이 있음을 알 수 있다. 반면에, Pleth는 성령의 능력을 덧입는 차원으로 성령세례를 받을 때의 충만에 해당함을 발견한다.

로버트 하이들러는 이 두 가지 차원의 성령의 사역을 정리하기를, 내주하시는 사역은 성숙과 성장을 위함이고, 능력 주시는 사역은 우리를 무장시키시고 섬길 수 있도록 하기 위함이라 하였다.[167]

2) 성령 세례로 주어지는 축복

오순절 신앙은 중생의 축복을 제외한 모든 축복이 성령 세례로부터 시작된다고 본다. 성령 세례로 인하여 주어지는 축복은 다음과 같다.

첫째. 구원의 확신이 강하여짐이다.

로마서 8장 16절
성령이 친히 우리의 영과 더불어 우리가
하나님의 자녀인 것을 증언하시나니

둘째. 복음전파와 사역을 위한 권세와 능력을 받음이다.

사도행전 1장 8절
오직 성령이 너희에게 임하시면 너희가 권능을 받고
예루살렘과 온 유대와 사마리아와 땅 끝까지 이르러
내 증인이 되리라 하시니라

로마서 12장 6-8절

6. 우리에게 주신 은혜대로 받은 은사가 각각 다르니 혹 예언이면 믿음의 분수대로
7. 혹 섬기는 일이면 섬기는 일로, 혹 가르치는 자면 가르치는 일로
8. 혹 위로하는 자면 위로하는 일로, 구제하는 자는 성실함으로, 다스리는 자는 부지런함으로, 긍휼을 베푸는 자는 즐거움으로 할 것이니라

셋째. 변화된 삶이다.

내주하시는 성령님으로부터 시작된 주님을 닮아가는 변화하는 삶이 더욱 강하여진다.

에베소서 5장 18절

술 취하지 말라 이는 방탕한 것이니
오직 성령으로 충만함을 받으라

갈라디아서 5장 22-23절

오직 성령의 열매는 사랑과 희락과 화평과 오래 참음과
자비와 양선과 충성과 온유와 절제니 이같은 것을
금지할 법이 없느니라

에스겔 36장 27절

또 내 영을 너희 속에 두어 너희로 내 율례를 행하게 하리니
너희가 내 규례를 지켜 행할지라

넷째. 범사가 잘되고 환경의 복을 받음이다.

이사야 32장 15절

마침내 위에서부터 영을 우리에게 부어 주시리니 광야가
아름다운 밭이 되며 아름다운 밭을 숲으로 여기게 되리라

3) 성령세례의 대표적 은사 방언

(1) 오순절 신앙은 성령세례 받는 것에 대표적인 표징과
은사는 방언이라고 말한다.

사도행전 2장 4절

그들이 다 성령의 충만함을 받고 성령이 말하게 하심을 따라
다른 언어들로 말하기를 시작하니라

사도행전 10장 45-46절

45. 베드로와 함께 온 할례 받은 신자들이 이방인들에게도
성령 부어 주심으로 말미암아 놀라니
46. 이는 방언을 말하며 하나님 높임을 들음이러라

(2) 방언은 외국어 방언(크세노랄리아 xenolalia)과 비언어의 방언(글로소랄리아, glossolalia) 모두를 인정하지만 성령 충만과 관련하여서는 비언어적 방언을 더욱 추구한다.

사도행전 2장 13절
또 어떤 이들은 조롱하여 이르되 그들이 새 술에 취하였다 하더라

고린도전서 14장 2절
방언을 말하는 자는 사람에게 하지 아니하고 하나님께 하나니 이는 알아듣는 자가 없고 영으로 비밀을 말함이라

고린도전서 14장 4절
방언을 말하는 자는 자기의 덕을 세우고 예언하는 자는 교회의 덕을 세우나니

언어적 방언을 주시는 목적은 전도와 복음전파에 있다. 그 반면에, 비언어의 방언은 언어가 아니므로, 복음전파를 위한 목적이 아니다. 이는 하나님과의 깊은 교제를 위한 목적인 것이다. 즉, 기도의 은사인 것이다. 방언으로 기도하는 것은 그런 의미에서 더 깊은 주님과의 사귐을 촉진한다. 또한, 방언은 영적인 능력을 강화하고 성령의 능력을 유지하는 성령 충만의 비결이기도 하다.

(3) 방언의 방법

비언어적 방언을 할 때에 신비적인 황홀경 상태에서 할 수도 있지만 대부분의 오순절 신학자들은 정신이 온전한 가운데 오히려 명료하게 방언을 사용하게 됨을 이야기한다. 성령에 사로 잡혀서 방언을 하게 되지만, 이제 자유함 속에서 방언을 활용할 수 있게 되는 것이다. 그러므로, 방언을 해야 할 때 입을 열어 담대하게 방언을 말할 수 있는 것이다. 또한, 입으로 방언을 말하며 마음속으로 주님의 주시는 마음으로 기도할 수 있는 것이다.

고린도전서 14장 14-15절
14. 내가 만일 방언으로 기도하면 나의 영이 기도하거니와 나의 마음은 열매를 맺지 못하리라
15. 그러면 어떻게 할까 내가 영으로 기도하고 또 마음으로 기도하며 내가 영으로 찬송하고 또 마음으로 찬송하리라

3. 신유[168]

1) 신유 운동의 시작

경건주의 운동이 일어나면서 기적과 치유에 대해 다시 열리게 되었다. 이성중심으로 신앙이 흘러가면서 성경에 나오는 모든 기적과 치유 사건은 과학적이지 않은 것처럼 여겨졌었는데 경건주의 운

동이 이를 다시 회복한 것이다. 신앙생활은 얼마든지 기적과 역사가 일어날 수 있는 그런 삶임을 다시 주장하였던 것이다.

신유가 운동으로 시작된 것은 19세기 부흥 운동 시대에 와서이다. 스위스 취리히의 트루델(Dorothea Trudel) 부인과 블룸하르트(Johann Chrostoph Blumhardt) 목사로부터 본격화 되었다. 트루델은 자신의 공장 직원 4명을 기도로 낫게 하였다. 그러면서 자신의 신유이론을 펼쳤는데, 질병을 죄와 연결시켰다. 그녀는 죄를 회개하고 절실히 기도하면 치유가 일어난다고 하였다.

독일 슈투트가르트의 블룸하르트는 1838년 뫼트링겐 교회의 담임목사로 들어가게 되었다. 거기서 한 소녀를 만나게 되었는데, 심한 정신적 발작으로 고생하였다. 블룸하르트 목사는 그 소녀가 사탄에 의해서 정신적 질병을 갖게 된 것을 발견하였고, 예수님의 이름으로 기도하여 사탄을 물리쳤고 결국, 그 소녀는 나음을 얻었다. 이로 인하여, 그는 병과 사탄과의 관계를 발견하고 이를 주장하며 수많은 병자를 치료하였다.

2) 미국 칼빈주의 신유 운동가들

미국의 경우는 성결 운동과 함께 신유운동이 일어났다. 그런데, 웨슬리안 계통보다는 칼빈주의 성결운동 계통의 사람들이 처음에는 주로 중심이었다. 미국 신유운동의 중심인물은 컬리스(Charles Cullis)였다. 그는 보스턴에서 의사로 일했다. 그는 장기 요양환자를 보살피는 일을 하였고 요양원을 운영하였다. 컬리스는 찰스 피니와 함께 했던 오벌린 성결 운동가 보드만(William B Boardman)을 만나게 되는데, 그의 초청으로 영국을 비롯한 유럽을 갔다가 트루델의 신앙 요양소를 보았고 조지 뮬러의 고아원도 보았다. 그러면서 그는 신유 운동에 영향을 받았고 미국에 돌아와 신유사역을 시작하였다. 그는 자신의 요양원에서 악성 종양 환자에게 기름을 바르고 기도하였는데 그 환자는 일어나 3마일을 걸었다고 한다. 그 이후 컬리스의 요양원은 신유 센터가 되었고 수많은 신유 사역자들이 이곳을 통해서 탄생하였다. 그는 미국 신유 운동의 아버지로 불린다.

컬리스와 함께 19세기 신유 운동의 중심인물은 바로 보드만과 심프슨, 고든이었다. 보드만의 경우는 컬리스를 인도한 인물이었으나 그를 인도할 당시 신유를 받아들인 것은 아니었다. 그러나, 컬리스의 신유 사역을 통해서 신유 사역을 받아들이게 되었고 유명한 신유 사역자가 되었다. 그는 칼빈주의자였지만, 구원을 말하면서 죄에서의 용서(칭의)와 거룩해지는 것(성화)과 몸의 질병에서 벗어나는 것(신유) 모두를 포함하는 온전한 구원이라는 개념을 주장하였다. 그리고, 예수님의 사역은 회복 사역이며 그 회복 안에는 치유가 포함된다고 하였다.

원래 장로교 목사였지만 웨슬리 신앙에서 사중 복음을 만들고 이를 성결 교리화한 알버트 뱁자민 심프슨(Albert Benjamin Simpson)은 건강이 좋지 못했다.[169] 그는 요양차 마이애미의 올드오카드 비치에 가게 되었는데, 거기 있던 컬리스의 집회에서 신유를 경험하였다. 그는 이미 보드만의 집회에서 성결을 경험하였는데, 신유 경험은 처음이었다. 그는 장로교 목사직을 사임하고 성령사역으로 전환하였다. 그는 신유를 그리스도와 연관하여 선포하였다. 아담의 타락으로 죄와 질병이 들어왔지만, 그리스도로 인해 사죄와 신유가 가능하다고 말하였다. 신유 사역을 기독론 중심으로 체계화시킨 인물이라 할 수 있다.

심프슨이 신유 사역을 시작할 무렵 침례교 목사이며 컬리스 요양원의 이사였던 고든(Adoniram Judson Gordon)도 신유 사역에 몸담게 되었다. 그는 무디의 집회에서 신유의 역사가 일어나는 것을 보고 영향을 받았다. 고든은 신유를 신학적으로 가장 체계화시킨 인물이라 할 수 있다. 그 결정판이 그가 낸 책 '신유 사역(Ministry of Healing)'이다. 그는 신유가 초대교회에만 있던 것이 아닌 지금도 있음을 성경적으로 그리고, 선교지의 증거들을 토대로 역설하였다. 그러면서, 이단적인 신유 교리들을 비판하는 일도 서슴치 않았다.

3) 미국 웨슬리안 신유 운동가들

웨슬리안 성결 운동은 두부류로 나뉜다. 그런데, 그 큰 이유 중 하나가 바로 이 신유이다. 첫째, 신유를 별로 강조하지 않는 그룹이다. 전국선교연맹 초대 회장이었던 인스킵(John Inskip), 2대 회장인 맥도날드(William McDonald), 보스턴 대학교 교수 스틸(Daniel Steele) 등이 대표가 되는 온건한 성결 운동 부류는 모두 신유를 체험하고 실제로 신유 사역을 하기도 하였으나, 조심스러운 입장을 취했다. 모든 신자가 다 일률적으로 경험해야 하는 것은 아니라 보았고, 신앙생활에 있어서 필수적인 것은 아니라 보았다. 그리고, 무엇보다 신유보다는 성결을 추구하는 신앙이 바른 신앙임을 피력하였다.

반면, 냅과 리스 등으로 대표되는 신유와 재림을 강조하여 4중 복음을 이야기하는 과격 성결 운동 부류는 신유를 누구나 다 경험할 수 있는 축복으로 본다. 한국 성결 교회는 이에 영향을 받았기에 한국의 성결 운동가들도 신유사역에 열려 있게 되었다.

4) 오순절 신유 운동

(1) 초창기 부작용들

알레산더 도위는 과격한 신유 운동을 펼쳤다. 위에서 언급한 신유 운동가들은 구원과 성결 등의 개념과 연결하여 신유를 이야기하였지만 도위는 신유만을 강조하였다. 그리고 그의 신유 이론은 과격하였다. 약을 먹는 것도 믿음이 없는 것이고 안경을 쓰는 자도 믿음이 없는 자라고 말하였다. 이 모든 것을 믿음으로 치유해야 한다고 주장하였다. 이에 영향을 받은 오순절 신유 운동가들 중에 잘못된 오류를 범하는 자들이 종종 있었다. 오순절 신앙의 시작인 파햄도 도위의 영향을 사실상 많이 받았고 신유 사역자로 이름을 날렸다. 도위를 따르는 자들 중에 자녀가 아픈데 병원을 데려가지 않아서 죽인 이들이 종종 있었고 심지어 재판을 받아서 유죄 판결을 받기도 하였다.

지나친 기적추구와 신유 그리고 남용된 믿음이 만나서 공중에 뜨는 것을 추구한다던지 뱀을 잡는 것을 강조한다던지 하기도 하였다. 물론, 이런 모든 행위는 차츰 이단시 여겨져 배척되었다.

(2) 제대로 정리된 오순절 신앙의 신유 이론

점점 오순절 운동이 자리를 잡으면서 신유에 있어서도 정리가 되었다. 성결 신앙과 같은 부분이 있고 다른 부분이 있는데, 같은 부분은 신유를 온전한 복음의 개념 안에 하나의 요소로 집어넣고 있다는 것이다. 다른 점은 성결 운동이 온전한 성화의 차원인 회복으로 신유를 본다면, 오순절 신앙은 축복의 차원으로 신유를 바라본다는 것이다.

예수님께서 계실 때에 기적과 치유는 일상이었다. 오순절 신앙은 바로 이런 기적이 일상화된 신앙을 추구한다. 이런 기적을 늘 맞보는 축복된 삶을 사는 것이 진정한 믿는 자의 삶이라 보는 것이다. 그러므로 누구나 다 병 고침을 위해 기도할 수 있고 응답 받을 수 있다고 믿는다.

또한, 성령의 은사중 하나로 신유의 은사를 바로 세움으로 누구나 병 고침을 위해 기도하는 차원과 달리 병 고치는 것을 은사로 받아서 치료의 능력을 가지는 자가 있을 수 있음을 주장하였다. 이들은 신유 은사자들로 다른 사람들의 병 낫기를 위해 사역해야 하는 것이다.[170]

4. 성화, 성결, 성령 세례 정리

구분	중심인물
중생, 점진적 성화, 죽은 후 영화	보수 칼빈주의
중생(회심), 점진적 성화, 죽은 후 영화	칼빈주의 (조나단 에드워즈)
중생(회심), 점진적 성화 후 완전한 성화	감리교 (존 웨슬리)
중생(회심), 점진적 성화 중 순간적 성령 세례(성결)	성결교 (피비 파머)
중생(회심), 성령세례(능력) ※ 완전한 성화는 추구하되 믿는 자의 노력으로 가능	과격(성령) 장로교 (찰스 피니) 오벌린 완전주의
중생(회심), 성령세례(능력) ※ 점진적 성화 추구, 완전한 성화 추구 안함	과격(성령) 장로교 (무디, 토레이)
중생, 성결, 성령세례(제 3의 축복, 능력)	오순절 성결교회
중생, 성결, 성령세례(제 3의 축복, 언어 방언, 능력)	초기 오순절 교회 (찰스 파함)
중생, 성결, 성령세례(제 3의 축복, 비언어 방언, 능력)	초기 오순절 교회 (윌리암 시무어)
중생, 성령세례(방언, 능력, 축복)	하나님의 성회 (더햄, 조용기)

23장

오순절적 복음주의의 경배와 찬양의 메시지 경험과 성령 체험

오순절적 복음주의 경배와 찬양은 복음주의여서 경험하는 임재 경험에 오순절적 복음주의여서 경험하는 임재 경험을 더 하게 된다. 오순절적 복음주의여서 경험할 수 있는 메시지 경험은 과언 어떤 것들이 있는가? 첫째, 성령 세례 및 방언과 관련한 메시지 경험이고, 둘째, 축복과 관련한 메시지 경험, 셋째, 신유와 기적과 관련한 메시지 경험이다. 물론, 신유와 기적과 관련한 메시지 경험은 성결 신앙에서도 경험할 수 있겠다. 그러므로, 오순절적 복음주의에서만 경험하게 되는 메시지 경험은 앞의 2가지가 된다.

그런데, 오순절적 복음주의여서 경험하는 메시지 경험은 물론, 독립적으로도 이루어지지만, 거의 대부분 그대로 성령 체험의 임재 경험으로 이어지게 되어 있다. 왜냐하면, 방언을 받아야 하고 성령 세례를 경험해야 하고 축복을 받아야 한다는 메시지 경험은 자연스레 방언을 받는 경험, 성령 세례를 받는 경험, 축복을 받는 경험으로 연결되기 때문이다. 그리고, 이런 오순절적 경험들은 기도와 찬양의 시간에 보통 이루어진다. 그러므로, 오순절적 경배와 찬양에는 방언 및 성령 세례 및 축복을 위한 실용적 찬양이 등장하게 된다.

1. 방언 및 성령 세례와 실용적 찬양

성결적 복음주의 예배에서는 성결의 체험을 하기위한, 성령 세례를 받기위한 실용적 찬양이 등장했다고 말했다. 오순절 복음주의 예배에는 성령 세례 및 방언을 받기위한 실용적 찬양이 등장한다. 찬양을 함에 있어서 찬양의 가사를 전달하고자 하는 메시지 경험이 목적이 아닌 성령의 역사하심을 위한 열정적인 찬양을 통해 결국에는 방언을 받을 수 있도록 돕는 것이다. 앞서서도 언급했지만, 이런 종류의 실용적 찬양은 메시지가 혹 일치하지 않는다 하여도 사용될 수 있다. 그러나, 메시지가 일치하면 더욱 효과적일 수 있다.

'마지막 날에' 찬양은 성령 세례 및 방언을 추구하는 찬양 현장에서 가장 많이 사용할 수 있는 대표적인 찬양이다.

'내가 매일 기쁘게'를 필두로 성령 관련 찬송가들은 성령 세례 현장에서 성령 세례 및 방언을 받기위해 많이 사용하는 찬송들이다.

'죄에서 자유를 얻게 함은' 보혈 찬양들은 가사의 일치 여부와 상관없이 성령 세례와 방언을 받는 현장에 많이 사용되는 찬송가들이다.

2. 축복과 실용적 찬양

오순절 찬양에서는 신유 경험을 위한 또는 축복을 받기위한 실용적 찬양이 등장한다. 신유를 위한 실용적 찬양은 성결 신앙에서도 있다. 그런데, 성결 신앙에서 신유를 추구하는 것은 회복과 성화의 차원이라 한다면 오순절 신앙에서 신유를 추구하는 것은 축복의 차원이라 하겠다. 오순절 신앙은 삶과 밀접한 관계가 있다.[171] 삶속에 고통으로 자리 잡고 있는 질병과 가난은 주님의 은혜로 극복될 수 있는 문제들인 것이다. 그렇기 때문에, 오순절 신앙은 앞서 살펴본 5중 복음과 3중 축복에 근거하여 성령 세례 이후 신앙의 삶속에서 신유와 축복을 추구하고 누리는 삶을 살게 되는데 기도의 응답으로 그리고, 예배가운데 성령의 부어주시는 은혜로 임한다.

열정적인 찬양은 성령 충만의 비결이고 성령의 나타나심의 통로이다. 그러므로, 열정적인 찬양 속에 성령의 역사하심으로 인하여 병이 낫고, 어둠과 저주가 떠나가고, 성령의 은사들이 주어지고, 축복이 임하며, 이 모든 것이 나의 것이 됨을 믿는 믿음이 부어지고 인내하고 기다릴 수 있는 힘이 생긴다.

'주님의 그 모든 것이' 찬양은 찬양 중에 주님의 축복이 가득 임함을 노래하고 있다. 이 찬양을 드리며 믿음으로 실제로 부어주시는 주님의 축복을 받는 것이다.

'미라클 블레싱'[172] 찬양은 기도의 응답, 기적, 문제 해결, 축복 그리고, 근원되시는 주님과의 영적 만남을 믿음으로 취하는 찬양이다.

'내 영혼의 햇빛 비치니'를 비롯한 은혜와 축복을 받음과 관련된 찬송가들은 이런 목적을 위한 실용적 찬양으로 많이 사용되고 있다.

3. 방언 찬양

오순절 신앙에서 방언의 활용도는 그야말로 방대하다. 방언 찬양은 비언어 방언으로 찬양하는 것인데, 여기에는 3가지가 있다.

첫째, 주님을 높이는 방언 찬양이다. 방언을 통해서 보다 신비적으로 주님을 높일 수 있다. 유형의 언어가 아닌 무형의 언어인 비언어 방언으로 찬양을 한다는 것은 이성이 아닌 믿음으로 마음을 올려드리는 것이 된다. 보다 의지적임과 동시에 보다 신비적인 높임이 되는 것이다. 오순절 신앙에서는 이를 보다 영적인 찬양이라 본다.

둘째, 마음의 간구를 함께 올려드리는 방언 찬양이다. 앞서서 입술로는 방언을 하면서 마음으로는 간구의 내용을 담아서 올릴 수 있다고 하였다.

셋째, 방언 찬양 중에 주님께서 마음을 주시고 말씀하시는 경우가 있다. 그럴 경우, 그 마음에 주시는 생각을 바탕으로 반응해 나갈 수 있다. 방언 찬양을 하면서 마음속으로 그 주신 마음을 근거하여 다시 간구하거나 감사하거나 선포할 수 있다. 또는 방언 찬양을 아예 그치고 그 주신 마음을 근거하여 기도하거나 즉흥적으로 찬양으로 곡조있는 기도를 올릴 수 있다.

이런 방언 찬양은 예배의 신비성을 강화하고 영적인 체험을 강화하는 부분이 분명 존재한다. 방언 기도 및 방언 찬양은 오순절 신앙에서는 성령 충만의 방법이다. 계속적인 방언 기도와 방언 찬양은 성령 충만의 통로로 신앙의 유지 발전을 돕는 것이 된다.

A worshipper, be the best
최고의 예배자가 되라

24장

오순절적 경배와 찬양 접목과 관련한 고찰

전통적 복음주의에서 경배와 찬양의 역할은 사실상 간단하게 말하면 크게 두 가지라 할 수 있다. 주님을 높이는 전형적인 찬양의 역할과 메시지를 선포하고 전달하는 역할이다. 그런데, 오순절 신앙에서 등장하는 성령 체험적인 경배와 찬양은 찬양 중에 성령의 기름 부으심을 체험하고, 은사를 경험하고, 방언을 받고, 축복을 경험하고, 치유를 경험하고, 변화를 경험하는 것을 목적으로 한다. 찬양은 바로 이렇게 성령 체험의 장으로써의 역할을 하게 되는 것이다.

오순절적 경배와 찬양은 은사주의적인 교회뿐 아니라, 복음주의 전 교회에서 사실상 접목되고 있다. 성결적 경배와 찬양은 칼빈적 복음주의 교회에서는 신학적 차이로 인하여 접목되지 않는 경우가 많다.

그러나, 오순절적 경배와 찬양은 은사주의적인 교회 뿐 아니라, 일반적인 전통적 복음주의 안에서도 등장한다. 축복과 관련하여 또는 은사와 관련하여 또는 성령 충만과 관련하여 오순절적 경배와 찬양을 드리는 경우가 종종 있다.

그러므로, 오순절 교회를 제외한 여타 복음주의 교회, 특히, 전통적 복음주의 교회에서는 경배와 찬양을 접목함에 있어서 종종 오순절적 신앙 및 은사주의적 신앙과 대면하게 되어 있다. 오순절 신앙 및 은사주의 신앙의 옳고 그름 및 좋고 나쁨의 문제를 떠나서, 각자 교회의 신앙과 혼선을 일으킬 수 있기에 경배와 찬양을 접목함에 있어서 적절하게 접목하는 예배학적 지혜가 요구된다.

1. 오순절적 경배와 찬양 접목에 있어서 고려해야할 부분1: 형식 부분

먼저, 형식에 있어서 고려할 부분이다. 오순절 예배에서 찬양은 예배 중 하나의 작은 순서라기보다는 주님의 역사를 경험하는 가장 귀한 순서이다. 말씀의 순서만큼, 아니 그 이상으로 중요한 위치를 차지하고 있다. 그래서, 예배 시간 자체도 정해진 시간을 넘어서는 경우가 많지만, 찬양 시간에 있어서도 얼마든지 체험을 위해서 정해진 시간을 넘어서서 진행되곤 한다. 시간에 맞추는 것보다 체험을 하는 것이 더 중요하기 때문이다. 그래서, 반복되거나 즉흥적으로 연장되는 경우가 다반사이다.

그러나, 전통적인 복음주의 예배와 찬양은 시간을 제대로 지키는 것 그리고 예배의 요소들이 제 위치를 지키는 것이 예배의 영성이라 할 수 있다. 그러므로, 오순절적인 목적, 예를 들어, 성령 충만 및 축복과 관련된 메시지 경험과 함께 체험을 위해 오순절적 경배와 찬양을 접목하게 되는 경우 발생할 수 있는 예배 지연의 문제를 고려해야만 한다. 예배 시간에 있어서 반복과 지연을 용인할 것인지 말 것인지를 고려해야 하는 것이다. 세부 방법론으로 모든 예배에서 용인할 것인지 어떤 예배에서는 용인하고 어떤 예배에서는 용인하지 않든지를 생각해야하는 것이다.

그리고, 찬양에 있어서도 반복과 지연을 어느 정도로 용인할 것인지를 생각해야 할 것이다. 지연을 용인하되, 어떤 방법의 지연까지를 용인할 것인지를 또한 고려해야 한다. 단순히, 찬양을 반복적으로 부르는 것에 따른 지연만을 용인할 것인지. 소위, Spontaneous song으로써 체험을 위해서 즉흥적으로 음악을 이어나가는 즉흥적인 연주, 즉흥적인 노래, 방언 찬양까지를 용인할 것인지를 생각해야 하는 것이다.

오순절적 경배와 찬양 접목에 따른 세부 구분표

구분		용인	용인하지 않음
예배 구분	주일 대 예배		
	찬양 예배 및 수요 예배		
	금요 기도회		
	젊은이 예배 및 청소년 예배		
찬양 방법 구분	찬양의 반복		
	즉흥 연주		
	즉흥 노래		
	방언 찬양		

2. 오순절적 경배와 찬양 접목에 있어서 고려해야할 부분2: 내용 부분

1) 내용 부분1 - 성령

내용이라고 할 때에는 메시지 경험 및 성령 체험에 대해 어떻게 할 것인지를 고려하는 것이다. 앞서 언급했듯이, 오순절 찬양은 메시지 경험보다는 성령 체험적인 면이 강하다. 그렇기 때문에 전통적인 복음주의 예배에서 경배와 찬양을 접목하는 데에 있어서 성령 체험 정도를 어느 정도까지를 용인할 것인지를 생각해야 한다. 그렇지 않으면 전통적 예배 신학과 혼란을 야기할 수 있다. 다음의 것들 중 어느 정도까지 용인할 것인지를 고려할지 생각해 보라.

- 성령 충만 관련 메시지 경험을 뜨겁게 하는 정도까지
- 성령의 만짐으로 인한 은혜 경험 및 내적 치유의 경험 정도까지
- 오순절적 성령 체험 정도까지 (성령 세례, 방언, 병고침, 은사)
- 성결신앙의 영향에 따른 성결을 체험하는 정도까지
- 은사주의적 성령 체험 정도까지 (영적 연합과 일치 체험, 영적 연합에 근거한 하나님의 음성 듣기)
- 신사도적 성령 체험 정도까지 (예언, 특히, 사도적 종말론에 근거한 예언, 임파테이션)

2) 내용 부분2 - 축복

축복을 경배와 찬양 중에 경험하는 부분에 있어서도 축복의 수준을 어떻게 할 것인가를 고려해야 한다. 앞서 살펴보았듯이, 오순절 신앙은 축복의 개념을 긍정적으로 포함한 신학을 가지고 있다. 그들은 구원론 차원에서 예수를 믿으면 당연히 치유와 성령 세례를 경험하고 더 나아가 복된 삶을 누릴 수 있다고 본다. 그래서, 그들에게는 축복을 받는 것과 성장과 잘됨과 이름을 떨침이 믿는 자의 자연스러운 모습이다. 오히려, 이런 복된 모습이 없다면 자신의 신앙에 문제가 있는 것으로 볼 수 있다.

그런데, 전통적인 개혁 신앙은 자아를 죽이고 예수님만으로 사는 신앙을 추구한다. 그래서. 때론, 청빈을 추구하고 재물에 빠지는 것을 경계한다. 그러므로, 영적인 축복이면 모르겠지만 세상적인 축복을 추구하는 것과는 어쩔 수 없이 대치된다 하겠다.

누가복음 6장 20절
예수께서 눈을 들어 제자들을 보시고 이르시되
너희 가난한 자는 복이 있나니 하나님의 나라가 너희 것임이요

갈라디아서 2장 20절
내가 그리스도와 함께 십자가에 못 박혔나니 그런즉
이제는 내가 사는 것이 아니요 오직 내 안에 그리스도께서
사시는 것이라 이제 내가 육체 가운데 사는 것은
나를 사랑하사 나를 위하여 자기 자신을 버리신 하나님의
아들을 믿는 믿음 안에서 사는 것이라

그러므로, 개혁신앙에서는 세상적으로 무조건 잘되고 무조건 성공한다는 것이 축복이 되지 않는다. 개혁신앙에서도 주님은 우리를 잘되게 하실 수 있다고 말한다. 그러나, 욕심이 채워지도록 응답해 주는 것을 축복이라고 말하지 않는다. 진정한 축복은 주님 자신이며 구원 자체가 진정한 축복이고 천국 소망을 가지고 있는 것이 진정한 축복이라 본다. 그렇기 때문에 개혁신앙은 비록 이 땅에서 가난하고 힘든 삶을 산다고 해도 평안을 누릴 수 있고 기쁨을 잊어버리지 않을 수 있음을 이야기한다. 오히려, 이 땅을 살아가면서 경제적 축복 등이 주어지지 않는다고 주님을 원망한다면 이는 진정한 신앙이라 볼 수 없다고 말한다. 축복만을 구하는 것은 그저 주님을 이용하는 것이지 진정한 신앙이 아니라는 것이다. 그러므로, 경배와 찬양뿐 아니라, 예배 전체에 있어서 특별히, 칼빈 신앙위에 서 있는 개혁 교회나 장로 교회의 경우는 축복과 관련하여서 어느 정도까지를 용인할 것인지 고려하는 것은 중요한 부분이라 할 수 있다. 그리고, 경배와 찬양을 할 때에도 이 부분을 잘 고려하여 메시지 경험을 할 수 있도록 해야 하는 것이다.

- 구원, 인도, 함께 하심, 천국 소망 등 영적인 축복을 축복으로 한정하는 정도까지
- 일반적인 축복인 물질, 관계, 문제 해결, 건강 등을 인정하되, 이런 축복의 개념들이 구원론을 흔들지 않도록 적절히 용인하는 정도까지
- 오순절적 축복 등을 전적으로 수용하는 데에까지

8편

최고의 예배자가 되라
복음주의 경배와 찬양 가이드북

신비신학과 신사도주의

| 25장. 신비신학

신비신학의 역사 | 신비신학과 신사도주의 비교 고찰

| 26장. 신사도주의관련 역사와 내용

은사주의 개념 정립 | 늦은 비 운동(Latter Rain Movement)의 역사
늦은 비 운동의 내용 | 빌 해몬의 회복 운동의 내용 | 종말론(사도적 종말론 포함)
마이클 비클의 아이합(IHOP) | 신부의 영성 내용 | 예언 | 신사도적 교회

| 27장. 신사도적 찬양

주님을 향한 직접적인 친밀감의 찬양
예언적 찬양(Prophetic Worship)과 사도적 찬양(Apostolic Worship)
찬양의 주제되시는 예수님의 모습 | 은사적 찬양의 형식론(Spontaneous Song)

| 28장. 신사도적 찬양 접목과 관련한 고찰

영적 연합적 찬양 접목과 관련한 고찰 | 음악적 연장과 관련한 고찰
왕국 찬양 접목 관련한 고찰 | 전쟁 찬양 접목과 관련한 고찰

25장

신비
신학

1. 신비신학의 역사

　신사도주의를 살펴봄에 앞서서 신비신학 또는 기독교 신비주의를 살펴보려 한다. 왜냐하면, 성령의 다스림 안에서 하나님과 하나됨을 추구하는 신앙이라는 공통점을 가지고 있지만 서로 다른 것이기 때문이다. 많은 복음주의 신앙인들이 신비주의와 은사주의 또는 신사도주의를 혼돈 하는 것 같다. 가톨릭 평신도들이 수사들의 신비적인 신앙을 동경하는 것 같이, 개신교 성도들이 신비적인 주님과의 연합을 추구하고 그런 연합의 힘으로 세상에서 바르게 승리하고 섬기며 살기위해 교부들의 신비신학 및 개신교 신비신학이나 영성신학을 참조하는 대신, 은사주의 및 신사도주의를 참조하거나 동경하거나 추구하는 현상들이 많이 나타나기 때문이다. 은사주의 및 신사도주의가 무엇인지를 제대로 알고 스스로가 판단하여 따르는 것이라면 모르겠지만 은사주의 및 신사도주의가 신비신학이나 마찬가지의 것이라고 막연히 생각하여 따르는 것이라면 이는 분명 문제가 있는 것이다. 그런 의미에서 신비신학과 은사주의 및 신사도주의에 대해 복음주의는 심사숙고해야 해야 할 것이다. 이를 위해 먼저, 신비신학에 대해서 살펴보고 이어서 신사도주의를 살펴보고자 한다.

신비신학을 살펴봄에 있어서, 수많은 인물들이 있기에, 주요인물 몇명을 한정하여 살펴보고자 한다. 신비신학의 시초라 할 수 있는 오리겐으로부터 시작하여 신비신학의 실재적 시작인 위 디오니시우스, 그리고, 중세에 이르러 신비신학을 집대성한 몇 인물들을 살펴볼 것이다. 개신교 신비주의 공동체 중 하나인 퀘이커 신앙에 대해서도 이어 살펴볼 것이다. 존 윔버가 퀘이커 출신인 것을 감안할 때, 신비신학과 신사도주의를 비교 연구하는데 있어서 퀘이커 신앙을 살펴보는 것은 의미가 있다고 본다.

1) 오리겐

신비신학의 시작은 알렉산드리아의 신학자 오리겐(Origen of Alexandria, 185-254)으로부터 봐야할 것이다. 물론, 신비라는 말은 그의 스승인 클레멘트가 먼저 썼지만 이를 집대성하고 정립한 인물은 오리겐이라 하겠다.[173] 기독교인 뿐 아니라, 믿지 않는 자들까지도 존경했던 위대한 인물이었다.[174] 알렉산드리아에서 태어나 그곳에서 사역을 시작하였고 나중에는 팔레스타인에 있는 가이샤라에서 사역하다 옥에 갇히었고 결국 옥고로 죽음을 맞이하였다. 그는 조직신학과 성경해석 등에서 엄청난 공헌을 하였지만, 많은 상상력으로 인해서 영혼선재설, 사탄도 마지막에는 구원을 받는다는 등의 이야기를 해서 이단으로 정죄받기도 하였다.[175] 그는 영성에 있어서도 많은 공헌을 하였는데, 역사상 처음으로 하나님과 하나 되는 것, 하나님을 향해 영적으로 나아가는 것에 대해 3가지 단계로 정립하였다. 그는 아가서 주석에서 이를 설명하였는데, 표로 정리하면 다음과 같다.

리차드 포스터가 정리한 오리겐의 질서[176]

단계	질서	성경	판단 원리	목표	삶의 모습
3	영	아가서	아파테이아(삼위일체)	연합	관상
2	혼	전도서	자연 과학	조명	행동, 관상
1	육	잠언	윤리학	정화	행동

잠언은 윤리를 가르치고, 전도서는 사물을 바르게 이해하도록 가르치고, 아가서는 하나님과 사랑으로 교제하는 것을 가르친다고 말하며, 첫 단계는 덕을 배우고 둘째 단계는 자연 사물을 바르게 이해하고 셋째 단계는 하나님을 관상함으로 상승하는 단계라 설명한다.[177] 인간은 행동을 정화하여 덕을 배우고, 자연사물을 올바르게 분별한 후, 하나님과 교제하고 하나님을 관상할 수 있다는 것이다.[178] 오리겐은 3단계로 하나님과 연합하는 길을 설명하였지만, 아직, 하나님과의 연합의 길인 정화, 조명, 연합이라는 명칭을 만들어내지는 않았다.

그가 이를 설명하며 강조한 것 두 가지는 다음과 같다. 첫째, 하나님과 연합하면 삶은 순수한 사랑과 행동하는 자비의 삶을 살게 된다고 말한다.[179] 즉, 신비적인 연합은 삶으로 연결된다고 주장하는 것이다. 둘째, 교회 공동체를 강조한다.[180] 그 시대 지배적인 개인주의를 배격하고 있는 것이다. 다시 말해서, 교회와 바른 연결을 가지고 있을 때 하나님과도 바른 연합을 이룰 수 있다고 보는 것이다.

2) 위(僞) 디오니시우스

위 디오니시우스(Dionysius, the Pseudo-Areopagite, 500즈음), 그가 누구인지 정확하게 밝혀지지는 않았지만 4권의 책을 썼는데 특히 '신비신학'이라는 책을 쓰면서 신비신학이라는 용어를 처음 사용하고 신비신학을 실제로 시작하게 만든 인물로 평가되고 있다.[181] 하나님과 연합하는 길인 정화, 조명, 합일(일치, 완전)이라는 단어와 질서를 정립한 인물이 바로 그다.

그는 갑바도기아의 3대 교부중 하나였던 닛사의 그레고리(Gregory of Nyssa, 335-395)에 이어서 부정의 신학(apophaticism)을 펼쳤다.[182] 하나님을 묵상하는 데에 있어서는 긍정으로 말하는 것이 하나님을 제안할 뿐 차라리 부정으로 말하는 것이 낫다고 하였다. 그래서, 인간지성으로는 하나님을 알 수 없기에 인간지성을 버리고 또한 상상하는 방법을 버리고 주님 안에 침묵할 것을 권면한다. 오직 부정하고 금욕하는 것만이 하나님과 진정한 합일을 이룰 수 있다고 하였다.

그는 하나님과 연합하는 과정을 공동체적인 차원으로 설명하였다.[183] 정화의 단계는 도덕적 연마를 통해 욕구를 통제하는 단계이다. 이것은 신앙의 마지막이 아니고 처음인 것이다. 이런 노력은 혼자 하는 것이 아니라, 사제 밑에 부제가 인도하고 그리스도인이 되겠다고 공포하고 나서 2년의 시간 동안 연마하게 된다. 단지 예비신자인 것이다. 이들은 세례를 목표로 달려가는 것이다. 조명의 단계는 사제가 인도하고 세례를 받은 후 교회의 일원으로써 세례 신자가 되고 성찬을 받을 수 있게 된다. 연합의 단계는 주교가 인도하며 세례 신자들 중 수사들에게만 허락된다. 아무나 연합의 단계를 경험할 수 있는 것이 아니다. 이처럼, 공동체적이고 교회 중심적 연합을 그는 말하였다. 그리고, 위계와 질서를 강조하였다.

3) 노리치의 줄리안

중세시대 신비주의는 두 갈래로 나뉜다, 감정적(신부-신비주의), 지성적 철학적 신비주의로 나뉘는 것이다.[184] 물론, 이 둘을 합친 인물도 있다. 그 중 한 명이며 그 시대의 중심인물이 바로 노리치의 줄리안(Julian of Norwich, 1353-1416)이다. 그녀는 이름을 알린 여성 영성가의 시초라 할 수 있다. 그녀는 혼란스러운 중세 영국의 시대 속에서 16가지 환상의 경험을 토대로 영성적 삶을 추구하였다. 16가지 환상을 해석하고 재고함에 있어서 영적 상상을 활용하였다. 이는 그가 처음 만들어낸 개념이다. 그녀는 중세 은둔자로써 하나님과 하나 되는 독거의 개인 기도의 삶과 함께 세상 속에서 영혼들을 돕고 세우는 일을 하였다. 그녀는 모든 것이 잘될 것이라는 고백과 함께 하나님의 사랑에 대한 확신 그리고 종말에 대한 희망을 가진 영성가였다.

4) 이냐시오 로욜라

중세 이후 사실상 신비신학을 세운 인물은 세 명이다. 이냐시오 로욜라, 아빌라의 테레사, 그리고 십자가 요한이다. 그 첫 번째 인물 이냐시오 로욜라 (Ignatius of Loyola, 1491-1556)는 예수회를 세우고 '영신 수련'외 많은 영성적 작품을 남긴 영성에 있어서 대가이다.[185] 그는 '영신 수련' 책을 통해서 30일간의 상상과 묵상 훈련으로 예수님의 성품을 닮아가는 영성 훈련을 제시해주었다. 그는 믿음의 사람을 3단계로 구별하였다. 그 3단계는 말년에 믿는 사람, 영적으로는 믿되 삶은 그대로인 사람, 예수 그리스도처럼 살고 반응하는 사람이다. 그는 영성 훈련을 통해서 예수님처럼 살고 반응하는 자가 되도록 권면하고 있다. '영신 수련'에 기록되어 있는 영성 훈련을 정리하면 다음과 같다.

이냐시오 로욜라의 '영신 수련'에 나와 있는 30일 영성훈련 정리[186]

1주,

도덕 개혁, 정화의 단계로써, 죄의 파괴성을 인식하고 죄에 대해서 자신을 성찰한다.

2주,

하나님과 함께 함, 조명의 단계로써, 상상의 역할과 의미를 파악한다. 무엇을 상상하는가? 예수 그리스도의 생애를 상상한다. 예수님을 진정으로 상상하게 되면 세상에 대한 애착으로부터 우리를 자유롭게 만든다.

3주,

그리스도와 동일화함, 연합의 단계로써, 예수 그리스도의 생애 중 수난에 대해서 성찰하는 주간이다. 물론, 성경 말씀을 토대로 상상하고 관상한다. 중요한 것은 상상과 관상 자체가 목적이 아니라, 이를 통해서 예수 그리스도도 처럼 사는 것, 사랑을 실천하는 것이 목표가 된다는 것이다.

4주,

그리스도와 온전히 동리화되고 세상에 참여함, 역시 연합의 단계로서, 예수님의 무덤을 상상한다. 주님과 온전히 하나된 것을 축하하고, 마리아처럼 이제 세상을 향해 나아가는 책임과 역할을 기뻐하며 다시 세상으로 나아간다.

그는 30일을 4주로 나누어서 4단계로 하나님과 하나 되는 길을 정리하였다. 이를 설명하며 하나님과 함께 하는 삶은 세상에서의 우리의 삶과 동떨어지지 않는다고 역설한다. 즉, 기도와 섬김의 균형을 가르치고 있는 것이다. 그래서, 그는 진리에 이르는 7단계와 함께 공익을 위한 7단계를 함께 이야기해주고 있다.[187]

5) 아빌라의 테레사

아빌라의 테레사(Teresa of Avila, 1515-1582)는 탁발 수도회인 갈멜 수도회 안에 맨발의 여성 수도회를 세우고 이끈 인물이다.[188] 그녀는 '성 테레사의 삶', '완덕의 길', '내면의 성' 3권의 책을 썼는데, 특히, '내면의 성'에서 위 디오니시우스의 3단계를 발전시켜서 성안에 7개의 방으로 영적 여정을 설명하였다. 필자의 판단으로 보건데 아빌라의 테라사는 여성 영성가들 중에서 가장 뛰어난 인물이 아닌가 싶다. 그리고, 그녀의 정리와 설명이야말로 신비신학의 정수와 같다고 말할 수 있다. 그녀가 '내면의 성'을 통해서 설명하고 있는 내용을 정리하면 다음의 표와 같다.[189]

아빌라 테레사의 7단계 영성 정리

성안에 7개의 방		설명
1방	가끔 기도	주님께 돌아왔으나 여전히 세상일로 바쁘고 세상 유혹에도 잘 넘어간다. 가끔 주님을 만나는 정도의 수준으로 기도를 한다. 주님께 전적으로 삶을 맡기는 것이 필요하다.
2방	묵상기도1 (추리기도)	오감과 생각을 동원하여 주님을 묵상한다. 외부적 도움(설교, 대화, 영성 훈련 등)을 통해 계속적으로 주님께 나아가는 것도 중요하다.
3방	묵상기도2 (정감기도) 거둠기도 (집중기도)	묵상기도의 맛을 알아서 추리에서 멈추지 않고 추리에 따른 감동이 이어진다. 이를 정감경험이라 한다. 경외심과 사랑 등을 경험한다. 그리고, 세상을 향한 마음을 거두고 하나님께만 집중하는 집중기도를 드린다. 이런 집중 기도는 겸손을 배우게 함으로 사람들에게 겸손함으로 대하는 자가 되게 한다. 여기까지가 정화의 단계이다.
4방	고요의 기도 (수동의 거둠기도) (관상기도의 입구)	조명의 단계로써, 하나님의 사랑에 의지가 사로 잡혀 세상을 향해 닫게 되고 하나님을 향하여만 열리게 된다. 하나님의 은혜가 강물처럼 부어지는 느낌을 받고 생각이나 추리는 이제 필요 없게 된다. 그저 주님 앞에 머물고 있다는 정도만 인식하면 충분하다.
5방	일치의 기도 (관상기도의 시작)	영적 맞선, 이제 연합의 단계로써 본격적으로 시작되는 관상기도 속에 세상에 대해 죽는 자아 부정을 경험하고 성령의 다스림을 받는다. 하나님과의 연합을 통한 만족을 갈망하게 된다. 그러나, 하나님과 멀어질 수 있다.
6방	황홀한 일치의 기도 (관상기도)	영적 약혼, 생각, 감각, 의지 모두 하나님의 사랑에 사로잡히게 된다. 나에게 직접 이야기하시는 주님의 내적 음성을 듣게 된다. 주님의 음성과 어둠의 음성 또는 내 음성과 어떻게 구분되는가? (주님의 음성은 평안과 확신과 즐거움을 동반한다. 위로와 회복이라는 결과를 낳는다. 갈수록 갈망이 강력하여 진다. 새로운 통찰력과 비전이 임한다. 진정한 겸손을 가지게 되고 주님의 위엄을 느끼고 압도된다. 신뢰할만한 자들로부터 확인받는다.) 그 외의 다양한 신비적 체험을 경험한다. 환상을 보고 황홀경을 경험하고, 비상을 경험한다.
7방	변형적 일치의 기도 (관상 기도)	영적 결혼, 이 단계로 들어가기 전 엄청난 고통을 경험하게 된다. 고난으로 정화 되는 것이다. 이제는 주님과 떨어지지 않는다. 자신을 완전히 잊고 (물론 죄를 지을 수 있다) 하나님의 영광만을 구하며 하나님의 뜻이 내 뜻이 된다. 온전한 일치를 이루는 것이다. 다른 영혼을 구원하기위한 열정으로 불타오른다. 관상기도는 사도적 열정으로 마무리 된다.

테라사 본인도 7번째 방의 체험은 일생에 단 한번 4시간만 경험했다고 말하고 있고 인생의 말년에 가서야 겨우 경험할 수 있는 수준이라 설명한다.[190] 그러나, 이 모든 것은 믿는 자와 별개의 것이 아니고 영적 관상의 훈련과 행동의 삶의 훈련을 균형 있게 끈기를 가지고 지속하면 누구나 누릴 수 있다고 이야기하며 하나님과 하나 되는 삶을 추구하라고 권면한다. 그는 누구보다도 하나님과의 연합을 아름답고 심지어 리차드 포스터의 표현대로 에로틱하게 저술하였다. 하나님과의 연합이 바로 최고의 기쁨이고 절대 포기할 수 없는 믿는 자의 길임을 이야기하고 있는 것이 되겠다.

6) 십자가의 요한

십자가의 요한(Saint John of the Cross, 1542-1591) 역시 갈멜 수도회 출신이다. 그는 신비 신학을 총 집대성한 것으로 평가 받는다. 그래서, 사실상 그의 설명은 어렵다. 그는 '갈멜의 산길', '어둠의 밤' 책을 통해서 정화와 조명의 길을 다루었고, '영혼의 노래', '사랑의 산 불꽃' 책을 통해서 조명과 연합의 길을 다루었다.[191] 그는 정화 조명 연합 대신에 초보자 진보자 완성자의 단계를 거치면서 하나님과 연합한다고 설명한다. 그리고, 그 사이사이에 어둠의 밤을 통과해야 한다고 설명한다. 초보자와 진보자 사이에 감각의 밤으로써 능동의 감각의 밤과 수동의 감각의 밤을 통과해야 하고, 진보자와 완전자 사이에 영의 밤으로써 능동의 영의 밤과 수동의 영의 밤을 통과해야 한다고 설명한다.

회심 후 초보자가 되면 하나님께서 사랑으로 보살피시고 성장하게 하신다. 능동의 감각의 밤에서는 기도와 묵상을 통해서 자신의 악덕을 제거하고 욕망을 벗는 작업을 해야 한다. 그리고 주님을 본받고자 하는 갈망으로 가득차야 한다. 감각의 수동의 밤에서는 무언가 하고 싶지 않고 무기력할 때 그저 주님을 신뢰함으로 주님을 묵상하고 기도함으로 나아가는 것이 필요하다. 주님은 은혜를 베푸사 평화를 누리게 하시고 하나님을 향한 경외가 다시 불타고 영혼이 다시 정결하여 지고 덕의 실천이 다시 가능해지게 하신다고 말한다.

진보자의 길은 관상의 길이다. 영의 능동의 밤을 지날 때, 믿음으로 이성의 지식을 버리고 주를 향한 신뢰와 믿음만을 가져야 한다. 소망으로 기억을 지우고 하나님만을 소망해야 한다. 사랑으로 육적인 욕망과 욕심을 제거하고 오직 하나님만을 갈망하고 바라봐야 한다. 영의 수동의 밤을 지날 때, 비운다고 비웠는데 뭔가 영적이고 환상적인 것을 보기 원하고 경험하고자 하는 마음이 있다면 그것마저도 다 없어지도록 주님께서 영혼 안으로 스며들어 오셔서 역사하신다. 이는 큰 고통을 동반한다. 그저 주님을 신뢰함으로 이 밤을 견디어 나가야 한다.

이렇게 지나고 나면, 완전자의 연합의 길이다. 온전히 주님을 닮아 변화한 것이다. 그는 영구적인 완전한 변화는 이 땅에서 불가능하고 일시적인 연합만이 가능하다고 본다. 또한, 그는 영적 약혼과 영적 결혼이라는 단어로 이를 설명한다. 영적 약혼은 그분의 선물과 사랑을 받음으로 온전하여지는 단계이고 영적 결혼은 모든 것인 온전히 변화고 나의 모든 소유가 주님의 것이 되는 것을 말한다고 설명한다. 이런 자는 어떤 상황에서도 고요와 평안을 누리는 자이다. 완전자도 죄를 지을 수 있다. 그러나, 죄에 빠지지 않는다고 설명한다.

7) 퀘이커 신앙

존 웜버의 초기 신앙의 뿌리가 되는 퀘이커 신앙은 기독교 신비주의로써 조지 폭스(George Fox, 1624-1691)에 의해서 1652년 영국 서북지방에서 시작되었다.[192] 퀘이커(Quaker)라고 불리는 이들은 스스로를 친우회(The Society of Friends)라고 부른다. 로버트 바클레이(Robert Barclay, 1648-1690)와 조지 폭스가 이 조직을 이끌었다. 이들은 스스로 깨달은 바를 '진리'라고 불렀다. 퀘이커란 말은 '진리를 믿는다고 스스로 내놓고 말하는 사람'이라는 뜻이다. 퀘이커는 스스로를 개신교의 한 분파로 분류되는 것보다 가톨릭과 개신교 그리고 제 3의 기독교 즉, 기독교 신비주의로 분류되길 원하고 있고, 사실상, 신학적으로 그렇게 분류되고 있다. 전통을 붙잡고 있는 것이 가톨릭이고 성경을 붙잡고 있는 것이 개신교이고 이성을 붙잡고 있는 것이 자유주의(또는 소치니파)라면 자신들은 성령을 붙잡고 있다고 말한다. 사실, 전통이나 성경, 이성도 결국에는 성령님께 귀결되게 되어 있다고 설명한다.

이들은 개신교를 향해, 가톨릭에서 나올 때는 그들의 신앙을 옭아맸던 제도와 형식을 벗어버리고 순전하게 성령님께 의존하겠노라고 하고서는 겁에 질려 다시 권력에 사로잡혀 형식과 제도를 붙잡았다고 비판한다. 그래서, 진정한 종교개혁 그리고 진정한 청교도로 남아 있는 것은 퀘이커 자신들이라고 주장한다.

퀘이커는 기독교 신비주의는 제도와 형식으로 인하여 기독교가 잘못되어갈 때 늘 순전한 신앙과 영적 체험의 신앙으로 돌아가도록 일깨우는 역할을 했던 것이라 말하며 기독교 신비주의의 중요성을 언급한다.

이들은 개신교의 경우 성령의 역할은 성경을 읽고 이를 이해하도록 돕는 역할로 한정지어 놨는데 퀘이커는 성령의 도우심으로 하나님을 직접 폭넓게 경험하고 체험한다고 말한다. 이 점에서 개신교와의 차이점을 확실히하고 있는 것이다. 개신교가 성경의 권위위에 서 있다면 이들은 성령의 권위위에 서 있는 것이다.

"다른 말로 하면 성경의 기록자들은 그 증거를 자기 몸에
지니고 있었습니다. 우리도 같은 체험을 할 수 있는데
세상의 빛이신 그리스도 자신을 우리도 체험할 수 있는데
왜 우리는 그들에게 의지해야 한단 말입니까?
우리 가슴속을 비추시는 이는 그이입니다.
프로테스탄트들은 교회의 권위를 물리쳤습니다. 그 대신
종교적 진리의 근원으로 성경의 권위를 내세웠습니다.
하나님이 직접 말씀을 해주시던 예언자, 사도의 시대는
이제 다 지나가버렸다고 그들은 믿었습니다. 종교적 예배는
오랜 옛날에 하나님이 말씀해주신 것을 듣는 일과 영감으로
쓰인 말씀들을 해석하는 일이었습니다. 프로테스탄트의
설교자는 성경의 진리를 믿고 그 명령에 복종하라고 회중을
권면했습니다. 예배는 결국 교육이었습니다.

말하자면 하나님의 인간 구원의 계획을 강의하는 하나의 종교적인 학교였습니다. 그 계획을 믿음으로 받아들이기만 하면 구원은 따라오는 것이라고 보증했습니다.

퀘이커들은 그렇게 생각하지 않았습니다. 그들은 믿음대로 한다면 성경을 낳게 한 하나님의 성령은 지금도 인간의 가슴속에서 일하고 계십니다. 그가 몇 세기 전에 하신 말씀을 듣는 것보다 지금 직접 말씀하고 계신 것이 더 중요합니다. 예배는 그의 음성을 듣고 그의 능력을 깨닫기 위해 그를 우러르는 일입니다....(중략) 퀘이커의 예배는 예배 전에 미리 형식을 정하는 것을 물리침으로써 형식이 영을 대신하게 되는 폐단을 막았고, 고요한 가운데 기다림으로써 성령이 어떤 형식으로든 원하는 대로 나타날 수 있는 기회를 마련하도록 되어 있습니다."193

퀘이커가 역사적으로 그리고 현존하는 기독교 신비주의와 다른 점은 단체 신비주의라는 점이다. 함께 서로의 보호 속에서 영적 체험을 추구하는 것이 바로 퀘이커인 것이다. 그런 의미에서 퀘이커 신앙은 공동의 예배가 중요하다.194 퀘이커 교회의 예배는 정해진 순서나 인도자가 없다. 그들은 전통적으로 고요한 가운데 성령의 임재를 기다리며 성령의 인도하심에 따라 반응한다. 존 웜버는 바로 이런 퀘이커 예배의 영향으로 늘 하나님과의 진정한 영적 교제를 갈망하였다고 볼 수 있다.

2. 신비신학과 신사도주의 비교 고찰

브래들리 홀트는 그의 저서 기독교 영성사에서 영성이라는 말은 18-19세기 와서는 신비신학(Mystical Theology)과 수덕신학(Ascetical Theology)이 구분되어 있었다고 설명한다.[195] 그러다가 20세기 들어와서 이 둘이 합쳐져 영성신학이 되었다는 것이다. 신비 신학은 신비가들의 가르침을 다룬 것이며, 수덕 신학은 일상적인 기독교인의 영성 훈련에 대한 것이라 설명한다.

가톨릭에서는 역사적으로 수도회 수사들이 평신도들보다 뛰어난 영성을 가지고 있으며 신비적으로 하나님을 체험하고 완전한 삶을 추구하는 자들로 구별된다. 그리고, 그들을 닮고 싶다는 신앙적 열망이 평신도들에게 있다.

개신교에서 기도는 방법적으로 보통 통성 기도와 묵상 기도로 나뉜다.[196] 통성 기도는 소리를 내어서 기도하는 것이고 묵상 기도는 소리를 내지 않고 기도하는 것이다. 그러나, 가톨릭에서 기도는 방법적으로 구송 기도와 마음의 기도로 나뉜다. 구송 기도는 기도문을 외우며 기도하는 것이고, 마음의 기도는 기도문과 상관없이 기도하는 것이다. 즉, 소리의 유무가 아닌 기도문으로 구분된다. 마음의 기도는 다시 묵상 기도와 관상 기도로 나뉘는데, 묵상기도는 생각을 동원하여 기도하는 것이고, 관상기도는 주님께 사로잡혀서 합일을 추구하며 기도하는 것이다.

가톨릭 영성 안에는 신비적인 주님과의 하나 됨을 추구하는 신비적인 영성이 존재한다. 그리고, 그것을 추구함이 높이 평가된다. 그들에게는 신비적인 영성을 소유하고 있는 것이 수준이 높은 신앙인 것이다. 그래서, 신비신학과 수덕신학, 즉, 영성신학이 발전되어 있다. 그런데, 개신교의 경우는 자신의 끊임없는 노력으로 주님과의 합일을 추구하는 신비적 영성이 은혜로 구원을 받는 개신교 믿음과 상치되는 부분이 없지 않기에 조심스러운 상황이며 개신교에 등장했던 신비주의들은 이단적이고 사이비적인 것들이 많아서 무분별한 신비주의를 배격하는 입장이라 하겠다.

2003년 6월에 있었던 대한 예수교 장로회(통합) 총회 '이단 사이비 대책 위원회' 세미나중 정행업 교수는 신비주의와 이단의 내용을 정리하였다.[197] 정행업 교수는 먼저 무분별한 신비주의를 비판하였다. 그리스도와 성경 없이 무분별하게 합일을 추구하는 잘못된 사상이라고 하였다. 중간 매개 역할을 하는 자들도 없고 윤리, 도덕에서도 잘못되어 있다는 것이다.

그러나, 그렇게 이야기하고 나서 중요한 주장을 하는데, 개신교 신비주의가 정립되어야 한다고 하였다. 성경과 교리와 신학을 토대로 바람직한 한국인의 영성과 신비주의를 계발하여야 한다고 말하였다. 사이비적이지 않고, 근본주의나 형식주의처럼 화석화되지 않은 건전한 기독교적 신비주의를 세워나가야 한다는 것이다. 정해업 교수의 이런 주장에 필자도 동의하는 바이다. 너무나 무분별한 은사주의적 신앙이 판치는 교회 현실에서 건전한 신비신학에 근거한 성령 중심의 체험적 신앙이 바로 서길 진심으로 바라고 기도한다.

서울장신대 교수인 송인설은 그 대안으로 교부들의 신비신앙을 제시해 주고 있다.[198] 교부로부터 등장한 하나님과 연합의 길인 정화, 조명, 연합의 3단계를 건전한 신비신학의 대안으로 제시하고 있는 것이다. 그런데, 이신칭의를 강조하는 많은 개신교에서는 특히, 보수적 신앙일수록 기본적으로 가톨릭과 직접적 연관이 있는 무언가를 참조하는 것을 별로 좋아하질 않는다. 그리고, 신비신학의 정화, 조명, 연합의 3단계의 길에 별로 동의하지 않는다. 왜냐하면, 정화, 조명, 연합의 3단계가 그 순서에 있어서 이신칭의의 개신교 신앙 입장에서는 연합, 조명, 정화가 맞는 것이 아닌가 생각하기 때문이다.[199] 그리스도의 은혜로 구원을 받아 주님과 연합됨으로 출발하여 성령의 조명으로 살고 정화 즉, 성화의 삶을 살아가는 것이 개신교 구원론의 논리상 더 맞는다는 것이다.

이는 개신교의 신앙과 영성이 어떻게 출발하였는지 살펴보면 이해가 가는 부분이다. 루터는 그 이전의 가톨릭 영성가들과 달리 성경 중심의 성령 사역을 강조하였다.[200] 루터는 인간의 노력에 의해 주님을 닮아가는 영성 훈련에 대해 회의적이었다. 반대로 자신의 연약함을 인정하고 주님을 전적으로 의지하고 믿음으로 성령의 도우심을 받는 것이 주님을 닮아감에 진정한 방법이라 하였다. 성경 말씀을 가까이하면서 아무것도 할 수 없다는 의식 속에서 그저 성령의 다스림에 내 삶을 맡길 때 성령이 역사하심으로 내 삶에 변화가 일어난다고 보았다. 그래서, 말씀 없는 성령 중심 신앙이 아닌 말씀과 함께 하는 성령 중심의 신앙을 추구하였다. 성경 말씀을 붙들되 진정한 깨달음은 성령님을 통해서만 주어질 수 있다고 보았다. 그러므로, 루터는 직접적으로 이야기하지는 않았지만, 그의 논리를 종합해 보면, 믿는 자의 삶은 주님의 은혜로 구원을 받아 말씀과 성령의 조명가운데 그리고, 주님의 주권적인 인도하심아래 성화해가는 삶이 신자의 삶이라 이야기하고 있는 것이다.

칼빈은 신자의 시작을 신일 합일로 보았다.[201] 신일 합일에서 시작하여 주안에서 주님과 함께 살아가며 주님을 닮아가는 것이다. 주권이 주님께 있는 것이다. 그의 이런 주장 역시 가톨릭에서 자신의 노력을 통해 신일 합일을 이루는 것과는 극명히 대조 되는 것이다. 바로 이런 개신교 신학으로 인하여 가톨릭의 정화 조명 연합의 신비신학의 3단계를 별로 기뻐하지 않는다.

그러나, 송일설 교수는 위와 같이 개신교 신앙 및 영성과 신비신학이 대치되는 것의 해결책으로 신비신학의 정화, 조명, 연합이 구원과 중생에서부터 성화와 영화까지를 설명하는 것이 아니고, 개신교 구원의 서정에서 성화를 자세히 풀어 설명한 것으로 본다면 문제가 없다고 설명한다.[202] 즉, 정화 조명 연합은 구원으로부터 시작되는 그리스도인의 전 삶을 설명하고 있지 않다는 것이다. 그러므로, 송인설 교수는 개신교 성도들은 성화의 삶을 위해 신비신학의 정화, 조명, 연합의 3단계의 길을 참조할 수 있다고 주장하고 있는 것이다.[203]

어찌되었든 개신교에서 가톨릭의 신비신학을 참조하는 경우도 흔하지는 않지만 참조한다하더라도 위의 언급한 이유들로 인하여 극히 일부에서 그리고, 한정적으로 참조하고 있는 것이 사실이다. 사실, 가톨릭뿐 아니라, 개신교 신비주의 신앙 공동체라고 할 수 있는 떼제 공동체나 퀘이커 신앙 공동체에게서 신비신학을 참조하는 경우도 그렇게 많지 않다.

오히려, 필자가 발견하는 것은 많은 개신교 교회 성도들이 신비주의적 신앙을 참조하는 데에 있어서 신사도주의 공동체들로 몰려가고 있다. 하나님과 일치를 추구하는 신앙 즉, 하나님의 음성을 들으며 하나님과 연합하여 동행하는 삶에 있어서 많은 경우, 아이합(IHOP)과 같은 신사도주의에서 배우고 있는 것이 현실이다.

필자는 위에서 한 예를 들며 설명하였지만, 만약, 체험적 신앙을 추구하고자 하고 하나님과의 연합을 추구하고자 한다면, 송인설 교수의 주장에 동의하면서, 역사적인 깊은 뿌리를 가지고 있는 교부들의 신비신학이나 개신교 신비주의 공동체들에게서 신비신학을 배우는 것이 더 바람직하지 않을까 라고 생각한다. 앞으로 살펴보겠지만, 신비주의와 신사도주의는 다르다.

개신교에 많은 영향을 현재 미치고 있는 것이 사실이지만, 그리고, 분명 긍정적인 영향도 있는 것이 사실이지만, 신사도주의는 성령 중심의 신앙지류인 성결신앙이나 오순절 신앙과도 구별되어 별도로 독립적으로 존재한다. 그리고, 현재 그 신학적 논란들로 인하여 복음주의에 포함되지 않고 있다. 빈야드 교회 존 윔버 목사가 퀘이커 교회 출신으로 인하여 신사도주의는 영성신학적인 부분을 분명히 가지고 있다. 그러나, 영성신학하고 똑 같다고는 볼 수 없다. 신사도주의는 영성신학적 특징뿐 아니라, 예언과 관련한 은사적 특징과 신사도적 신학적 특징을 함께 가지고 있다. 아니, 신사도적 특징이 가장 끄게 신사도주의를 이끌고 있다. 그러므로, 신사도주의는 영성신학 및 신비신학과 다르다고 말할 수 있겠다. 신사도주의를 통해서 신비신학적인 부분을 접할 경우 전통적인 신비신학과는 다르게 신사도적인 신비신학을 접하게 되는 것이다. 이 부분을 반드시 고려할 필요가 있는 것이다.

그러므로, 복음주의가 신비신학 또는 성령중심의 체험적 신앙을 추구하고자 할 때에 신사도주의보다는 영성신학을 참조해야 한다는 것이 필자의 주장이다. 어떤 신앙인이 자신 스스로 옳다는 결정아래 신사도주의를 추구하고자 한다면 그것은 필자가 관여할 문제가 아닌 것 같다. 그러나, 신사도주의가 무엇인지 잘 모른 체 그것이 신비신학인줄 알고 추구하는 것은 아니라본다.

  신사도주의에 대한 필자의 판단이 완벽하다고 이야기하고 싶지는 않다. 그러나, 복음주의 입장에서 필자만큼 신사도주의를 알고 대처하고 고민한 사람도 드물지 않나 싶다. 경배와 찬양을 접목하는 데에 있어서 신사도주의에서라도 배울 부분이 있으면 배우려고 했고, 혼란을 야기하는 부분이라면 거부하거나 조절하여 혼란을 막고자 부단히 노력하였다. 복음주의 예배자들이 혼란 없이 주님을 제대로 체험하는 경배와 찬양을 드리도록 돕고자 하는 것이 필자의 마음이다. 그런 마음에서 필자가 이 시대의 예배자들에게 조언을 할 수 있다면 이렇게 말하고 싶다. 체험적 신앙과 하나님과의 연합을 추구하는 신비적 신앙을 사모한다면 신사도주의보다는 전통적인 신비신학을 참조하라. 신사도주의를 정말 참조하고자 한다면, 기본적으로 필자의 설명을 듣고 정말 지혜를 가지고 조심스럽게 참조하라. 그리고, 교회적 동의 아래서 참조하라.

  다음세대로 갈수록 그리고 제 3세대로 갈수록 은사주의 및 신사도주의에 대한 영향은 점점 커지고 있다. 우리 자녀들이 혼란을 겪지 않고 바른 신앙을 추구하도록 도움을 주고자 한다면 어른 세대들이 은사주의 및 신사도주의가 무엇인지를 잘 알아야 한다. 이제 신사도주의에 대해서 살펴보려고 한다. 아무쪼록 신사도주의를 잘 파악하여 바른 복음주의적인 신앙을 추구하길 진심으로 바란다.

26장

신사도주의 신앙관련 역사와 내용

1. 은사주의 개념 정립

은사주의와 관련한 개념 정립은 중요한 부분이기에 앞에서도 개념정립을 시도했지만 여기서 다시 정리하고 이야기를 계속 전개해 나가고자 한다. 기독교 영성사전을 보면, 은사주의를 정의하길 1900년대 있었던 고전적 오순절 운동과 구분되는 개신교 내에 등장한 오순절적인 신앙들이라고 정의한다.204 그리고, 개신교 안에 이런 은사주의가 형성되고 확장된 이유로, 디모스 사카리언(Demos Shakarian)이 세운 순복음 실업인 연합회와 미디어를 풍부하게 활용한 방송 설교와 집회 등이라 설명한다. 그런데, 은사주의를 이렇게만 정의하고 말면 많은 부분을 놓치는 것이 된다. 왜냐하면, 피터와그너의 설명처럼 지금은 은사주의가 사실상 두 가지 부류라 할 수 있기 때문이다. 하나는 지금 이야기한 개신교 안에서 오순절 신앙을 소유하고 있는 부류이고, 또 하나는 이런 은사주의에서 독립하여 개신교에서 나와 신사도주의라는 흐름 안에서 하나를 이룬 부류다.205

1960년대, 오순절적 신앙이 여타 개신교에 등장하기 시작하였는데, 이런 흐름을 은사주의 갱신 운동이라 말한다. 그리고, 오순절 신앙을 제외한 개신교들에 등장한 오순절 신앙을 은사주의 신앙이라 말한다. 오순절 신앙이 기존의 개신교 안에 접목된 것을 오순절 신앙이라고 하지 않고 은사주의 신앙이라고 말하는 것은 전통적인 오순절 신앙과 차이가 있기 때문이다. 대표적인 차이가 전통 오순절 신앙이 방언 중심의 신앙이라면 은사주의 신앙은 방언을 인정하되 방언만을 크게 주장하지 않고 다양한 은사들을 모두 강조한다. 어찌되었든, 전통 오순절 신앙인들과 은사주의 신앙인들은 같은 신앙적 뿌리로 인하여 교류도 많았고 같이 모이기도 하였다. 그리고, 은사주의 신앙인들이 선배겪인 전통 오순절 신앙인들에게서 영향을 받았다. 이들의 지도자들이 함께 모이는 모임의 절정은 1977년 캔사스 시티에서 모인 은사주의 갱신 운동모임이 되겠다.206

그런데, 이들 모임의 인물 중에서 빈야드의 존 윔버와 캔사스 시티 예언자들이 예언을 중심으로 신앙을 펼치면서 기존의 은사주의 신앙과 구별되기 시작하였다. 그리고, 은사주의와는 또 다른 성령중심의 신앙을 펼쳐나가기 시작하였다. 즉, 전통 오순절 신앙에서 은사주의가 나왔고, 은사주의에서 신사도주의가 나왔다. 그런 이유로, 피터 와그너는 이를 제 3의 물결이라 하여 구분한다.207 이런 흐름의 교회들은 은사주의에서 벗어나 개신교에서 독립하여 독립 은사주의 교회들을 형성하였다. 그리고, 피터 와그너에 의해 신사도주의로 집대성되어 인도되고 있다.

그런데, 이 신사도주의는 개신교내의 기존 은사주의에 영향을 미쳤다. 신학적으로는 구분되었지만, 이들은 자주 교류하고 연합을 하기 때문이었다.[208] 그래서, 은사주의 중에 신사도주의에 영향을 받아 신사도주의가 된 은사주의들이 나타나기 시작했다. 결국, 개신교내의 은사주의는 신학적으로 현재 둘로 구분된다고 볼 수 있다. 하나는 기존의 개신교 은사주의이고 또 하나는 신사도주의에 영향을 받은 신사도적 은사주의인 것이다. 그리고, 필자는 복음주의와 관련하여서도 은사적 복음주의와 신사도적 복음주의로 구분한 바 있다. 다시 말해, 전통 오순절 신앙에 영향을 받은 여타 개신교내의 오순절 신앙은 은사주의이고, 복음주의를 지향한다면 은사적 복음주의이다. 또한, 신사도주의에 영향을 받은 개신교내의 신사도주의는 신사도적 은사주의가 되고, 복음주의를 지향한다면 신사도적 복음주의가 된다.

필자는 앞서서 신사도적 은사주의 자들이 복음주의일 수 있겠는가라고 질문을 던진바 있다. 필자는 신사도적 은사주의가 복음주의이기 힘들 것이라 이미 평가하였다. 직접적인 성령님과의 일치를 추구하는 신앙으로 인하여 그리고 그들만의 신사도적 종말론으로 인하여 복음주의와는 점점 거리가 멀어질 가능성이 높기 때문이다. 평가는 이쯤 해두고 신사도주의에 대해서 자세히 알아보고자 한다. 신사도주의에 대해서 자세히 살펴 그들만의 특징을 알게 되면 독자 스스로가 평가할 수 있으리라 본다.

한편, 피터 와그너의 말대로 지금은 신사도적 은사주의가 전통 오순절 교회들을 숫자적으로 넘어서고 있다.[209] 아니, 개신교 전체에서 가장 성장하고 있다. 그리고, 개신교에 끼치고 있는 영향이 실로 크다. 그러므로, 신사도주의는 잘 알 필요가 있다. 특히, 경배와 찬양을 연구하는 데에 있어서는 더욱 그렇다.

2. 늦은 비 운동(Latter Rain Movement)의 역사[210]

가장 먼저는 신사도주의 신앙의 직접적 뿌리가 되는 늦은 비 운동에 대해서 살펴보고자 한다. 1900년도 초에 시작된 오순절 신앙이 20-30년대를 거치면서 나름대로 정착이 되기도 했지만 초창기 성령의 역사가 시간이 흘러가면서 예전 같지 않기 시작하였다. 이런 상황에서 다시 한 번 오순절의 부흥을 사모하는 움직임이 일었다. 그런 움직임중 하나가 늦은 비 운동이다.

금식과 기도를 통해 부흥이 올수 있다는 주장으로 샌디에이고에서 부흥센터를 운영한 프랭클린 홀(Franklin Hall)과 20대 때 '브래넘 장막 교회(the Branham Tabernacle)'을 시작하여 천사를 동원한 은사집회로 유명한 윌리엄 브래넘(William Branham)이 기초를 놓았고, 그들의 토대위에 '노스 배틀포드 포스퀘어 가스펠 교회(North Battleford Church of the Foursquare Gospel)'의 담임 목사인 헤릭홀트(Herrick Holt) 목사와 '캐나다 오순절 성회(Pentecostal Assemblies of Canada, P.A.O.C.)'의 목사인 죠지 호틴(George Hawtin)에 의해서 '노스 배틀포드 포스퀘어 가스펠 교회'에서 늦은비 운동이 시작되었다.

샤론스타라는 정기간행물에서 그들의 신학을 펼쳤다. 후에는 빌 해몬(Bill Hamon), 폴 케인(Paul Cain)등에 의해서 계승 되었다.[211·212]

그들은 요엘서 말씀을 근거로 그들만의 종말론을 펼쳤다. 마지막 때에 성령의 강력한 기름 부으심으로 무장된 영적 군사들(요엘의 군대)이 일어나, 7년 대 환난을 넉넉히 견디게 되고 오히려 어둠을 물리치고 대 추수, 대 부흥의 때를 가지게 된다고 주장하였다. 그리고, 마지막 때에 주님은 수많은 영적 군사들을 일으키고 계신다고 믿었다. 또한, 누구나 영적 군사가 될 수 있다고 선포하였다.

그들의 집회는 오순절 신앙의 특징인 방언과 신유와 거룩한 웃음, 경련 등이 일어 났다. 그런데 여기에 몇 가지가 더 일어났는데, 그것은 안수를 통해서 은사를 전수하는 것(임파테이션, Impartation)과 예언, 그리고, 사도와 선지자 직임의 회복이었다. 안수의 경우, 오순절 신앙에서는 신유와 축사 및 성령 세례의 경험을 돕고자 등장하였는데, 늦은 비 운동에서는 자신의 은사를 다른 이에게 전가하는 차원이 첨가되어 등장하였다.

늦은 비 운동에서의 찬양은 독특함이 있었다.[213] 첫째, 오순절 신앙의 열정적인 찬양보다는 하나님의 실재하심을 추구하는 찬양이었다. 그래서, 그들은 열정적인 찬양스타일보다는 정제된 깊은 찬양을 드렸다. 둘째, 열정적인 춤이 아닌 깊은 찬양 중에 성령이 이끄시는 대로 흐느적거리며 춤을 추었다. 셋째, 영적 군대로써 사단을 대적하는 찬양을 하였다.

이런 특징을 가진 늦은 비 운동은 기존의 오순절 신앙 초창기에는 영향을 미쳤다. 그러나, 고전적인 오순절 신앙에서는 마지막 때와 관련된 일부만 수용하였다. 대부분의 내용은 거부하였다. 특히, 사도와 선지자와 관련된 내용은 완강히 거부되었다. 결국, 전통적인 오순절 신앙과는 초창기부터 결별의 수순을 밟고 있었다.

1965년 윌리엄 브래넘이 교통사고로 죽은 후에 늦은 비 운동은 주춤하였다. 그 때 늦은 비 운동의 내용은 빌 해몬과 폴 케인 등에 의해 계승되어 이어졌다. 빌 해몬은 CI(Christian International)를 세워 예언사역과 회복 운동을 전개해 나갔고, 폴 케인은 1980년대에 마이크 비클(Mike Bickle)과 밥 존스(Bob Jones)를 만나서 함께 '캔자스시티 예언자그룹(Kansas City Prophets Group)'을 이루고 예언사역을 하였다. 캔자스시티 예언자그룹은 마이크 비클이 세운 캔자스시티 펠로우십 교회(KCF)에서 시작되었다.[214] 이들은 1977년에 캔사스 시티에서 있었던 은사주의 갱신 운동모임을 필두로 하여 강력하게 세워져 갔다.

그리고, 신오순절 운동 중에 늦은 비 운동 출신의 켄자스 시티의 예언자 그룹들과 빈야드 교회의 존 웜버가 만나면서 제 3의 물결이 태동된 것이다. 그리고, 이 제 3의 물결은 피터 와그너에 의해 현재는 신사도주의 또는 신사도적 은사주의가 된 것이다.

3. 늦은 비 운동의 내용[215]

신명기 11장

13. 내가 오늘날 너희에게 명하는 나의 명령을 너희가 만일 청종하고 너희의 하나님 여호와를 사랑하여 마음을 다하고 성품을 다하여 섬기면

14. 여호와께서 너희 땅에 이른 비(게쉠)와 늦은 비(말코쉬)를 적당한 때에 내리시리니 너희가 곡식과 포도주와 기름을 얻을 것이요.

이스라엘의 우기인 겨울철은 일반적으로 10월이나 11월경에 시작되며 이러한 겨울은 그 이듬해 3월경까지 계속된다.216 때로 겨울철이 늦어져 12월경에 우기가 시작되기도 한다. 이스라엘에서 우기는 전혀 예측할 수가 없다. 비가 언제 내리고 언제 그칠 것인지, 1년 동안 내리는 비의 양은 어느 정도가 될는지 예측하기가 어렵다. 그래서, 비가 내리는 것은 전적으로 하나님의 주권아래 있는 것이고 하나님의 축복으로 이해된다.

그런데, 이스라엘의 우기의 비는 3가지 종류가 있다. 이른 비, 장마 비, 늦은 비이다. 이른 비는 겨울철이 시작되는 시기인 10월에서 11월경에 내리는 비로써, 여름동안 극도로 건조해진 땅에 뿌려주는 비이다. 이른 비로 인하여 여름철 동안 마른 땅은 부드러워지고, 농부들은 땅을 기경하여 파종할 수 있게 된다. 따라서 이스라엘에서는 이른 비가 적당한 시기에 내려야 파종을 제 때에 할 수 있다. 사막이나 광야지역에도 이른 비가 내림으로 목축을 위한 초지가 형성되기 때문에 이른 비는 유목민들에게도 매우 중요하다.

장마 비라고도 하는 겨울 비는 12월에서 2월 사이에 내리는 본격적인 비이다. 1년 중에 내리는 강우량의 대부분이 이 기간 동안에 내린다. 때로는 천둥과 번개를 동반한 소낙비가 내리기도 하는데, 이런 경우 산간지역의 계곡에는 갑작스럽게 급류의 시내물이 흐르게 된다. 고대 이스라엘은 장마 비를 방수가 잘 되어있는 저수조에 모아 여름철 급수를 대비하기고 하였다.

봄 비라고도 명명되는 늦은 비는 3월에서 4월경에 내리는 비이다. 늦은 비는 겨울동안 자란 농작물의 마지막 결실을 충실하게 만드는 역할을 한다. 따라서 늦은 비는 곡식의 추수에 절대적으로 필요한 비이다. 그런 점에서 이스라엘 사람들은 늦은 비를 축복의 단비라고 불렀다.

그런데, 늦은 비와 이른 비는 하나님의 축복을 상징하기도 하지만, 축복과 은혜를 주시는 하나님 자체를 상징하기도 한다. 호세아 6장 3절 말씀을 보면, 하나님의 나타나심을 이 비로 은유적으로 표현하고 있다.

호세아 6장 3절
그러므로 우리가 여호와를 알자 힘써 여호와를 알자
그의 나타나심은 새벽 빛 같이 어김없나니 비(게쉠)와 같이,
땅을 적시는 늦은 비(말코쉬)와 같이 우리에게 임하시리라 하니라

한편, 오순절 신학자들은 호세아 6장의 말씀과 요엘서 2장의 말씀을 연결하여 마지막 때의 성령의 임함을 하나님의 나타나심과 연결시킨 복음주의 신학자들의 해석을 넘어 마지막 때의 성령의 임함을 '이른 비', '늦은 비' 라는 단어를 통해서 규정한다.

요엘 2장
28. 그 후에 내가 내 영을 만민에게 부어 주리니

너희 자녀들이 장래 일을 말할 것이며 너희 늙은이는 꿈을 꾸며 너희 젊은이는 이상을 볼 것이며

29. 그 때에 내가 또 내 영을 남종과 여종에게 부어 줄 것이며

30. 내가 이적을 하늘과 땅에 베풀리니 곧 피와 불과 연기 기둥이라

31. 여호와의 크고 두려운 날이 이르기 전에 해가 어두워지고 달이 핏빛 같이 변하려니와

32. 누구든지 여호와의 이름을 부르는 자는 구원을 얻으리니 이는 나 여호와의 말대로 시온 산과 예루살렘에서 피할 자가 있을 것임이요 남은 자 중에 나 여호와의 부름을 받을 자가 있을 것임이니라

하나님은 요엘 선지자를 통해서 하나님을 떠난 이스라엘 백성들이 주님께 돌아오면 하나님께서 다시 축복하시겠다고 말씀하신다. 그리고, 그런 축복을 부으신 후에 마지막 축복으로 성령을 부으시겠다는 말씀이 이어진다. 하나님께서 원하시는 가장 강력한 축복은 자신의 나타나심 즉, 성령의 임함이었던 것이다. 그렇다면, 이런 성령의 임함 또는 성령 부으심은 언제 일어나는가?

복음주의 신학자인 달라스 신학교수 치즈홀름은 성령의 부으심은 초대 교회 때에 완전하게 성취될 수 있었으나, 유대인 지도자들의 거부로 오늘날에까지 이르게 되었고, 이방인들에게까지 이르게 되었다고 설명한다.[217] 보통 복음주의 신학자들의 설명은 이렇게 초대교회 때의 성령의 임함과 오늘날의 성령의 계속적인 임함으로 구분하여 성령의

임함을 설명한다. 그리고, 오늘날의 성령의 임함을 예수를 믿을 때에 영적 이스라엘이 되는 믿는 자에게 내주하시는 성령의 사역으로 본다.

그런데, 오순절 신학자들은 이런 복음주의적 설명에 좀 더 나아가서 구약의 이른 비와 늦은 비라는 단어를 사용하여 초대교회에 부어진 성령의 역사를 이른 비 성령의 역사로 규정하고, 20세기 초의 오순절 부흥 운동을 필두로 하는 지금 이방인들에게 부어지고 있는 성령의 역사를 늦은 비 성령의 규정한다. 그리고, 이 늦은 비 성령의 임함은 예수님을 믿을 때에 성령의 내주하심보다는 오히려, 성령 세례와 연결 짓는다.[218] 예를 들어, 오순절주의 신학자 마이랜드(myland)는 사도행전 2장의 오순절 성령 사건은 교회를 세우기 위한 성령 부어주심 즉, '이른 비'라고 하였고, 1900년대 초의 오순절 부흥 운동의 성령 부어주심을 '늦은 비'라고 설명하였다.[219] 이렇듯, 오순절 신학자들은 오순절 부흥 이후 지금까지 계속되어지는 성령 부어주심을 늦은 비 성령으로 규정함으로 인하여 마지막 때에 그들의 성령 신학을 변증하고 있다. 그리고, 전통적인 오순절 신학은 늦은 비 성령의 은혜, 즉, 성령 세례를 받은 자들만이 마지막 때에 구원받은 자들이고 축복을 받은 자들로써 그들만이 주님의 재림을 기쁨으로 맞이하게 된다고 주장한다.[220]

반면, 신사도주의 신학자들은 이른 비 성령의 역사를 오순절 부흥 운동으로 이해하고, 늦은 비 성령의 역사를 자신들, 즉 늦은 비 운동으로 이해한다.[221] 그리고, 늦은 비 운동이야 말로 진리 회복 운동이고 은사 회복 운동으로써, 이른 비 때인 오순절 부흥 운동 이후 끊어졌던 성령의 부어지심이 다시 일어나, 신유와 축사를 위한 안수와 예언 등이 드디어 회복되기 시작했다고 설명한다. 그리고, 늦은 비 성령의 역사의 궁극적 목적은 마지막 때에 대 추수를 위한 것이라 설명한다. 이스라엘의 늦은 비는 추수를 위한 것이었는데, 늦은 비 성령의 역사 또한, 마지막 때의 영혼을 추수하기위해 부으시는 것이라는 설명이다.

4. 빌 해몬의 회복 운동의 내용[222]

신사도주의 운동의 신앙적 내용은 4명의 주요 인물의 가르침을 살펴보아야 알 수 있다. 첫 번째 인물은 빌 해몬이고 두 번째 인물은 존 윔버이고, 세 번째는 마이크 비클이고, 네 번째는 피터 와그너이다. 빌 해몬은 늦은 비 운동의 신앙을 계승하여 회복 운동을 전개하고 있는 인물이다. 그는 마지막 때의 대 추수가 하나님의 계획임을 발견하고 이를 위해서 하나님께서 역사적으로 회복의 역사를 이루어 오셨다는 깨달음을 얻고 이를 설파하였다.

빌 해몬은 이를 설파하기 위해 1953년 선지자적 장로회를 구성하였고, 1979년 플로리다 근처에 성령의 학교를 세우고 이를 가르치고 예언사역을 펼쳤다. 그리고 1988년 CI(Christian International)를 세우면서 사도와 선지자의 회복을 부르짖기 시작하였다. 그는 대 추수를 위한 회복의 역사를 설명하면서 히브리서 6장 1-2절의 말씀을 근거로 삼는다.[223]

빌 해몬의 회복 운동 정리한 내용 1 - 역사의 흐름

1500	1700	1800	1900	1948	????	????	????	????
종교 개혁	경건주의, 부흥운동	성결 운동	오순절 운동	늦은비 운동	대 추수	재림	심판	천년 왕국
구원 (회개와 믿음)	성화	성화, 세례	방언	안수		부활, 신부	요엘의 군대	

특별히, 1900년대의 회복 운동에 대해서는 다음과 같이 정리한다.

빌 해몬의 회복 운동 정리한 내용 2 - 사역과 직임의 회복

1900	1940	1950	1960	1970	1980	1990	2000
세례, 방언	안수, 예언	예배, 찬양, 전도	내적치유, 악마연구, 영적전쟁	번영신학, 중보기도, 교회구조	예언 사역	사도적 사역	일터사도 사역
		예배 인도자	치유 전도사	중보 기도자	선지자	사도	일터사도
오순 절운동	늦은비 운동	성도 운동(만민을 준비시킴)					

빌 해몬은 1900년대 들어서서 성령론이 회복되고 은사가 회복이 되고 5중직임(전도자, 교사, 목사, 선지자, 사도)이 하나씩 회복되었다고 설명한다. 그리고, 이 모든 것은 대 추수를 위한 성도들을 준비시키고 무장시키기 위한 것이라 설명한다. 그래서, 모든 회복 운동은 결국 성도 운동으로 귀결된다고 설명한다. 특히, 사도와 선지자의 직임 회복을 이야기하며, 이 두 직임이 교회를 굳건히 세우는데 중요한 역할을 하는 직임임을 주장한다. 피터 와그너는 여기에 중보 기도자

도 중요한 직임으로 넣고 있다. 그래서, 총 6직임을 이야기하고 있고, 사도, 선지자, 중보기도자를 3대 직임으로 이야기하고 있다.[224]

더 나아가서, 빌 해몬은 예수님의 재림 이후까지를 설명한다. 이미도 신부로 군사로 준비된 주님의 성도들은 예수님의 재림 때 그리스도의 신부로써 부활한다. 그리고, 군사(요엘의 군대)가 되어 주님과 함께 전쟁(아마겟돈 전쟁)에서 원수를 물리치고 승리하는 자들이 된다고 설명하고 있다. 그리고 나서는 천년왕국으로 이어지는 것이다. 그의 이런 종말론적 역사관은 모든 신사도주의의 역사관의 기초가 되는 것이라 하겠다.

5. 종말론(사도적 종말론 포함)

1) 바른 종말론

여기서 신사도주의의 핵심과도 같은 신사도적 종말론을 살펴보고자 한다. 그전에 바른 종말론을 먼저 이야기하고자 한다. 결국, 필자가 이야기하고 싶은 것은 바른 종말론이기 때문이다.

복음주의는 어떤 천년설에 입각한 종말론이든 인정한다. 그러나, 복음주의적인 바른 종말론적 신앙이 아닌 것에 대해서는 철저히 거부한다. 그런 의미에서 종말론적 신앙은 다음의 두 가지를 조심해야 한다. 첫째는 내세의 종말만을 생각하여 오늘을 열심히 살지 않거나 도피적인 삶을 사는 것이다. 둘째는 종말이 없는 것처럼 세상 사람과 다를 바 없이 오늘을 흥청망청 사는 것이다. 오늘을 열심히 살면서도 오늘의 세상의 삶에 빠지지 않고 주님 다시 오심을 바라는 삶이 바른 종말론적 삶인 것이다.

첫째, 오늘을 열심히 살지 않고 도피적인 삶을 살도록 하는 것은 바른 종말론적 삶이 아니다. 복음주의는 체험적 신앙이라는 내용 안에 이 땅에서 주님과 동행하는 삶을 포함하고 있다. 왜, 체험적 신앙을 추구하는가? 살아계신 주님과 이 땅을 함께 걸어가기 위해서이다. 인간은 절대 스스로 이 땅을 온전히 살아갈 수 없다. 오직 성령님과 동행할 때 이 땅에서 아름답게 살 수 있다. 그리고, 이 땅을 아름답게 살아가는 것은 주님의 뜻이다. 아름답게 살아가는 것은 다음의 3가지로 정리해 볼 수 있다.

첫째, 주님을 닮아가는 삶이다. 이 땅을 살면서 우리는 주님을 닮아가야 한다. 주님의 사랑을 나타내며 주님의 마음으로 섬겨야 한다. 그리고, 어려움이 있을 때 믿음으로 극복해 낼 수 있어야 하고 어려움에 처한 자들을 도울 수 있어야 한다. 이렇게 살아가는 것이 아름답게 사는 것이다.

둘째, 주님을 믿지 않는 자들에게 복음을 전하는 것이다. 마지막 명령이신 제자를 삼으라는 명령을 이루어가는 것이다. 즉, 복음을 전하고 복음대로 살도록 하는 것이다.

셋째, 하나님 나라 건설이다. 창세기서부터 주님은 이 땅을 정복하라는 명령을 하신다. 즉, 주님의 진리로 다스리라는 것이다. 이는 하나님 나라 건설이라는 하나님 나라 신학으로 연결된다. 삶의 각 영역 속에 주님의 진리가 이루어져서 이 땅이 아름답게 되도록 하는 것이다.

복음주의적인 삶은 바로 위의 내용처럼, 주님이 다시 오시는 그 날까지 오늘을 아름답게 사는 종말론적 신앙을 견지해야 한다. 주님의 재림을 기다린다는 이유로 오늘을 버리는 삶은 절대로 종말론적인 삶이 아니고 이 땅을 아름답게 사는 것도 아니고 이단적인 것이다. 자신들만이 구원 받을 것이고 다른 사람들은 구원을 받든 말든 이기적인 집단이기주의에 빠져서 도피적인 삶을 사는 것은 절대 복음주의적인 삶이 아니다. 그러므로, 그 어떤 천년설을 믿어도 상관없으나 그 천년설로 인하여 왜곡된 이단적인 현실 도피의 사상에 빠져서는 안 될 것이다. 오늘을 열심히 사는 것이 바른 종말론적 신앙이다.

누가복음 21장 8-9절
8. 이르시되 미혹을 받지 않도록 주의하라 많은 사람이
내 이름으로 와서 이르되 내가 그라 하며 때가 가까이 왔다
하겠으나 그들을 따르지 말라
9. 난리와 소요의 소문을 들을 때에 두려워하지 말라
이 일이 먼저 있어야 하되 끝은 곧 되지 아니하리라

둘째, 온전한 종말론은 현실을 열심히 살지만 현실에 빠지지 않는 것이어야 한다. 믿는 자의 미래는 주님의 재림으로 끝이 날 것이고 저 천국에 들어가게 될 것이다. 즉, 이 세상의 삶이 전부가 아니다. 그런 의미에서 믿음의 백성은 세상에 살지만 세상에 속한 자들이 아니다. 천국에 속한 자들이다.

요한복음 18장 36절
예수께서 대답하시되 내 나라는 이 세상에 속한 것이 아니니
라 만일 내 나라가 이 세상에 속한 것이었더라면 내 종들이
싸워 나로 유대인들에게 넘겨지지 않게 하였으리라
이제 내 나라는 여기에 속한 것이 아니니라

바른 종말론은 오늘을 열심히 살되, 현실이 모두인 것처럼 사는 삶이 아닌 것이다. 현실 도피식으로 오늘을 열심히 살지 않는 것도 아니고, 그렇다고 세상에 빠져서 사는 것도 아니다. 우리는 결국 저 천국에 갈 존재들이기 때문이다. 오늘을 열심히 살면서도 현실에 빠져 살지 않는 신앙 그것이 진정한 종말론적 신앙이다.

요한계시록 3장 12절
이기는 자는 내 하나님 성전에 기둥이 되게 하리니 그가 결
코 다시 나가지 아니하리라 내가 하나님의 이름과 하나님의
성 곧 하늘에서 내 하나님께로부터 내려오는 새 예루살렘의
이름과 나의 새 이름을 그이 위에 기록하리라

2) 천년설들[225]

무천년설을 믿을 수 있으며, 전통적인 개혁신앙은 무천년설을 지지한다. 그런데, 무천년설은 앞서서도 살펴보았지만, 현 교회시대를 천년왕국으로 본다. 그리고, 보통 이 무천년설을 지지하는 교회들

은 안정되고 부유한 편에 속하는 성도들이 대다수를 이루는 경우가 많다. 이럴 경우, 잘못하면 풍요로운 현실의 삶에 안주하려는 태도를 가질 수가 있다. 마치 종말이 안 올 것처럼 말이다. 늘 깨어 있는 종말론적 신앙을 가지도록 노력해야 할 것이다.

후천년설을 믿을 수 있으며, 낙관적인 역사관을 가지고 열심히 달려가는 신앙도 괜찮을 수 있다. 그러나, 지나친 낙관주의가 인본주의가 되면 안 된다. 인간의 힘으로 모든 것을 할 수 있다는 생각은 위험한 생각이다. 주님의 주권을 인정하고 주님을 의지하는 신앙이어야 하는 것이다.

전천설은 기본적으로 세상이 멸망하고 있다는 역사관을 가지고 있다. 잘못하면 세상을 등지거나 포기하고 교회에서만 사는 교회만이 전부인 듯한 성도를 양산할 수 있는 것이다. 그러므로, 복음 전파와 함께 세상에서 빛과 소금으로서 하나님 나라를 이루는 것에 관한 바른 세계관을 꼭 견지하여 오늘을 열심히 사는 신앙인이 되어야 할 것이다. 그렇지 않으면 지금처럼 교회는 세상에 대한 책임을 다하지 못하는 것으로 인하여 계속적으로 세상으로부터 욕을 먹게 될 것이다.

또한, 전천년설에서 유독 이단들이 많이 나오고 있음을 기억할 필요가 있다. 역사적 전천년설과 관련하여 세상 믿지 않는 자들과 함께 교회가 7년 대환란 기간에 이 땅에서 고난을 겪는다고 믿는 자들 중에, 7년 대환란 기간에 신앙을 지켜야만 휴거되어 천년왕국에 들어 갈 수 있다고 가르치고 또한 믿는 자들이 있다. 이들은 대부분 7년 대환란을 둘로 나누어 전 3년 반과 후 3년 반으로 구분하고 전 3년 반 기간에 신앙을 지켜야 후 3년 반이 되기 전에 휴거될 수 있다고 가르친다.

후 3년 반이란 기간은 아무리 믿음이 좋은 자라 할지라도 견딜 수 없는 고난이 있는 기간임으로 들어가면 안 된다는 것이다. 사실상, 후 3년 반 기간에 들어가는 이상 신앙을 유지할 수 없는 것이다. 그렇다면, 전 3년 반 기간에 어떻게 해야 믿음을 지키는 것인가? 이들 중에 이단적 가르침을 주는 자들이 하는 이야기가 바로 베리칩을 받지 않아야 신앙을 지키는 것이라는 주장이다. 이들의 가르침은 성경해석에 있어서 문제가 많다. 그리고, 두려움을 조장하여 자신의 세력을 구축하는 전통적인 이단의 방법을 취하며 자신들의 내용을 전파하고 있다. 바른 칼빈주의적 신앙을 소유하고 있다면 이런 내용에 마음을 뺏길 이유가 없다. 칼빈주의 신앙에는 성도의 견인 교리가 있다. 한번 주님을 믿은 자들은 주님께서 천국 갈 때까지 믿음의 자녀들을 지키신다. 그러므로, 7년 대환란 기간에 신앙을 지켜야만, 베리칩을 받지 않아야만 진정한 구원을 받고 휴거가 된다는 가르침은 행위구원적인 잘못된 가르침이면서 비칼빈주의적인 가르침이기에 칼빈적 신앙을 소유한 개혁교회나 장로교회에서는 마음을 뺏길 이유가 없는 것이다. 그럼에도 많은 칼빈주의적 교회들에서 이런 잘못된 신앙에 빠져서 어려움을 겪고 있는 성도들이 있다는 사실에 개탄을 금할 수가 없다.

한편, 알미니안적인 신앙을 소유한 감리교나 성결교에서는 중간에 신앙을 잃을 수도 있다는 구원론을 가지고 있기에 이런 종류의 종말론에 마음을 뺏길 수도 있겠다. 그러나, 앞서 언급한 것처럼 잘못된 성경해석에 근거한 가르침들이고 두려움을 조장하는 전통적인 이단적 가르침들이기에 아무리 알미니안적 신앙을 소유하고 있더라도 복음주의 신앙인들이라면 이런 종말론에 속아 넘어가면 안 될 것이다.

2) 사도적 종말론[226]

이제 신사도주의가 믿고 따르는 사도적 전천년설 또는 사도적 종말론에 대해서 알아보고자 한다. 신사도주의는 사도적 전천년설 위에 서 있다. 그들 나름대로의 성경 해석과 세대주의 전천년설 및 역사적 전천년설 내용을 종합하여 늦은 비 신앙에서 추구하던 내용을 더 신학적으로 발전시켰다. 마이크 비클은 이 사도적 종말론 및 사도적 전천설을 잘 집대성하고 있는데, 그가 말하는 사도적 전천년설의 내용을 정리하면 다음과 같다.

첫째, 역사적 전천년설과 마찬가지로 교회는 7년 환난을 통과해야 한다.

둘째, 7년 환난을 둘로 나누어 전 3년 반에는 대 배도와 대 추수가 있다. 이를 위하여 주님께서는 그들이 말하는 늦은 비 성령의 역사를 일으키시고 모든 믿는 자들을 성령과 주님의 사랑을 통해 무장된 신부들로 일으키신다.

셋째, 후 3년 반에는 적그리스도가 전면에 나타나고 대 환난과 아마겟돈 전쟁이 시작된다. 일곱 인, 일곱 나팔 재앙이 이때인 것이다. 그런데, 믿음의 백성들은 이미 성령과 주님의 사랑으로 무장되었기에 이 기간을 넉넉하게 이겨 나간다. 오히려, 대 추수와 대 부흥을 일으킨다.

넷째, 일곱 번째 마지막 나팔이 울릴 때 즉, 7년 환난 끝에 예수님께서 재림하신다. 누구나 볼 수 있게 재림하시며 시내 산으로 내려오신다. 공중에 재림하시고 믿음의 백성들은 휴거된다. 천년왕국 전까지 75일(다니엘 12장을 근거로)을 준비하신다. 75일 중 앞 30일은 재림 후 이 땅에 천사와 믿음의 성도와 함께 내려와서 예루살렘으로 행진하는 기간이다. 이때 일곱 대접의 재앙이 일어난다. 그리고, 이 기간에 마지막 대 추수가 벌어진다. 30일이 끝날 무렵 예수님께서는 예루살렘에 입성하신다. 나머지 45일간은 예루살렘을 기점으로 하는 천년왕국을 위한 하부조직을 만드시는 기간이다. 그리고, 이 때 육적인 이스라엘이 회복된다. 이 부분에서는 세대주의적 전천년설과 유사한 부분들이 있는 것이겠다. 육적인 이스라엘의 회복을 이야기하고 있기 때문이다. 그렇기 때문에 신사도주의도 백투 예루살렘 운동을 전개하고 있는 것이다.[227] 이들이 전개하는 백투 예루살렘은 육적인 이스라엘의 회복과 함께 사도적 전천년설에 입각한 천년왕국 건설이라는 내용이 포함되어 있는 것이다.

다섯째, 천년왕국이 시작된다. 이 천년왕국에는 부활하여 다스리는 믿음의 백성들과 믿지 않는 유대인들 그리고, 그 외 믿지 않는 자들로 구성되게 된다. 이 기간에 땅의 사람들에게는 죄와 죽음이 여전하게 된다. 부활체로 있는 믿음의 사람들을 통해서 전도는 계속된다.

여섯째, 천년 후 곡과 마곡의 전쟁이 있게 되고 백보좌 심판 후 영원한 지옥과 천국이 시작된다.

역사적 전천년설 중에 이단적 가르침이 많이 등장하는 내용인 이 땅에서 교회가 환난을 겪는다는 내용에 있어서, 사도적 전천년설은 이를 극복하여 이 땅에서 교회가 환난을 겪지만 믿음의 백성들이 성령과 사랑으로 무장한 군사적 신부로 일어남으로 환난을 넉넉히 이긴다는 내용을 담아 이를 해결하고 있다. 그러므로, 신사도적 신앙은 첫째, 마지막 때에 강력한 성령의 기름 부으심을 추구하게 된다. 둘째, 주님을 강력히 사랑하는 신부의 영성을 추구하게 된다. 셋째, 대 추수라는 개념을 내세움으로 마지막 때의 비전을 새롭게 하게 된다. 넷째, 이스라엘의 회복을 부르짖는다. 다섯째, 사탄과의 영적 전쟁에 집중한다.

신사도주의는 바로 이런 사도적 종말론에 근거하고 있는 것이다. 대부분의 복음주의 신앙들이 주장하는 종말론은 세상이 멸망해가는 것, 그러나 주님의 때는 알 수 없고 그럼에도 믿음의 백성들은 깨어서 신앙을 지켜야 하는 것, 그리고, 반드시 주님은 다시 오신다는 내용이다.

이에 반해, 은사주의 종말론은 첫째, 세상에 대해서, 세상은 멸망해가지만 마지막 때에 대부흥과 대추수의 개념을 집어넣었다. 그래서, 마지막 때의 세상이 어둡지만은 않고 환상적인 부분이 존재하게 하였다. 둘째, 성도에 대해서, 마지막 때의 성도는 깨어 자신의 신앙을 지키는 수준의 신앙이 아니라, 어둠을 물리치고 승리를 누리는 군사로써의 모습을 그려 놓았다. 그래서, 이들 예배의 예언적 선포의 대부분의 내용은 대 추수와 대 부흥, 영적 군사와 신부라는 개념에 근거하여 선포되어 진다.

이상의 사도적 전천년설은 그들 나름대로의 해석에 근거하고 있기에 성경해석에 있어서 오류나 논란들이 존재한다. 그리고, 대추수 및 대부흥의 개념을 비롯한 그들만의 종말론적 개념들은 기존의 복음주의에게 있어서 단순히 생소한 것이 아니라, 신학적으로 심각한 논란을 일으킬 수 있는 것들이다. 접목하는 교회가 사도적 종말론을 믿는 것이라면 모르지만 그렇지 않은데 신사도적 종말론이 접목될 경우, 복음주의 교회들은 종말론에 있어서 어려움을 겪을 수 있다.

그러므로, 복음주의 신앙에서 만약에 신사도주의 찬양을 접목하게 될 때, 신사도적 찬양의 음악적 형태나 특징만을 가지고 오는 것인지 아니면 이런 신사도적 종말론들이 찬양과 함께 따라 오는 것인지를 살펴야 한다. 이미도 경배와 찬양에 있어서 특히, 젊은 세대를 중심으로 하여 은사적 찬양 및 신사도적 찬양들은 많이 접목되고 있다. 그런데, 필자가 파악할 때에 많은 복음주의 교회가 신사도적 형태뿐 아니라 신사도적 본질적 신앙까지 어느새 접목된 예배 형태를 보이고 있다. 만약, 의도적으로 본질적 신앙까지 가져온 것이라면 상관없지만, 자신들도 모르는 사이게 가져와진 것이라면 다시 생각해 봐야할 것이다. 신사도적 찬양을 지혜롭게 접목하는 방법에 대해서는 이어서 살펴보게 될 것이다.

6. 마이크 비클의 아이합
(IHOP, International House of Prayer)[228]

마이크 비클은 모라비안으로 대표되는 24시간 기도에 대한 마음을 하나님으로부터 듣고 다윗의 장막에 근거한 24시간 중보기도 운동을 펼치고 있는 신사도주의의 주요한 인물이다. 그는 이 사역을 위해, 18년 동안 담임하던 '메트로 크리스천 펠로우십 교회(3000명 교인)'를 사임하고 자비량으로 이 사역에 헌신하였다.

1999년 5월 7일, IHOP은 하루 13시간의 예배를 시작으로 공식 출범하였다. 그리고 같은 해 9월 19일 드디어 하루 24시간 예배를 드림으로 본격적인 출발을 하였다. IHOP의 사역을 다음과 같이 정리할 수 있다.

1) 24/7 중보기도

그는 성경 인물 안나와 다윗을 통해서 다윗에 장막에 근거한 24시간 주야 중보기도를 사명으로 받게 되었다. 안나 선지자는 예수님의 초림을 기다리며 밤낮 기도했던 인물이다. 마이클 비클은 이제 재림을 준비하는 자들로써 밤낮 기도하는 사역을 시작한 것이다. 즉, 종말론적 24시간 기도 운동을 펼치고 있는 것이다. 앞서 말했듯이 이들은 사도적 종말론에 근거하기에 종말론적 24시간 운동은 마지막 때의 대추수와 대부흥, 영적 군사로써 교회들의 일어남, 신부의 영성, 주님의 재림과 완전한 승리를 사모하며 이 기도 운동을 펼치고 있다.

누가복음 2장

36. 또 아셀 지파 바누엘의 딸 안나라 하는 선지자가 있어
나이가 매우 많았더라 그가 결혼한 후 일곱 해 동안
남편과 함께 살다가
37. 과부가 되고 팔십사 세가 되었더라 이 사람이 성전을
떠나지 아니하고 주야로 금식하며 기도함으로 섬기더니

2) HARP & BOWL

마이크 비클은 24/7 중보기도의 성격이 다윗의 장막이라는 계시를 받게 되었다. 즉, 찬양이 함께하는 기도라는 것이다. 그는 이것을 위해서 요한계시록 5장 8절 말씀을 통해서 Harp & Bowl이라는 형식의 찬양과 기도가 어우러지는 중보기도를 발전시키게 되었다. 보통

그동안의 기도는 찬양과 어우러지는 기도보다는 침묵기도 또는, 통성기도 등의 형태였다. 물론, 찬양과 어우러지는 기도는 마이크 비클 이전에 있었지만, 그에게 와서 획기적으로 정립되었다고 볼 수 있다.

요한계시록 5:8
그 두루마리를 취하시매 네 생물과 이십사 장로들이
그 어린 양 앞에 엎드려 각각 거문고와 향이 가득한
금 대접을 가졌으니 이 향은 성도의 기도들이라

3) 신부의 영성

주님과 친밀하여지고 연합을 이루고자 하는 것을 이들은 신부의 영성이라 말한다. 24/7 기도 시간은 중보기도의 시간인 동시에 주님과 친밀한 사귐을 갖는 시간인 것이다. 중보기도는 주님과의 친밀함이 전제될 때 가능한 것이다. 주님과의 친밀한 정도에 따라서 하나님의 계시가 임하는 것이다. 베다니의 마리아는 예수님께 값비싼 향유 옥합을 깨뜨리며 주님을 예배한 인물이다. 신부의 영성은 베다니의 마리아의 예배도 본받고자 한다.

시편 27:4
내가 여호와께 바라는 한 가지 일 그것을 구하리니
곧 내가 내 평생에 여호와의 집에 살면서 여호와의
아름다움을 바라보며 그의 성전에서 사모하는 그것이라

이렇게 주님과 하나됨, 주님과의 연합을 추구하는 기도는 신비신학에서 이미 존재하였고 그 역사도 길다. 그리고, 신부의 이미지를 사용하는 기도의 영성도 이미 살펴본 것처럼, 신비신학의 초기 인물인 오리겐에서부터 등장하였고, 중세시대 신비신학의 한 갈래인 신부 신비주의에서 나타나 지금의 신비신학 중 기도의 영성의 한 부분으로 흘러오고 있다. 결국, 마이크 비클이 이들의 영성을 본받아 나름대로 발전시켜 온 것이라 볼 수 있다.

4) 선두주자 사역

세례요한은 예수님의 오실 길을 예비하던 자이다. 그리고, 그는 자신의 제자들을 만들려 한자가 아닌 제자를 만들어 예수님께 보내고자한 자였다. 그는 예수님의 제자, 신부들로 준비시키는 자였던 것이다. 즉, 이들은 자신들이 귀한 진리를 먼저 깨달은 자들로 모든 여타 개신교 교회들에게 자신들의 사도적 종말론에 근거한 신앙을 전파하는 사명을 가지고 있다고 생각한다. 그리고, 그것은 마지막 때의 성도들을 신부로 준비시키는 사역이라 생각하고 있고 이를 선두주자 사역이라 명명한다.

요한복음 3:29

신부를 취하는 자는 신랑이나 서서 신랑의 음성을 듣는
친구가 크게 기뻐하나니 나는 이러한 기쁨으로 충만하였노라

7. 신부의 영성 내용[229]

마이크 비클이 이야기하는 신부의 영성 즉, 예수님과의 깊은 사귐을 통해서 채워지게 되는 갈망에 대해서 좀 더 알아보자. 그가 말하는 신부의 영성은 사실상, 오르겐으로부터 시작되어 중세시대의 신부 신비주의로 흘러온 신비신학을 기반으로 하는 것이다. 주님과의 깊은 친밀함을 추구하는 것이다.

첫째, 내가 부족하더라도 나를 사랑하시는 주님의 사랑에 대한 확신을 얻고자 하는 갈망이다. 자녀들은 자기가 잘못하고 부족해도 부모가 자신을 사랑한다는 것을 안다. 그럴 때 안정감이 있는 것이다. 만약, 잘못할 때마다 거절당하는 자녀라면 온전한 성숙을 가질 수 없다. 물론, 혼을 내고 야단을 칠 수 있다. 그러나, 교정과 거절을 구별해야 한다. 마찬가지이다. 주님께서 내가 아무리 부족해도 자녀이기에 날 사랑하시고 기뻐하신다는 확신은 믿음의 자녀에게 너무나 필요하다.

둘째, 주님께 모든 것을 쏟아 붓고 싶은 갈망이다. 사랑하는 자에게 모든 것을 주고 싶은 것이 진정한 사랑이다. 주님을 사랑하기에 주님께 정말 모든 것을 쏟아 붓고 싶은 갈망이 믿음의 백성들에게 다 잠재되어 있다. 삶의 현실과 인간의 연약함으로 발목이 잡혀서 마음은 원하는데 그렇게 하지 못하는 경우가 너무 많은 것이다. 그러나, 정말 주님의 사랑을 확신하게 되면 이제 모든 것을 쏟아 붓고 싶은 갈망이 차올라서 점점 나의 삶을 진정으로 드리게 되는 것이다.

셋째, 하나님의 황홀감에 대한 갈망이다. 인간은 주님의 신비적인 영적인 황홀감을 경험하고자 하는 갈망이 있는 것이다. 주님으로부터 이것을 채움 받지 못하기 때문에 쾌락이나 마약 등에 빠지는 것이다. 세상적인 그런 황홀로는 절대로 인간이 충족되지 않는다. 주님의 신비로 채움 받을 때만 진정한 만족이 있는 것이다.

넷째, 하나님의 아름다움을 닮고 소유하고자 하는 갈망이다. 우리는 주님의 아름다움을 닮아야 하고 소유해야 한다. 실상은 죄의 구렁텅이에 빠져 있고 상처와 낙심의 골짜기에 넘어진 존재이면서 외모의 아름다움만 추구한다고 하여 아름다운 인생이 되는 것이 아니다. 선하고 아름다운 주님을 내면으로 닮아야 하는 것이다.

다섯째, 온전해지고 싶은 갈망이다. 죄를 이기는 자, 어둠을 물리치는 자, 어떤 유혹에도 끄떡없는 자가 되고 싶은 갈망이다. 언제까지 어린아이와 같이 넘어지기만 할 것인가? 이제 성숙하고 온전한 성결을 소유한 자가 되어서 당당하게 주님 앞에 서고 싶지 않은가? 믿음의 백성은 이런 갈망으로 가득 차서 삶이 진정한 변화를 가져야 할 것이다.

여섯째, 위대함에 대한 갈망이다. 하나님께서는 믿음의 자녀 모두에게 비전을 주시고 아름다운 계획을 가지고 계시다. 그런데, 많은 경우, 비전을 이루지도 못하고 도움만 받는 존재가 되는 경우가 많다. 주님의 자녀로써 보란 듯이 주님의 뜻을 감당하고 주님의 비전을 성취하여 위대해지고 싶은 갈망이 있는 것이다.

일곱째, 영향을 미치고 싶은 갈망이다. 다른 사람에게 자신 있게 복음을 전하고 싶고 주님을 나타내고 싶은 갈망이다. 두려움 때문에 그리고, 삶에 자신이 없어서 영향을 미치기는커녕 믿는 자인지도 모르게 사는 삶이 아닌 자신 있게 자신을 드러내고 복음을 전하고 주님을 나타내는 삶이고자 하는 것이다.

신부의 영성은 예배가운데 이런 갈망함으로 가득차서 결국 순결한 신부로써 변화되는 삶을 추구하는 것을 말한다. 주님 앞에 간절함으로 나아가는 자는 주님을 만나게 된다. 그리고, 그런 갈망을 가진 자는 노력하게 되고 성령의 도움을 입게 된다. 그리고, 더 갈망함이 샘솟아서 주님 앞에 더 나아가게 되는 것이다. 루 잉글은 한번 길어 올릴 수 있는 웅덩이가 아닌 우물이 되게 하라고 권면한다.[230] 갈망함이 샘솟을 때 진정한 변화가 일어나는 것이고 진정한 부흥이 일어나는 것이다. 이들이 추구하는 신부의 영성에 대해서 긍정적인 평가를 내린다면 주님과 정말 하나 되는 영성적 신앙을 갖도록 한다는 데에 있을 것이다. 이런 차원이라면 필자도 이런 영성을 소유하고 싶다. 그러나, 사도적 종말론이 중심이 된 신부의 영성을 추구하는 부분이라면 이는 다른 이야기가 되겠다.

8. 예언

1) 하나님께서 사용하시는 선지서(예언서), 선지자(예언자)들[231]

여기서, 신사도주의의 중요한 부분인 예언에 대해서 고찰해 보고자 한다. 먼저는 예언에 대한 성경적이고 언어적인 고찰을 하고자 한다.

(1) 선지자들의 4단계 메시지.

하나님께서는 구약의 선지자들을 동원하여 이스라엘에게 예언적 메시지를 주시곤 하였다. 이런 예언적 메시지는 4단계의 흐름을 가지고 있다.[232] "죄의 책망 ⋯ 하나님의 심판 선언 ⋯ 회개 촉구 ⋯ 하나님의 용서와 구원, 새 출발" 즉, 하나님의 마음은 이스라엘 백성이 회개하고 돌아오기를 원하고 계시는 것이고, 이를 위해 예언 및 예언자들을 사용하고 있는 것이라 하겠다.

(2) 두 가지 카테고리의 예언, Foretelling과 Forthtelling

Forthtelling은 현재, 죄악과 잘못에 대해서 지적하고 책망하는 것이다. 그리고, 그 결과는 심판일 것에 대한 예언이다.

Foretelling은 미래에 있을 일들을 예언하는 것이다. 그런데, 선지자들의 예언들을 살펴볼 때, 하나님께서는 죄악의 미래는 심판인 것에 대해서 회개의 미래는 회복인 것에 대해서 예언하도록 하셨다.

그리고, 하나님께서는 나라가 망하기 전에 주로 Forthtelling의 예언을 하셨다. 그들로 돌이키게 하시기 위해서였다. 그리고, 나라가 망하거나 포로로 있을 때에는 Foretelling으로써 회개하면 미래에는 회복과 구원과 새 출발이 있을 것을 격려하고 위로의 차원으로 예언하도록 하셨다. 즉, 예언은 개인적인 예언보다는 시대와 백성을 향한 예언이 우선이었다. 존 비비어는 '가르침은 우리를 세워지고 경고는 우리를 지켜준다'고 말하고 있다.[233] 시대를 향해 하나님의 마음을 전달하는 것이 정말 예언의 목적이 되어야 할 것이다.

한편, 복음주의에서는 이렇게 시대를 향한 하나님의 마음을 전하는 것은 보통 설교를 통해서이다. 그리고, 성경 말씀에 근거하여 선포된다. 내용은 앞서 언급한 것처럼, 죄악을 회개하는 것, 도덕과 윤리적으로 나라가 바로 서는 것, 교회들이 깨어나는 것, 회복과 위로를 베푸실 하나님을 선포하는 것 등이다.

반면, 신사도주의 및 신사도적 은사주의 신앙에서는 성경에 근거한 말씀선포를 넘어서 예언에 열려 있다. 지금도 하나님께서 예언자를 일으키시고 예언을 통해 백성에게 말씀하신다고 본다. 물론, 오순절 신앙도 예언에 열려 있는 편이다. 그런데, 신사도주의는 시대와 교회에 대한 예언을 함에 있어서 자신들의 사도적 종말론에 근거한 예언이 보통 선포된다. 주님께서 대추수와 대부흥을 위해 영적군사로 신부로 성도들을 일으키신다는 예언이 그들의 예배 중에 선포되는 것이다.

한편, 신사도주의는 시대와 교회를 향한 예언뿐 아니라, 개인을 향한 개인 예언도 활발히 일어난다. 그런데, 이런 개인 예언에 있어서 부작용이 만만치 않다. 과연 어떤 분별들이 있어야할 것인가?

2) 개인 예언 분별하기[234]

에스겔 13장
1. 여호와의 말씀이 내게 임하여 이르시되
2. 인자야 너는 이스라엘의 예언하는 선지자들에게 경고하여 예언하되 자기 마음대로 예언하는 자에게 말하기를 너희는 여호와의 말씀을 들으라

3. 주 여호와의 말씀에 본 것이 없이 자기 심령을 따라
예언하는 어리석은 선지자에게 화가 있을진저

    개인 예언에 열려 있는 교회의 경우, 반드시 예언을 듣는 자의 분별이 필요함을 기억해야 한다. 교회 내에 요즘처럼 개인 예언이 많이도 등장한 시기가 있었나 싶다. 예언으로 인해 유익도 있었겠지만 교회들마다 개인 예언들로 인하여 혼란을 많이 겪고 있다. 예언을 전하는 자들이 잘못 전하거나 잘못된 내용을 전하여 문제를 일으키기도 하고, 예언을 듣는 성도들 입장에서도 예언이 기존의 신앙과 달라서, 그리고 예언대로 삶이 전개되지 않는 것으로 인해, 예언에 매여서 두려움에 쌓이는 것 등으로 어려움을 겪는 경우가 적지 않다. 그러므로, 개인 예언에 대해서는 반드시 연구와 분별이 있어야 한다.

    신약에서 누군가 개인에게 예언하는 경우는 첫째, 정도를 벗어난 사람을 교정하기 위해서, 둘째, 어려움을 제거하기 위한 차원이 아닌 어려움과 영적 싸움에서 잘 싸워 이길 수 있도록 힘을 주기위해서 셋째, 새로운 일이나 사역에로의 부르심을 위해서였다.235 사역에로 부르심에 대한 예언은 낯선 자가 하는 것이 아닌 오래 지켜본 사람이 하는 것이었다. 바울이 디모데를 부른 것이 그 예가 된다.

    문제는 이렇게 전통적인 성경에 근거한 개인 예언을 듣는 것보다 문제해결이나 성공 및 축복과 같은 내가 듣고 싶은 예언을 듣고자 하는 경향이다. 그리고, 그런 경우들에서 문제들이 많이 발생하곤 한다. 왜 그런가? 왜 그런 내용의 개인 예언을 듣고 싶어하고 그런 개인 예언으로 인하여 문제들이 발생하는가? 존 비비어는 인간의 탐욕 때

문이라고 지적한다. 하나님 뜻 안에서 만족감을 갖는 백성이 바른 백성이다. 이런 만족감을 가지고 있다면 탐욕에 빠지지 않는다. 그런데, 탐욕에 빠지게 되면 자신의 유익과 이익을 위해 물질을 비롯한 세상 것에 빠져 우상숭배하게 된다. 그리고, 주님을 섬기는 자가 아닌 이용하는 자가 되어 예언마저 그렇게 이용하게 되는 것이다. 자신에게 이익이 되지 않는 예언은 거절하고 그런 예언을 하는 예언자를 심지어 핍박하기도 한다. 인간의 탐욕을 자극해 주는 자칭 선지자 또는 예언자들은 인간의 탐욕으로 인하여 결국 등장하게 되는 것이고, 인간의 탐욕을 조장하여 교회마저 망가뜨리고 마는 것이다.

중요한것은, 믿음의 백성은 직접 주님께 나아갈 수 있다는 사실이다. 성령의 도우심으로 나아갈 수 있다. 내 개인의 고민과 선택에 있어서 주님께 직접 기도하면 되는 것이다. 그러므로, 예언자를 찾는 것이 먼저가 아니라, 주님께 직접 나아가 기도하는 것이 먼저이다. 이 사실을 먼저 깨달을 필요가 있다. 예언자를 먼저 찾고자 하는 마음이 드는 것은 거의 다 인내하지 못하고 탐욕에 이끌리는 경우가 많다는 것을 알 필요가 있다.

물론, 누구나 다 기도할 수 있지만 특별히 기도를 더 잘하는 자들이 있다. 기도에 은사가 있는 자들이다. 그리고, 상담가들도 있고 상담의 은사를 가진 자들도 있다. 마찬가지로, 더 주님의 음성을 잘 듣고 잘 보는 자들이 있다. 예언에 열려 있는 성도라면 그런 자들에게 예언을 들을 수 있다. 그러나, 예언을 들었을 때에는 무조건 믿는 것이 아니라, 분별해야 한다. 내 탐욕과 욕망과 관련이 있는 것이지, 하나님의 말씀에 부합된 것인지, 그리고, 마음의 평강으로 확증이 되는지 말이다. 그리고, 중요한 예언일 경우는 여러 번 들어 보아야 하고 여러 사람에게 들어보아야 한다. 그리고, 권위의 인물, 예를 들어, 들은 예언에 대해서 담임목사님께 상담을 받을 수 있겠다. 잘못된 예언을 믿게 되면 큰 어려움을 겪는다는 것을 잊으면 안 된다.

3) 개인 예언 사역자가 되려면

요한계시록 2장

18. 두아디라 교회의 사자에게 편지하라 그 눈이 불꽃같고
그 발이 빛난 주석과 같은 하나님의 아들이 이르시되
19. 내가 네 사업과 사랑과 믿음과 섬김과 인내를 아노니
네 나중 행위가 처음 것보다 많도다
20. 그러나 네게 책망할 일이 있노라 자칭 선지자라 하는
여자 이세벨을 네가 용납함이니 그가 내 종들을 가르쳐 꾀어
행음하게 하고 우상의 제물을 먹게 하는도다
21. 또 내가 그에게 회개할 기회를 주었으되 자기의 음행을
회개하고자 하지 아니하는도다
22. 볼지어다 내가 그를 침상에 던질 터이요 또 그와 더불어
간음하는 자들도 만일 그의 행위를 회개하지 아니하면
큰 환난 가운데에 던지고
23. 또 내가 사망으로 그의 자녀를 죽이리니 모든 교회가
나는 사람의 뜻과 마음을 살피는 자인 줄 알지라
내가 너희 각 사람의 행위대로 갚아 주리라

예언에 관하여 관심이 있거나 예언사역에 부르심이 있다고 믿는 자들은 요한계시록 20장의 두아디라 교회에게 하신 책망의 말씀을 깊이 묵상해야 할 것이다. 두아디라 교회는 정말 열심히 복음에 전진하던 교회였다. 칭찬을 해도 해도 아깝지 않은 교회였다. 그런데, 그 교회는 예언 사역에 있어서 실패하면서 큰 어려움을 겪었고 주님께 책망을 받았다. 두아디라 교회는 자칭 선지라하는 여자 이세벨을 용납하여 활동하게 하였고, 그 이세벨에 의해서 엄청난 어려움을 겪었다. 하나님께서는 이세벨에게 회개할 기회를 주었으나 회개하지 않자, 그를 치셨고 그를 따르던 자들도 다 치셨다.

이를 통해 알 수 있는 예언 사역에 있어서 중요한 것은 첫째, 예언자는 스스로 결코 서는 것이 아니라는 사실이다. 하나님의 부르심이 있어야 하고, 교회 지도자들의 인정이 있어야 한다. 세움을 받고 나서도 훈련을 받는 기간이 있어서 점검되어야 하고 그 기간의 열매를 통해서 검증되어야 한다. 이런 점검을 통과하지 못하면 결코 예언자로 설 수 없는 것이다. 이런 점검도 없이 자기 스스로 은사를 받았다고 주장하고 예언하는 자들이 있다. 그리고, 심지어 그런 예언으로 다른 사람들을 조정하려고 한다. 즉, 돈과 명예를 위해 추종자들을 두려움으로 만들어내는 것이다. 이런 자는 소위 자칭 예언자이다. 이런 자는 반드시 거절하고 쳐내야 한다. 공동체 안에서 인정되지 않은 예언자는 거절하는 것이 원칙이다. 물론, 예언의 은사를 받은 자들 중에도 훈련 기간에 속하는 자들은 이런 실수를 범할 수 있다. 그러나, 이런 자들도 결국은 교회 안에서 용인된 자들인 것이다. 물론, 검증 기간에는 정해진 범위 내에서만 예언을 하도록 해야 한다. 신사도주의 교회 안에서도 지금은 이런 검증의 노력을 구체적으로 하고 있는 추세이다. 하물며 복음주의 교회들 중에 은사주의 교회 및 신사도적 은사주의 교회에서 예언에 열려 있는 경우, 더더욱 예언자들을 세우고 사역하게 하는 데에 신중해야 하는 것은 당연한 것이다.

둘째, 예언 사역에 있어서 은사가 권위를 앞서면 안된다. 두아디라 교회의 어려움 중 가장 큰 것은 이세벨에 의해서 교회가 좌지우지 되었다는 것이다. 교회의 리더십도 어찌할 수 없는 그녀의 횡포가 있었던 것이다. 예언 사역에 부르심을 입은 자들은 철저히 하나님께 순복하는 자여야 하고 겸손한 자여야 한다. 겸손하지 못한 자를 하나님은 결코 쓰시지 않으신다. 이미도 세워진 교회의 권위들과 공동체의 질서를 무시하는 행위를 결코 예언 사역이라 하지 않는다. 이는 횡포인 것이다. 신사도주의 교회 안에서도 선지자는 사도에게 순종하여야 한다.[236] 사도에게도 예언할 수 있지만 철저하게 사도의 권위아래 있게 된다. 사도에 의해서 그들의 예언은 분별되고 치리된다.

셋째, 예언자는 죽을 때까지 자신을 돌아보며 살피는 자여야 한다. 모든 믿는 자가 그래야 하지만 예언자는 말할 것도 없다. 예언자가 돈과 이성과 명예에 넘어가면 자신만 무너지는 것이 아니라, 자신을 따르던 자들도 함께 무너지는 것이다. 그런 의미에서 늘 자신을 살필 줄 아는 자여야 하는 것이다.

넷째, 예언자는 오히려 말씀을 더 상고하는 자여야 한다. 왜냐하면, 예언이 말씀과 다른 것이 되어서는 안 되기 때문이다. 그러므로, 더 수준 높은 예언자일수록 더 말씀을 깊이 연구한다.

9. 신사도적 교회

빌 해몬 감독이 은사주의의 주춧돌을 놓았다면 피터 와그너 박사는 신사도주의를 최종적으로 정리한 자라 할 수 있다. 그가 말하는 신사도적 교회 내용을 살펴볼 때 다음의 두 가지 개념이 중요하다.

1) 5중직임과 사도, 선지자 중심의 교회 정치[237]

피터 와그너는 그 동안의 교단 정치의 폐단을 들며 사도와 선지자를 포함한 5중직임의 회복을 통해 특별히 사도직임의 회복을 통해서 교회가 바르게 회복될 수 있다고 주장한다.

에베소서 4장
11. 그가 어떤 사람은 사도로, 어떤 사람은 선지자로,
어떤 사람은 복음 전하는 자로, 어떤 사람은 목사와 교사로
삼으셨으니
12. 이는 성도를 온전하게 하여 봉사의 일을 하게 하며
그리스도의 몸을 세우려 하심이라

그동안 사도적 신앙, 사도적 교회라는 말이 성결 운동과 오순절 운동에서 많이 나왔다. 그러나, 그들이 이야기하는 사도적 신앙은 사도적 권능에 따른 기적과 신유와 성령의 역사를 말하는 것이었다. 그러나, 신사도주의는 사도적 능력뿐 아니라, 사도직임까지의 회복을

말하고 있다. 그는 현대 교단 정치의 문제점을 지적하면서 초대교회의 사도적 교회 정치로 돌아 가야함을 주장하고 있는 것이다. 그리고, 초대 교회에 있던 5중직임의 회복이야말로 진정한 교회의 회복을 이룬다고 주장한다.

즉, 사도와 선지자는 교회의 직임으로써 사역하는 자들로 이해하는 것이다. 신사도주의에서는 현대 여타 교회들이 에베소서를 비롯한 바울 서신에 등장하는 5가지의 직임 중에서 사도와 선지자를 제외한 목사와 교사와 전도자만을 인정하는 것은 잘못된 것이라고 지적한다. 교회의 리더십은 목사만이 아니라, 사도, 선지자, 목사 및 교사와 전도자들의 팀 리더십을 가져야 한다고 본다. 현 교회들은 교회의 리더십을 모두 목사라고 부르고 있다고 문제점을 지적한다. 사실상, 목사라고 불리는 자들 중에는 사도 또는 선지자로 불리 우는 것이 더 나은 자들이 있다는 것이다. 즉, 그들에게 있어서 사도와 선지자는 교회 및 교단의 리더십에 해당하는 자들인 것이다.

그런데, 그 직임을 가지게 되는 출발에 있어서 개신교 목사와 차이가 있다. 개신교에서 목회자가 되는 것은 개인적은 부르심과 목회자 시험을 통과하여 목회자가 된다. 그런데, 5중직임을 주장하는 신사도주의는 직임과 관련된 은사의 영적 기름 부으심으로부터 시작된다고 본다. 요즘 일반 개신교 안에서도 은사 테스트들을 통해서 자신의 은사를 발견하는 경우가 많다. 물론, 교회나 교단에 따라 은사를 규정하는 것이 모두 다르다. 그런데, 신사도주의는 다른 은사들도 중요하지만 5중직임에 해당하는 은사를 발견하도록 독려한다. 그리고, 그 은사자들로 교회를 세워나가는 것을 은사 발견의 골격으로 삼는다.

역사적으로 중보기도자가 먼저 1970년도에 회복이 되었고 1980년도에 선지자 직임이 회복이 되었고 가장 늦게 사도직임이 1990년도 들어서 회복되었다고 피터 와그너는 주장한다. 그리고, 이 세 그룹이 교회를 바르게 하는 가장 중심이 되는 그룹이라 주장한다. 사실상, 신사도주의 안에서도 이런 직임들은 현재 진행형으로 정립되고 발전해가고 있다.

지금까지의 그들의 정리된 상황을 고려하여 사도의 직임이 세워지는 단계를 설명해 보면 다음과 같다.

첫째, 영적 카리스마와 지도력의 은사를 발견하는 것이다. 그리고, 이들이 사람들이 따르는 성향이 있고 심지어 훌륭한 제자까지 배출하기도 하는지 살핀다. 물론, 이들에게는 그럴 수 있는 성품도 요구된다. 주님의 음성가운데 비전을 볼 줄 알고 공동체의 질서를 잡을 줄 아는 자들로 서 가고 있는지 봐야 한다.

둘째, 이제 충분한 세월 속에서 교회 공동체 안에서 선지자들이나 중보자들로부터 이 은사가 확증 받고 인정받게 되는 과정을 거친다. 이 과정은 몇 년을 거쳐서 충분히 이루어진다. 물론, 이에 걸맞은 사역에 참여하게 되고 사도의 은사를 발휘할 수 있는 사역들을 하여 열매를 맺어 간다.

셋째, 이제 선지자들 안에서 그리고 사도들 안에서 공식으로 인정을 받게 되면 사도로 세워지게 된다.

넷째, 사도로써 직임을 감당하며 선지자와 함께 그리고, 중보기도자와 함께 사역을 펼쳐 나간다.

이처럼 모든 5중직임 또는 중보기도자까지를 포함하여 6가지의 직임은 4단계 또는 5단계의 과정을 거쳐서 직임의 위치까지 오른다고 본다. 지역 교회 안에 사역자로 세워지는 것도 쉽지 않지만, 지역 교회를 섬기는 위치에서 광범위한 위치를 섬기는 자로써 세워지는 것은 오랜 시간이 걸리는 것이고 많은 검증을 요한다. 물론, 지역 교회를 섬기는 자들 중에 소수의 몇 명만이 광범위한 섬김을 하는 위치로 올라 갈 수 있는 것이다.

피터 와그너는 이를 좀 더 세분하여 지역 교회 또는 지역 교회들을 섬기는 직임자, 그리고, 기능적으로 어떤 기능과 그 기능의 영역만을 섬기는 직임자, 또는 어떤 지역에서만 직임자인 경우 등으로 나눈다.

어찌되었든 기존의 목회자나 평신도 사역자인 장로나 안수집사의 개념과는 사뭇 다른 직임자로써의 교회를 주장하고 있는 것이 신사도주의이다. 특히, 사도와 선지자와 중보기도자의 직임을 교회의 핵심 직임으로 보고 있는 것이다.

마크 텁스의 직임자 발전 단계[238]

사도	선지자	전도자	목자	교사
연합의 마음	모든 신자들에게 주어진 예언의 영	구원받지 못한 자들을 향한 마음	성령 안에서 사랑과 긍휼의 마음	진리의 영, 가르침의 은사
사도적 기름부음	예언의 은사	전도의 은사	목회적 은사	가르침의 은사
지역교회에서 인정하는 사도적 사역	지역교회에서 인정하는 예언사역	지역교회에서 인정된 복음전파사역	지역교회가 인정하는 목회사역	지역교회에서 인정하는 교사사역
광범위한 사도적 사역과 리더쉽	광범위한 예언사역	광범위한 복음전파와 리더쉽	광범위한 목회사역과 지도력	광범위한 교사사역
사도적 직임	예언자적 직임	전도자의 직임	목사의 직임	교사의 직임

2) 통치 신학(Dominion Theology)[239]

이 세상을 기독교적 진리로 개혁하고 다스리자는 개념과 어둠이 다스리는 세상을 주님의 진리로 회복하여 가져오자라는 이야기는 사실상, 기독교 세계관 및 문화 인류학의 내용과 다를 것이 없다. 다만, 신사도주의 통치 신학은 그들만의 종말론과 사도적 통치 개념에 근거하여 이야기를 펼치고 있다는 것이 다른 것이다. 이들은 이를 통치 신학이라 정리한다. 내용을 정리해 보면 다음과 같다.

첫째, 신사도주의 종말론은 마지막 때에 대추수와 대부흥이 일어난다고 본다. 그렇기 때문에 마지막 때의 선교에 강조점을 두고 있다. 대규모의 추수이기 때문에 개인 선교사의 선교 개념보다는 큰 재정이 들어가는 여러 단체의 연합을 통한 선교를 바라보고 있다. 그리고 단순히 하나의 교회 개척이 아니라, 선교지 나라 전체의 변화를 목적으로 두고 있다.

둘째, 세상을 영적으로 회복하고 통치하는 데에 영적 전쟁 개념을 중요시 여긴다. 세상을 다스리고 있는 영적인 마귀의 존재에 대해 영적 도해를 통해 직시한다. 그리고, 어둠의 세력을 물리치는 영적 전쟁을 펼쳐나간다. 이 전쟁은 군사로 일어나는 신부들에 의해서 주도된다. 이렇게 지역적인 영적 전쟁에 승리할 때 복음이 그 땅에 들어갈 수 있고 대부흥과 대추수를 할 수 있게 된다. 예배가운데 이들은 이런 영적 전쟁을 펼친다. 그래서, 그들의 찬양에는 영적 전쟁의 찬양과 사도적 찬양이 등장한다. 보통 복음주의 교회에서도 영적 전쟁 찬양이 등장한다. 그런데, 보통 복음주의 교회에서의 영적 전쟁 찬양의 내용은 개인이 죄와 싸우는 내용이다. 그러나, 신사도주의에서 부르는 영적 전쟁 찬양은 나라 전체를 뒤덮고 있는 어둠의 영을 물리치는 내용인 것이다.

셋째, 세상가운데 하나님의 통치가 펼쳐지기 위한 영역을 보통 7개로 나눈다. 정치, 경제, 교육, 종교, 가정, 미디어, 예술과 스포츠이다. 그리고, 각각의 영역을 기독교적 진리로 영적으로 정복해가는 것을 목적으로 삼는다.

넷째, 이 분야를 정복해 가기위해서 일터 사역자들이 요구된다. 기존의 직장선교와 다른 개념은 그 영역에서 사역하기위한 부르심과 영적인 기름 부으심에 있다. 그리고, 이들 일터 사역자들의 리더로써 영적인 권위를 가진 인물을 일터 사도라고 부른다.

다섯째, 일터 사도들은 각각의 영역을 영적 전쟁을 통해서 회복하여 가져오는 데 선두에 서게 되어 있다. 그리고, 그 결과로 각각의 영역이 복음으로 회복된다. 그리고 동시에 재정이 일어난다. 그 동안 어둠에 묶여 있던 재정들이 이 전쟁을 통해서 교회 안으로 흘러 들어오는 것이다. 이 재정들은 큰 규모로써 대추수를 하기에 부족함이 없는 정도가 된다고 본다. 주님께서 어둠에 묶여 있던 재정을 풀어주심으로 교회가 대추수를 감당하도록 하시는 것이다. 일터 사도들은 바로 이런 재정을 일으키고 증식시키는 것에 탁월한 자들이라 할 수 있다. 이런 재정을 대추수를 위해 선교지나 필요한 영역에 분배하고 집행하는 데에는 선교사들과 그런 은사를 가진 일터 사역자들이 또 다시 일어나게 될 것이다. 재정의 부흥을 이야기하는 면에서는 번영 신학과 같다고 볼 수 있으나 개인의 축복 개념에서 재정의 일어남을 이야기한다기보다는 종말론적인 대추수를 위해서 재정이 일어남을 이야기한다는 점에서 재정이 일어나는 목적이 다르다.

A worshipper, be the best
최고의 예배자가 되라

27장

신사도적 찬양

1. 주님을 향한 직접적인 친밀감의 찬양

빈야드 찬양으로부터 시작된 은사적 찬양은 처음부터 주님을 향한 직접적인 찬양을 추구하였다. 그리고, 신사도주의로 와서는 더욱 강력하여졌다. 존 윔버는 다음과 같이 이야기하였다.

"우리가 가정모임을 시작한 이후에 나는 그 모임에서 주로 찬양할 때 하나님을 깊이 체험하는 것을 주목하게 되었습니다. 많은 노래들을 불렀으나 대부분은 어느 한 그리스도인이 다른 사람에게 하는 간증에 관한 곡들이 많았습니다. 그러나 종종 우리는 '예수 사랑해요' 같은 가사로, 개인적이며(Personally) 친밀하게 예수님을 노래하는 찬양을 불렀으며, 이러한 유형의 노래들은 내 안에 하나님을 향한 갈급함을 일으키고 또 채워주기도 했습니다."240

퀘이커 신앙 출신인 존 윔버는 신비신학적인 입장에서 주님과의 연합을 추구하는 찬양을 만들었다. 보통 침묵 속에서 주님과의 연합을 추구하는 것이 신비신학이지만, 퀘이커 교도들 중 한 부류인 쉐이커 교도의 찬양, 그리고, 개신교 신비주의 공동체인 떼제 공동체의 찬양에서처럼, 찬양 속에서 주님과의 연합을 추구하는 경우가 이미 존재하였다. 그런데, 존 윔버에 와서 그 이전의 전통적이고 민족적인 음악이 아닌 미국의 록 밴드 음악에 뿌리를 두는 찬양을 통해서 주님과의 연합을 추구하는 찬양이 시작된 것이다. 보다 대중적인 음악장르로 발전시켜 많은 이들이 쉽게 찬양 속에서 주님과의 연합을 추구할 수 있는 길을 연 것이다. 그리고, 그런 이유로 인해, 찬양을 통한 주님과의 연합은 존 윔버의 찬양을 통해서 개신교에 대중적으로 퍼지게 되었다. 다시 말해 존 윔버는 찬양을 통한 주님과의 연합을 개신교에 대중화시킨 인물이라 할 수 있다.

여기서 잠깐 생각해 봐야 하는 것은 오순절 부흥 운동으로부터 시작된 오순절 예배에는 찬양 속에 성령의 역사가 나타남이 이미 존재하고 있었다. 그렇다면, 찬양 속에 주님과의 연합을 추구하는 것은 오순절 신앙에서 먼저 등장했다고 생각할 수 있다. 그러나, 그 성격에 있어서 차이가 있다. 오순절 찬양은 앞서 살펴 본 것처럼, 찬양 속에서 성령 체험을 통한 방언, 성령의 은사, 신유, 축복을 추구한다. 그에 반해, 신사도주의 찬양은 찬양 속에서 주님께서 주시는 무엇이 아닌 주님과의 연합을 추구하는 것이다. 그러므로, 찬양 속에서 주님과의 연합을 추구하는 체험적 찬양이 개신교에 퍼진 것은 존 윔버로 부터이다.

이런 직접적인 친밀의 찬양은 다음의 3가지 모양으로 나타난다.

첫째, 친밀감의 찬양이다. 주님과 깊은 사랑의 사귐을 갖는 찬양인 것이다.

'이와 같은 때엔', '주의 아름다운 처소' 등의 찬양은 주님과 깊은 사랑의 교제를 갖도록 직접적으로 주님께 사랑을 고백하도록 하는 찬양들이다.

'사랑의 노래 드리네', '모든 사랑 드리리'[241], '내 맘의 인을 치소서' 등의 찬양은 완전히 직접적으로 주님께 사랑을 고백하는 찬양은 아니지만, 정황상 주님께 직접 사랑을 고백하게 되는 찬양이라 하겠다.

둘째, 경외의 찬양이다. 주님의 위대하심과 위엄과 영광을 높이며 찬양하는 것이다.

'전심으로', '보좌에 계신 하나님', '주께서 높은 보좌에' 등의 찬양은 주님의 임재가운데 실제적으로 영광과 경외함을 느끼고 체험하고 그런 체험의 임재 속에서 또한 그분께 영광을 돌리도록 돕는 찬양이 되겠다. 친밀감의 찬양이 주님을 사랑함으로 만나는 것이라면 경외의 찬양은 주님을 경외함으로 만나는 것이다. 신사도적 찬양에서는 이런 종류의 찬양이 정말 많고 더욱 만들어지고 있다.

셋째, 기쁨의 찬양이다. 주님을 진심으로 사랑하는 예배자는 주님을 기뻐하게 되어 있다. 구원의 기쁨과 승리의 기쁨이 늘 새롭게 강하여진다. 즉, 한편으로는 우리의 구원이시고 신랑이시고 왕의 왕이신 주님께 감격하고 그분을 마음 다해 기뻐한다. 또한, 다른 한편으로는 우리를 기뻐하시는 주님께서 부어주시는 기쁨의 영으로 인하여 슬픔을 이기고 어둠을 이기고 상처를 이기게 된다. 더 나아가 이길 수 있는 힘이 생긴다. 기쁨의 찬양은 마치 축제처럼 주님과 함께 위에 설명한 기쁨을 누리며 사귐을 갖는 찬양이 되겠다.

'주의 영이 계신 곳에', '나는 주의 친구', '나 기쁨의 춤추리' 등의 찬양은 넘치는 기쁨을 표현하는 찬양들이다.

이런 직접적인 찬양들은 존 웜버로부터 시작되어 은사주의 찬양 그리고, 신사도적 찬양에까지 이르고 있다. 물론 현재 복음주의 안에도 접목되어 성행하고 있다. 그런데, 신사도주의는 예배자들이 이런 직접적인 친밀감의 찬양을 통해 주님과 사귐을 갖고 연합을 추구함으로 다음의 두 가지 결과가 나타나길 바란다. 첫째, 마지막 때에 주님만을 뜨겁게 사랑하게 됨으로 어떤 유혹도 물리칠 수 있는 죄와 싸워 능히 이길 수 있는 영적 군사로써의 거룩한 신부가 되길 바란다. 둘째, 다시 오실 주님을 당당하게 맞이할 수 있는 순결한 신부로 준비되길 바란다. 이런 이유로 신사도주의의 친밀감의 찬양은 다른 복음주의의 찬양들보다 강렬하고 뜨겁다. 그리고, 신사도주의의 예배자들은 찬양에 대한 헌신이 강력하다. 그래서, 이들은 몇 시간이고 찬양을 하곤 한다. 24시간이라도 찬양하고자 하는 것이 이들이다. 그리고, 깊은 사귐을 위해 춤과 방언을 비롯한 강력한 은사적 현상들을 자유롭게 동원한다.

한편, 이런 강력한 친밀감의 찬양은 이어지는 예언적 찬양과 사도적 찬양에 근간이 된다. 예언적 사역과 사도적 사역은 주님과의 친밀감이 뿌리가 되지 않으면 할 수 없는 사역인 것이다.

2. 예언적 찬양(Prophetic Worship)과 사도적 찬양(Apostolic Worship)

찬양의 개념 변화			
전통 찬송	전통 복음주의 찬양	은사주의 찬양	신사도적 찬양
예배의 제 순서 역할, 입례 송, 송영, 회중 찬양	체험적 찬양, 은혜, 치유, 격려, 회복, 확신, 결단	직접적인 친밀한 찬양, 축복, 은사, 능력, 병 고침, 방언 찬양, 예언	강렬한 영적 연합의 찬양, 예언적 찬양, 사도적 찬양 (왕국 찬양, 전쟁 찬양)

이제 신사도적 찬양은 주님과의 영적 연합을 지나 이에 근거한 예언적 계시의 임함과 예언적 계시의 풀어짐으로 이어진다. 복음주의 찬양은 보통 개인 체험 중심적인 찬양이다. 개인의 구원, 개인의 회개, 개인의 은혜 경험을 추구하며 체험적 찬양을 하게 되는 것이다.

그리고, 오순절적 찬양 및 은사주의적 찬양 역시, 성령 충만과 능력, 은사, 병 고침, 축복, 방언을 경험하는 찬양이 되겠다. 은사주의 경우에도 예언을 경험하기도 한다. 그러나, 신사도적 예언이 아닌 일반적인 내용의 예언이 되겠다.

신사도적 찬양은 강렬한 영적 연합을 경험하고 이에 근거한 예언을 듣고 주님의 뜻이 세상에 펼쳐지는 것을 추구하는 찬양이 되겠다. 이들이 듣는 예언적 계시는 신사도적 종말론에 근거한 예언을 듣게 된다. 찬양 중 영적 연합을 경험한 예배 공동체는 주님께서 부어 주시는 신사도적 예언적 계시를 받게 된다. 그리고, 주님의 뜻 가운데 주신 그 예언적 계시를 풀어 놓으므로 주님의 뜻이 펼쳐지도록 선포하며 예배와 찬양을 드린다. 즉, 예언적 계시를 받는 것과 상관이 있는 예언적 찬양과 예언적 계시를 펼치는 것과 상관이 있는 사도적 찬양으로 이어지는 것이다. 전통적으로 찬양이라는 개념은 주님을 높이는 것 또는 주님과 관련된 메시지를 경험하는 것, 찬양 중에 주님의 은혜를 경험하는 것 등으로 예배 현장에 임하시는 주님과 예배자 또는 예배 공동체 사이의 일로 국한된다. 그러나, 신사도적 찬양은 예배 공동체로 국한되지 않는다. 예배 공동체를 넘어서 세상으로 주님의 뜻이 펼쳐지는 것까지를 추구한다. 예배 현장이 온 세상과 연결이 되는 것이다. 좀 더 예언적 찬양과 사도적 찬양을 구체적으로 살펴보겠다.

예언적 찬양은 성령께서 예배가운데 예배 공동체에게 직접 계시하시는 찬양이다.[242] 성령의 예언적 계시는 예배 인도자, 또는 선지자 직임을 가진 자 또는 사도적 직임을 가진 자 등의 리더들에게 보통 부어진다. 때로는 예배자들 중 한 사람에게 부어지기도 한다.

성령님께서는 어느 누구에게라도 말씀하실 수 있다. 그러나, 신사도적 찬양에서는 보통 리더들이 예언적 계시를 받아 예배 공동체에 나누고 선포한다. 그리고, 예언적 계시는 찬양을 부르는 중에 마음에 임할 수도 있고, 즉흥적인 찬양으로 임할 수도 있다.

이렇게 리더들에게 임한 예언적 계시는 다시 예배 공동체가운데 선포되는데, 예배 공동체는 믿음으로 화답하고 그 예언적 계시를 공동체의 말씀으로 받아들인다. 그리고, 예배 공동체는 다시 사도적 찬양으로 예언적 계시를 이어서 펼치게 된다.

한편, 찬양 중 예언적 계시는 다중적인 성격을 가진다. 리더가 예언적 계시를 받을 때, 그리고, 받은 예언적 계시를 예배 공동체가 믿음으로 화답할 때 단순히 이성적인 생각뿐 아니라, 노래, 춤과 몸짓, 예술과 미술 등으로 다중적으로 임하기도 한다. 성령님은 리더에게 예언적 계시를 주실 때, 그림을 그리는 자들에게도 그 영적인 계시를 주어 그 예언을 그림으로 표현하도록 하신다. 또한, 춤을 추는 자들에게도 임하여 춤으로 그 예언적 계시를 표현하도록 하신다. 리더들이 예언적 계시를 선포하여 예배 공동체가 그 예언적 계시를 믿음으로 받아 화답할 때에도 춤을 추는 자들은 화답의 표현으로 춤으로 믿음을 표현할 수 있다. 그리고, 그림을 그리는 자들은 그림으로 표현할 수 있다.

사도적 찬양은 하나님의 통치가 이루어지는 찬양이다. 하나님은 찬양 중에 보좌를 펴시고 좌정하시어 주님의 뜻 가운데 다스리시기 원하신다. 즉, 주님은 예언적 계시를 주시고 그 계시를 선포하게 함으로 주님의 뜻이 이루어지도록 하신다. 그런 의미에서 사도적 찬양은 왕국 찬양(Kingdom Praise)이라 불린다.243 앞서 통치 신학에서 언급한 7가지 영역에 하나님의 통치 및 주님의 뜻이 이루어질 것을 선포하는 찬양이다. 물론, 주요 내용은 신사도적 종말론적 계시가 되겠다. 즉, 대 부분의 계시 내용은 열방에 영적 군사와 신부가 일어나서 대추수와 대부흥이 일어날 것에 대한 내용인 것이다.

한편, 하나님의 뜻을 선포하고 주님의 통치를 선포하는 것 말고 사도적 찬양의 주요 내용 중 또 하나는 찬양 중에 열방을 무대로 사단과 영적 전쟁을 벌이는 것이다. 보통 복음주의에서의 영적 전쟁이라고 할 때에는 신앙인이 개인의 죄와 싸워 이기는 것과 말씀대로 사는 것 등이 관련 있었다. 그러나, 신사도주의에 와서는 개인을 지나 열방을 무대로 영적 전쟁을 펼친다. 원수를 향해 하나님의 권세로 직접 사단을 꾸짖는다. 이렇게 사단을 꾸짖으며 싸우는 찬양이라 하여 사도적 찬양은 또한, 영적 전쟁 찬양(Warfare Praise)이라고도 불린다.244

사도적 찬양은 사단을 물리치고 주님의 통치를 펼치도록 돕는 찬양이기에 교회의 다른 사역을 돕는 것이 된다. 사도적 찬양의 지원으로 세계가 영적으로 열린 가운데 선교사들의 활동과 교회 선교의 활동이 큰 열매로 귀결되게 되는 것이다. 또한, 삶의 7가지 영역 안에 어둠이 물러가고 영적인 문이 열려서 일터 사역자들과 일터 사도들이 강력하게 주님의 나라를 이루어가게 되고 정복하게 되고 재정을 풀어 대추수와 대부흥을 위해 가져오게 된다. 그런 의미에서 신사도적 찬양은 신사도적 교회가 신사도적 종말론을 펼치는 데에 기본이 되는 것이고 큰 역할을 감당하는 것이다.

다시 한 번 정리해 보면, 마지막 때에 대추수는 어떻게 진행되는가? 먼저, 예언적 찬양 중에 예언적 계시가 임한다. 그 예언의 내용에 근거하여 예를 들어, 하나님께서 왕으로 어떤 땅과 어떤 나라에 임하실 것을 선포한다. 그리고, 그 나라에 대부흥이 일어나도록 영적 군사를 일으키실 것을 선포한다. 그리고, 사도적 찬양으로 먼저, 그 땅과 그 나라를 주장하고 있던 사단을 꾸짖고 물리친다. 그리고, 예언에 근거한 주님의 통치를 구체적으로 풀며 찬양하고 기도한다. 이렇게 찬양 속에서 사역할 때에 예언적 계시를 주신 주님은 실제적 응답으로 그 땅에 역사하셔서 수많은 자들이 사단에게서 풀려나게 하신다. 그리고, 선교를 통해서 수많은 영혼들이 주님께 돌아오게 된다. 이것이 바로 대추수의 시나리오이다.[245]

한편, 사도적 찬양은 중보기도와 협조한다. 영적 전쟁을 펼치는 것은 또한, 주님의 통치를 이루도록 하는 것은 찬양으로 선포하는 것과 기도하는 것의 두 방법의 조화로 이루어진다. 찬양 중에 노래로 선포하는 것이 찬양으로 선포하는 것이라면 기도하며 말로 선포하는 것은 기도로 선포하는 것이다. 찬양의 가사를 통해서 주님께 간구하는 것이 찬양으로 간구하는 것이 된다면, 기도와 말로 간구한다면 기도로 간구하는 것이 된다. 보통 사도적 찬양은 이렇게 찬양과 기도가 함께 어우러지며 선포와 간구를 오가며 이루어진다. 바로 이것이 Harp & Bowl 형식으로 하는 것이다.

3. 찬양의 주제되시는 예수님의 모습

찬양의 주제되시는 예수님을 그리는 주요 모습의 변화			
	전통적 복음주의	성결, 오순절적 복음주의	신사도주의
승리하신 예수	십자가에서 원수를 물리치신 예수	삶속에서 원수의 공격을 물리치시는 예수	다시 오셔서 아마겟돈, 곡과 마곡의 전쟁에서 승리하실 예수
사랑이신 예수	십자가 지신 예수	삶속에서 동행하시는 예수	다시 오실 신랑 되신 예수

찬양의 주제 되시는 예수님의 모습은 신앙의 전통에 따라 그 그리는 주요 모습이 다르다. 전통 복음주의 안에서는 보통 구원과 관련이 있는 예수님의 모습을 그린다. 나를 위해 십자가 지신 사랑의 예수님, 십자가에서 죽음을 이기시고 원수를 물리치신 예수님에 초점이 맞추어져 있다.

성결, 오순절적 복음주의는 구원을 지나 삶속에서 동행하시는 예수님께 초점이 많이 맞추어져 있다. 삶속에서 믿음의 백성을 인도하시고, 축복하시는 예수님, 그리고, 인생의 보혜사이신 성령님을 중심 주제로 삼는 경우가 많다.

반면, 신사도주의는 예배 때에는 다시 오실 예수님을 많이 그린다. 다시 오셔서 천국 혼인 잔치를 베푸실 신랑되신 예수님, 그 예수님을 기다리는 신부된 교회와 성도, 다시 오셔서 결론적으로 사탄을 멸하실 진정한 왕이신 예수님이 여타 신앙 전통보다 훨씬 많이 중심 주제로 등장한다.

물론, 다른 신앙에서도 다른 신앙 전통의 주요 주제가 되시는 예수님의 모습들이 당연히 등장할 것이다. 과거, 현재, 미래에 동일하신 주님을 모든 신앙 전통에서 고백하고 찬양하기 때문이다. 그러나, 예수님의 모습이 무엇이냐는 다른 이야기인 것이다. 신사도주의는 사도적 종말론 위에 서서 강력한 종말론적 신앙을 추구한다. 그래서, 다시 오실 예수님의 모습이 아무래도 주요 모습이 되는 것이다.

4. 은사적 찬양의 형식론(Spontaneous Song)[246]

오순절 신앙, 은사주의, 신사도주의 예배는 시작은 있지만 끝이 없는 경우가 종종 있다. 자신이 주님을 충분이 만날 때까지 예배시간을 스스로 결정하여 갖도록 하는 것이며, 충분히 가졌다 느껴지면 예배를 스스로 끝내고 떠나도록 하는 것이다. 이런 이유로, 신사도적 찬양에서는 정해진 시간을 넘어서 음악적 연장이 찬양 중에 자주 일어난다. 주님과의 영적인 사귐을 추구하고 예언적 선포를 추구하기에 굳이 시간에 구애받지 않는 것이다. 이런 음악적 연장은 은사주의 찬양에서 이미 집대성 되어 있었다. 다만, 신사도주의 찬양에 와서는 더욱 자유롭게 즉흥적이며 더 긴 시간을 요한다고 볼 수 있다. 그리고, 연장 중에 체험하게 되는 경험들이 신사도적인 성격을 가지고 있다. 연장되는 찬양은 다양한 이름으로 불리는데 그 이름들을 살펴보면서 음악적 연장의 의미를 파악해 보자.

1) ACCESSED SONG

음악적 연장을 ACCESSED라고 표현하여 부른다. 이는 정해진 시간을 넘어 확장되었다는 것을 의미한다. 은사적 찬양은 정해진 순서를 넘어 언제든지 확장될 수 있다. 음악이나 노래가 반복적이거나 즉흥적으로 이어질 수 있다. 그런데, 이렇게 음악적으로 연장시키려면 음악적인 훈련이 되어 있어야 한다. 그냥 연장하고 싶다고 연장할 수 있는 것이 아니다. 현대 은사적 찬양은 대부분 모던 록을 기반으로 하는 음악스타일을 가지고 있다. 모던 록 라이브콘서트에서 볼 수 있는 즉흥적인 음악연장의 기술이 필요하다. 그런데, 세상 음악 아닌 영적인 찬양이기에 영적인 분위기를 자아내면서 음악적 연장을 해야 한다. 그동안 빈야드 교회로부터 시작된 많은 은사적 교회에서 찬양을 해오면서 이런 음악적 연장의 노하우가 많이 쌓였다. 그리고, 지금도 창조적으로 발전시켜가고 있다. 음악으로만 연장하는 것, 음악 속에서 가사로 연장해가는 것, 음악 속에서 방언으로 연장해가는 것, 음악 속에서 예언적 선포로 연장해가는 것, 음악적으로 강하게 연장해가는 것, 음악적으로 차분하게 연장하는 것 등등 다양한 연장의 방법들이 등장하였다. 음악적 연장을 허용한다면, 예배의 필요에 따라 다양한 음악적 연장을 사용하여 예배를 더욱 풍성하게 만드는 노력이 필요할 것이다.

2) SPONTANEOUS SONG

아마 가장 많이 사용하는 음악적 연장의 용어가 SPONTANEOUS 가 아닐까 싶다. 미리 기획한 대로가 아닌 그 순간 성령님께서 인도하는 대로 즉흥적으로 연장해가기 때문이다. 그런데, 그 펼쳐가는 방법이나 내용은 그 순간의 성령님의 인도하심으로 즉흥적으로 펼쳐지겠으나 기본이 되는 음악적 연장의 스킬은 다분히 훈련을 통하여 가지고 있어야 한다. 마치 바둑에서 아무리 여러 번 바둑을 두어도 똑같은 형태의 판이 나올 수는 없으나 기본적인 정석들은 같은 것이고 익히고 있어야 하는 것과 마찬가지라 하겠다. 그리고, 여러 번의 음악적 연장을 통해서 즉흥도 다듬어지고 발전할 수 있다. 방언 찬양도 여러 번 하다보면 보다 조화롭고 아름다워질 수 있다. 더 성령님께서 부으시는 예언을 풀어놓기 원한다면 더욱 음악적인 훈련과 즉흥 찬양의 훈련이 되어 있어야 할 것이다.

3) SPIRITUAL SONG

음악적 연장을 SPIRITUAL이라고 많이 부르기도 한다. 이는 성령님의 인도하심으로 연장이 되기 때문이다. 성령님의 다스림 속에서 음악적 연장을 하는 것이고, 예언이 선포되고 주님과 사귐을 갖는 것이다. 그러므로, 음악적 연장을 할 때에는 겸손해야 한다. 인간적인 욕심과 교만을 내려놓고 오직 성령님의 다스림 속에 들어가야만 하는 것이다. 내가 잘나서 음악적 연장을 길게 하는 것이 아니고 내가 잘나서 성령님께서 내 영혼을 충만케 하는 것도 아니다. 결코 내가 잘나서 구원받은 것이 아닌 것과 마찬가지이다. 성령님의 다스림 속에서 겸손함으로 음악적 연장을 통해 주님과 사귐을 갖고 예언을 풀어 놓는 것뿐인 것이다. 간혹, 찬양인도자들 중에 필요이상으로 음악적 연장을 남발하던지 습관적으로 음악적 연장을 하는 경우를 보게 된다. 마치, 음악적 연장을 하면 영적으로 수준 높아 보인다고 생각하는 것 같다. 절대로 음악적 연장을 남에게 보이기 위해 해서는 안 된다. 음악적 연장은 성령님께서 일하시는 통로의 역할을 하는 것이다. 그러므로, 자신을 드러내는 것이 절대 목적일 수 없다. 겸손이 정말 필요한 것이다.

4) INDIVIDUAL SONG

음악적 연장은 공동의 예배가운에서 함께 하는 것이지만 다분히 개인적인 임재 경험인 것이다. 예배가 공동의 객관적인 것이지만 동시에 주관적인 것이 되어야 한다는 예배신학자 지글러(Franklin Segler)의 말이 여기서도 적용될 수 있는 것이다.[247] 하나님은 전체에게 말씀하시고 전체에게 예언을 주신다. 그러나, 받는 입장에서는 개인적으로 받는 것이다. 내 개인에게 무엇을 말씀하시는 것인지 들어야 하는 것이고, 개인이 주님과 깊은 사귐을 갖는 것이 되어야 한다. 응답은 개인이 해야 하는 것이다. 신사도적 찬양에 있어서도 공동체적일지라도 응답은 개인이 하는 것이 기본이라 할 수 있다.

28장

신사도적 찬양 접목과 관련한 고찰

복음주의가 신사도주의를 전적으로 받아들일 수는 없다고 본다. 그러나, 어떤 부분들은 도움을 받을 수 있다고 보여 진다. 특히, 경배와 찬양에 있어서는 그렇다고 생각한다. 물론, 받아들이되, 조심해야 하겠다. 이제 하나씩 살펴보고자 한다.

1. 영적 연합적 찬양 접목과 관련한 고찰

침례교 예배신학자 지글러가 말하는 예배의 객관적 경험과 대조되는 주관적 경험, 즉, 하나님의 임재를 의식하고 하나님과 인격적 교제를 나누는 것, 그리고, 샌프란시스코 신학교 교수인 일리온 존스가 말하는 예배의 예언적 요소, 즉, 개별적, 직접적, 인격적으로 주님을 만나는 것 등은 예배의 체험성 및 예배의 현재성이라고 달리 표현할 수 있다.[248] 그리고, 예배의 체험성과 현재성의 강화를 위해 경배와 찬양이 복음주의 안에서 등장한 것이라 필자는 앞서 설명하였다.

그런데, 복음주의에서 주관적 경험이라고 할 때, 전통적 복음주의에서는 말씀을 깨닫고 주님의 은혜를 경험하는 예배적 임재 경험을 주로 예배에서의 주관적 경험으로 이해해왔고, 성결적 복음주의와 오순절적 복음주의는 예배중 성령 체험을 예배에서의 주관적 경험으로 이해해왔다. 하지만, 빈야드 교회로부터 시작된 신사도적 교회들은 주님과의 영적 일치 또는 영적 사귐을 예배의 주관적 경험으로 사실상 체험하고 있다. 그리고, 현 복음주의는 예배의 주관적 경험의 개념 안에 사실상 주님과의 영적 연합 및 영적 사귐을 포함시키고 있다. 더 나아가, 예배중 주님과의 영적 사귐 및 영적 연합을 주관적 경험의 진수로까지 여기고 있다. 그래서, 지성소의 개념 및 임재의 개념들이 집중 조명되었다.

많은 복음주의 교회들은 주관적 경험의 강화를 위해 경배와 찬양을 수용하여 예배에서 드려왔다. 그리고, 언제부터인가 경배와 찬양 중에 은혜 경험을 넘어 영적 사귐과 연합의 경험을 하고자, 이미 영적 사귐과 연합의 찬양을 드리고 있는 신사도적 교회 및 은사적 교회들의 찬양에 관심을 가졌고 이들의 찬양을 공수해와서 접목하기 시작하였다. 그러다 보니, 현재 복음주의 경배와 찬양 안에는 신사도적 교회에서 만든 찬양이 상당히 많이 포함되어 있다.

이제 생각해 봐야 할 것은 과연 예배 중 영적 사귐과 연합을 위해 신사도적 찬양들을 가져와 접목하는 것이 괜찮겠느냐는 것이다. 필자의 생각은 정말 영적 사귐을 위해서 신사도적 찬양들을 접목하는 것이라면 괜찮다고 본다. 침묵 중에 주님과의 영적 사귐을 추구하는 것은 신비신학이 최고봉일 것이다. 그러나, 찬양 중에 주님과의 영적 사귐과 일치를 추구하는 것은 사실상 신사도적 교회들이 상당히 많은 부분을 연구하여 정립하고 있다. 예배 중 영적 사귐을 추구하기 위해 참조하는 것이라면 당연히 신사도적 찬양을 참조할 수 있겠다. 예를 들어, 주님의 위엄과 영광을 현재적으로 느끼고, 주님의 사랑을 현재적으로 느끼는 것에 그리고, 주님께 직접적으로 영광을 드리거나, 사랑을 고백하는 것에 신사도적 찬양은 상당히 효과적이다.

다만, 신사도적 찬양 등을 사용하여 영적 일치 경험과 영적 사귐을 갖는 목적을 분명히 할 필요가 있다. 복음주의에서 신비적인 영적 사귐과 영적 체험을 갖는 이유는 예배자가 이런 체험을 통해서 주님을 더욱 닮아가고 주님 뜻을 더욱 이루며 세상에서 승리하며 사는 삶을 살고자함인 것이다. 삶의 열매로 이어지지 않는 영적 체험이나 경험은 정말 이안 머리 등이 경고하는 열광주의로 흘러갈 수 있다.[249]

만약, 개인의 성화와 관련된 삶의 변화가 목적이 아닌 신사도 종말론적 삶을 살기위해, 그리고, 그들이 이야기하는 거룩한 영적 군사의 신부로 일어서서 대추수와 대부흥을 이루어가기 위해 영적 사귐을 추구하는 것이라면 이는 복음주의적인 영적 체험을 하고 있는 것이 아니다. 이는 신사도주의적인 영적 체험을 하고 있는 것이다. 완전히 다른 이야기가 되는 것이다.

그러므로, 신사도적 찬양을 접목할 때에 복음주의적인 영적 사귐을 위한 목적으로만 가져와야 하는 것이고, 또한, 복음주의적인 영적 체험에 도움이 되는 찬양들을 가져와야 하는 것이다. 만약, 신사도적 찬양을 가져와 접목하면서 예배중 영적 사귐은 별로 추구하지 못하고 신사도적 종말론적 사상만이 의도치 않게 들어와 신앙적인 혼란만 주고 있다면 이는 접목 안 한만 못한 것이다. 자녀들의 예배에서는 이미도 많은 신사도적 찬양들이 접목되어 있다. 그런데, 위의 예를 든 일들이 종종 목격이 된다. 즉, 영적 사귐은 제대로 추구되지 않고 신사도적 종말론으로 혼란만 야기되는 모습 말이다. 이를 위해 복음주의적인 영적 사귐의 개념과 이를 위한 찬양 접목의 지혜를 부모 세대들부터 잘 깨닫고 자녀들에게도 잘 가르칠 수 있어야 할 것이다.

2. 음악적 연장과 관련한 고찰

앞서 오순절 찬양 접목과 관련하여서도 고찰하였지만, 음악적 연장은 신사도주의 찬양의 특징 중 하나이다. 아니, 전통 오순절보다 그리고 은사주의보다 더 긴 예배의 연장 및 찬양의 연장을 하고 있는 것이 신사도주의가 되겠다. 왜냐하면, 이들은 찬양의 연장 중에 예언적 계시를 받고 이를 펼치기 때문이다. 그런 의미에서 음악적 연장을 허용하고자 한다면 앞서서 오순절 찬양의 접목에서와 마찬가지로 어디까지의 연장을 허용할 것인지 살펴야 할 것이다. 아마도 복음주의 교회들이라면 찬양 중에 메시지를 되새기기위해서 그리고, 주님의 임재를 느끼기 위해서 주님의 은혜를 느끼기 위해서 음악적 연장을 사용하게 될 것이다. 은사주의 교회라면 성령 세례와 방언을 받기 위해서 능력을 경험하기위해서 음악적 연장을 사용할 수 있겠다. 그리고, 신사도적 은사주의 교회라면 예언을 듣고 펼치기 위해서 음악적 연장을 사용할 것이다. 자신의 교회가 신학적으로 허락하는 하에서 음악적 연장을 사용하는 것이 지혜다.

음악적 연장 중에 예언을 하는 것이 뭔가 더 영적인 것 같고 멋있다고 무턱대고 하면 안 되는 것이다. 앞서서도 이야기했지만 필자는 은사주의적인 특징, 즉 방언과 성령 세례에는 열려 있지만 예언에는 열려 있지 않은 교회가 예언을 강요받게 되어 어려움을 겪고 결국에는 갈라지는 모습을 보았다. 음악적 연장을 사용함에 있어서 특히, 음악적 연장 중 예언 하는 것을 꼭 교회의 신학적 동의 아래 해야 할 것이다.

3. 왕국 찬양 접목 관련한 고찰

신사도주의 찬양에는 앞서 살펴 본 것처럼, 사도적 찬양의 개념 안에 왕국 찬양이라는 부분이 있다. 왕국 찬양들은 그 목적이 예언적 계시를 펼치는 데에 사용되는 찬양들이다. 그래서, 가사 내용 자체가 하나님의 왕국과 통치를 펼치는 메시지를 담고 있다. 어떤 곡들은 신사도적 내용을 많이 담고 있기도 하고 어떤 곡들은 신사도적 내용 없이 일반적인 하나님 나라 건설과 통치를 담은 곡들이 있다. 바로 후자의 곡들은 복음주의 교회들이 필요에 따라 분별하여 사용할 수 있겠다. 다음의 찬양 가사는 신사도주의 찬양 인도자 딘 미첨의 '우리의 땅을 고치소서' 곡의 가사이다.250

주께서 우리나라를 구원하셨습니다
우리는 주의 은혜가 필요 합니다
우리는 겸손히 절하며 주의 얼굴을 구합니다.
주여 우리를 용서 하소서
불법적인 행위들로 우리의 눈은 멀었고
이제 우리의 무릎만 남았습니다
주님, 우리가 돌아옵니다
우리의 길에서 다시 한 번 주님, 기도합니다
주의 생명을 불어 넣으소서
우리를 자유케 하소서
우리의 도시와 가정에 주의 영광을 계시 하소서

우리는 일어납니다

주의 왕국이 땅 끝에서 실현되는 것을 보기위해

주님을 부르는 소리에 응답하소서

주여 우리가 일어섭니다

주여 우리가 기도합니다

우리 땅을 고치소서

　　주님께서 도시와 가정가운데 오셔서 영광을 나타내시고 고치시길 간구하는 내용의 찬양이 되겠다. 복음주의 찬양에서는 안타깝게도 하나님의 뜻이 펼쳐지도록 직접적으로 구하는 이런 내용의 찬양이 그리 많지 않다. 복음주의는 그동안 개인의 구원과 개인의 삶에 치중한 찬양만을 많이 만들다 보니 나라의 회복과 관련된 찬양들이 많지 않았다. 고형원의 '부흥' 찬양을 필두로 몇몇 찬양들이 나라의 회복 및 하나님 나라가 이루어지는 통치와 관련된 찬양으로 등장하긴 했다. 그러나, 그 내용에 있어서 나라나 세상 곳곳에서 주님의 뜻이 이루어지고 개혁과 변화가 일어나는 내용보다는 변화와 개혁이전에 회개에 초점을 맞추거나 교회의 회복과 승리에 초점을 맞추는 경우가 대부분이었다.

　　물론, 신사도주의 찬양만이 정말 완벽하게 나라의 회복과 하나님 나라 건설에 부합한 찬양이라고 말하고 있는 것은 아니다. 그러나, 복음주의보다 더 이 부분을 고민하고 가사를 담고자 하였다는 것은 부인할 수 없다. 그러므로, 복음주의 교회들은 신사도주의의 이런 내용을 잘 분별하여 가져와 사용하든지 아니면 도전을 받아 이런 내용들을 담은 찬양을 이제 만들어 갔으면 한다. 아무튼, 이런 내용들의 찬양은 복음주의 교회들에서 하나님 나라가 나라가운데 이루어지길 소원하는 설교 말씀 뒤에 적용을 위해 가져와 사용할 수 있을 것이다.

그러나, 다음 찬양은 신사도적인 내용이 직접적으로 표현되어 있기에 복음주의 교회에서는 사용하기 힘들다. 딘 미첨의 '시범을 보이는 세대' 라는 곡의 가사이다.[251]

> 우리는 메시지를 시범 보이도록 택함 받았네
> 메시지를 크고 분명하게
> 하나님의 왕국이 여기 있다는 것을 세계에 보이도록
> 우리는 주의 성령으로 기름 부음 받았네
> 주의 능력을 보이며 주의 말씀을 전하도록
> 그리고 하늘과 땅에 표적과 기사를 행하도록
> 우리는 시범을 보이는 세대 시범을 보이는 세대
> 우리는 시범을 보이는 세대
> 우리는 오중 사역의 교회
> 오중 사역의 교회 우리는 오중 사역의 교회
> 우리는 성령의 불 가운데 나아가네
> 예수님처럼 부활 능력으로 우리는 벽을 꿰뚫네
> 그리고 원수를 무너뜨리네
> 우리의 찬양은 강력해
> 우리의 춤은 역동적이며 우리의 마음은 한마음 되었네
> 우리는 전쟁에서 승리하리

그리고 지옥의 문은 우리를 이기지 못하리
예수께서 승천하실 때 주께서 사단을 상케 하셨네
주께서 사람에게 은사를 주셨네
현재를 되돌리기 위해 주께서 주의 강력한 능력을 주셨네
주께서 다시 오실 때
사도와 선지자와 복음전도자와 목사와 교사가 완전하게 되어
성도를 무장시키고 주의 일을 행하리
그래서 우리는 성장하고 강한 교회가 되리

위의 가사는 선두주자 사역과 오중사역이라고 하는 신사도주의적인 내용을 직접적으로 담고 주의 뜻을 펼치고자 하는 왕국 찬양이 된다. 복음주의 교회에서 사용할 수 있는 내용의 찬양은 아닌 것이다. 신사도적 찬양을 가져와 접목하되 그 내용을 잘 살펴 복음주의적인 기독교 세계관에 부합한 가사를 담고 있는 찬양만을 가져와서 접목해야할 것이다.

4. 전쟁 찬양 접목과 관련한 고찰

앞서 이야기했듯이 복음주의 찬양에서의 전쟁 찬양은 보통 개인이 죄와 싸우는 내용 및 개인을 속이고 무너뜨리려는 사단을 물리치는 내용들을 담고 있다. 그러나, 신사도주의 전쟁 찬양에서는 물론,

앞의 내용들의 찬양도 있지만 더 많은 경우, 세상과 열방을 주장하고 있는 어둠을 물리치는 것과 관련된 내용을 주로 담고 있다. 이런 전쟁 찬양을 접목하기위해서는 역시 신사도주의적 내용을 직접적으로 담고 있는 곡들과 그렇지 않은 곡들을 나눌 필요가 있다. 이중 그렇지 않은 곡들은 잘 분별하여 가져와 사용할 수 있다. 다음은 한성진의 '차원 높은 찬양'의 가사이다.[252]

> 차원 높은 찬양과 손에 말씀의 검 들고서
> 적진을 향해 나가네
> 예수이름으로 원수들에게 빼앗긴
> 우리의 기업을 다시 찾아오네
> 전쟁의 함성 외치며
> 주 여호와의 군대들이 목소리 높여 선포하네
> 예수는 왕 우리의 통치자 예수는 주 예수는 왕

과거 이런 내용들의 찬양이 경배와 찬양에 있었다. 예를 들어, 마라나타 뮤직에 큰 영향을 준 뉴질랜드의 'Scripture In Song'을 만든 Dale Garratt 곡으로 예수전도단이 번역한 '주님과 담대히 나아가' 등이 겠다. 이미도 은사주의 운동 중에 이렇게 지역적인 전쟁 찬양들은 선보여졌던 것이다. 이런 내용들에 대해서 열려 있는 교회들이라면 개인의 영적 전쟁뿐 아니라, 지역적인 영적 전쟁의 내용들의 찬양이 필요할 수 있다. 복음주의 안에는 지역적인 전쟁 찬양이 그렇게 많지 않다. 그렇다면 가져와 사용할 수 있다. 그러나, 다음의 전쟁 찬양은 접목이 어려울 것이다. 한성진의 '여호와의 장엄한 음성'의 가사이다.[253]

> 여호와의 장엄한 음성에 원수는 낙담하네
> 여호와의 권능의 오른팔로 원수를 흩으시네
> 교회를 대적하는 이세벨의 선포는 무효하다 무효하다
> 원수들을 쳐서 예언하며 심판을 선포하네
> 우리 입의 예언의 검으로 원수의 목을 치네
> 교회를 대적하는 바벨론의 세력은 무너졌네 무너졌네

위의 내용은 예언적 선포로 어둠을 물리치는 신사도주의적 내용을 직접적으로 담고 있기에 복음주의 교회에서 사용하기는 어려운 곡이라 할 수 있다.

이상의 것을 제외하고는 복음주의 교회들이 신사도주의 찬양에서 가져올 수 있는 것이 별로 없는 것 같다. 만약, 예언이나 신사도적 종말론 등을 추구한다면 모를까, 오히려, 잘못 가져왔다가는 기존 복음주의 교회의 신학과 맞지 않아 문제를 일으킬 수 있다. 그나마 가져올 수 있는 하나를 더 생각해 본다면, 마지막 때에 깨어 있는 신앙을 추구하는 찬양 정도가 될 것 같다. 신사도주의는 앞서서 살펴 본 것처럼, 마지막 때에 대추수와 대부흥을 추구하기에 마지막 때에 깨어 있는 신앙을 추구한다. 종말이 없을 것처럼 세상에 빠져 사는 부분에 경각심을 주고자 한다면 이런 내용들을 탁월하게 담은 신사도적 찬양을 가져와 예배에 접목할 수 있을 것이다. 그러나, 분명 조심해야 하는 것은 그렇게 가져오려다 아예 신사도적 종말론 자체를 가져와 버릴 수도 있으니 주의해야할 것이다.

A worshipper, be the best
최고의 예배자가 되라

9편

최고의 예배자가 되라
복음주의 경배와 찬양 가이드북

결론

| 29장. 바른 경배와 찬양을 향한 제언

복음주의 안에서의 경배와 찬양의 개혁
신앙운동으로써 새로운 예배 및 새로운 찬양의 등장
신사도주의의 확장과 그에 대한 접목과 관련된 연구 계속

| 30장. 신앙전통간의 통합적 경배와 찬양

29장

바른 경배와
찬양을 향한 제언

이제 글을 정리하면서 두 가지를 이야기 하고자 한다. 첫째는 바른 경배와 찬양을 향한 제언이고 둘째는 통합적 경배와 찬양 제시이다. 먼저, 바른 경배와 찬양을 향한 제언을 이야기 하고자 하는데, 3가지로 이야기할 것이다. 그 3가지는 첫째, 현 복음주의 경배와 찬양 자체적인 점검과 개혁이 필요하는 내용이고, 둘째는 새로운 차원의 운동과 연구의 등장이 있어야 함을 피력하는 내용이고, 셋째는 신사도주의에 대한 대처가 필요하다는 내용이 되겠다.

1. 복음주의 안에서의 경배와 찬양의 개혁

앞에서도 언급했지만, 복음주의는 지금 기독교의 주류이다. 그러나, 이제 적지 않은 문제점들을 드러내고 있는 것도 사실이다. 기본적 확신을 제외한 나머지 것에 대해 다양성을 인정한다는 것은 좋은 의도였고, 지금도 그렇다. 하나됨과 연합을 추구하는 것이기에 그렇다. 그런데, 이로 인하여 감당하기 힘든 여러 가지 일들이 발생하였다.

그중 하나가, 오순절 신앙으로부터 등장한 축복과 교회 성장이다. 특히, 오순절 신앙이 복음주의 안에서 큰 위치를 차지하게 되면서 축복과 교회 성장의 개념은 여타 복음주의 교회들에게도 영향을 크게 미쳤다. 이에 대해 거부하거나 반박하는 내용들도 있었지만 대다수의 교단과 교회들은 축복과 교회 성장의 개념을 받아들였고 또한 추구하였다. 그런데, 결과적으로 돌이켜 보건데, 이 두 개념은 단점이 분명한 것들이었다. 오순절 교회들의 경우는 원래 신학 자체가 이 부분들을 추구하고 있었기에 교회적 차원에서의 혼란은 그렇게 크지 않았는지 모르겠다. 그러나, 칼빈적 신앙을 가지고 있는 교회들에게서 혼란이 적지 않았다. 자아부정과 겸손과 희생을 덕목으로 여기는 칼빈적 교회들이 두 개념을 붙잡으면서 자신의 전통적 교리에 반하여, 주님을 닮아가고 다른 사람들을 사랑하기위해 희생하는 것보다 세상적으로 성장하는 것을 더 추구하도록 독려하였고, 그런 교회 소속 성도들은 세상의 성공을 더 좋아하게 되었고 그것이 신앙이 좋은 것으로 착각하게 되었다. 사실, 이 혼란으로 현대 복음주의 교회는 많은 타락상을 보여주고 있는 것이 사실이다.

연합을 추구함으로 문제가 발생한 것 중에 하나 더 예를 들자면, 바로 동성애이다. 지금 복음주의에 보면 동성애를 옹호하는 교회들이 늘고 있다. 그래서, 동성애를 옹호하는 복음주의 교회들과 동성애를 거부하는 복음주의 교회들로 나뉘고 있는 상황이다. 동성애를 옹호하는 교회라기보다는 동성애에 열려 있는 교회들도 역시 복음을 가지고 있으니 그들을 복음주의 그룹에서 내치지 말고 그들도 품어야한다고 보고 동성애에 열려 있는 교회들까지도 품는 그룹들이 있다고 서술하는 것이 맞겠다. 동성애가 죄라는 것을 거부하는 교회들은 복음주의 교회라 볼 수조차 없다고 본다. 다만, 하나됨을 파괴하면서까지 그런 교회들을 내치는 것은 옳지 않다고 보는 교회들의 경우는 죄를 거부하는 문제와 하나됨을 지켜야 한다는 문제라는 두 가지 이슈아래 딜레마를 겪다가 하나됨을 선택한 그룹이라 볼 수 있다. 이에 반해 많은 교회들은 동성애를 죄로 여기고 동성애에 열려 있는 교회들을 같은 복음주의 그룹으로 인정하지 않는다. 비록 하나됨을 추구하는 복음주의의 정신과는 배치되지만 잘못된 것은 언제라도 개혁한다는 복음주의의 개혁 정신에 부합하기에 이 또한 당연히 복음주의적인 자세라 볼 수 있다. 어찌되었든 이런 이유로 복음주의 안에 동성애와 연관된 것들이 들어오고 말았고, 동성애는 복음주의가 감당하기 힘들게 될 것이다.

이와 같이 이러저런 이유들로 문제점을 가지고 있는 복음주의를 그냥 둘 수 없어서 복음주의의 본질을 회복하고자 일어난 이들이 있는데, 앞서 언급했지만 대표적 인물이 알리스터 맥그라스이다. 그는 복음주의의 장단점을 통렬하게 이야기하면서 복음주의가 안 좋아질 수 있는 가능성이 많다고 이야기한다.254 그러나, 복음주의의 장점들을 잘 다시 붙든다면 복음주의의 미래는 건강해질 것이라고 희망한다. 이렇게 복음주의 안에서 어떻게든 복음주의가 원래 의도했던 대로 회복되기 위해 제대로 개혁해 나가고자 하는 부류들의 정신을 따라서, 예배 및 경배와 찬양 부분에서도 복음주의 정신이 바르게 회복되도록 예배와 찬양을 개혁해 나가는 노력이 반드시 있어야 된다고 필자는 주장한다.

현재, 복음주의 교회들의 예배를 살펴 볼 때 그리고, 경배와 찬양을 살펴 볼 때 체험적인 예배로서 제대로 서 있는 예배가 얼마나 될지, 체험적인 경배와 찬양으로써 제대로 서 있는 경배와 찬양이 얼마나 될지 솔직히 걱정스럽다. 감동이 사라졌든지 또는 은사주의에 너무 치우쳐져 있든지 하여 바른 체험적 예배나 경배와 찬양이 되지 못한 경우가 상당히 많은 것을 주변 교회를 돌아보면 금방 발견할 수 있다. 아무쪼록, 자신들의 예배의 문제점이 무엇인지를 파악하고, 어떤 부분들을 고쳐 나가야할지 연구해야 한다. 경배와 찬양과 관련해서도 복음주의적으로 바른 체험적 경배와 찬양을 회복하기위해서 반드시 노력해야 할 것이다.

2. 신앙운동으로써 새로운 예배 및 새로운 찬양의 등장

한편, 복음주의는 사실상 그 역할을 다했다고 보고, 대안적 신앙 운동들이 일어나고 있다. 그 대표적인 것이 바로 레슬리 뉴비긴(Lesslie Newbigin)에 의해 시작된 '선교적 교회(Missional Church)'라 하겠다. 선교적 본질로써 교회, 선교적 본질을 소유한 성도라는 개념을 중심으로 펼쳐지는 선교적 교회론은 사실상, 이 시대의 새로운 신앙 회복 운동이라 볼 수 있겠다. 마치, 가톨릭이 타락하자, 신앙 회복 운동으로써 종교 개혁 운동이 일어났고, 개신교가 정착하여 세속화되자, 신앙 회복 운동으로써 경건주의 운동이 일어난 것과 같은 맥락으로 신복음주의 운동 시대가 가고 선교적 교회 운동의 시대가 오고 있는 것으로 이를 주장하는 자들은 생각한다. 필자도 어느 정도는 동의하는 바이다.

그렇다면, 선교적 교회의 개념을 펼쳐가는 이들은 예배학적 입장에서는 선교적 예배, 더 나아가 선교적인 찬양은 무엇인지 생각해 보아야 할 것이다. 선교적 예배에 대해서는 연구가 이미 되고 있다.[255] 그러나, 아직까지 선교적 찬양 개념을 연구하는 이는 없는 것으로 안다. 필자는 선교적 예배와 함께 선교적 찬양을 연구하여 이를 잘 펼친다면 복음주의적인 바른 종말론적 예배와 찬양이 나올 수 있지 않을까 생각한다. 필자는 앞서서 어떤 천년설에 근거한 종말론이든 상관없으나 반드시 바른 종말론을 펼칠 수 있어야 한다고 말하였다. 즉, 어떤 종말론을 가지고 있든 세상에 빠지지 않고 세상이 다인 것처럼 살지 않으며 그러면서도 오늘을 열심히 사는 자가 되어야 하는 것이다. 마지막 때에 세상에 나아가 더욱 복음을 전하고 믿는 자답게 빛과 소금으로 살아가야 하는 것이다.

아이러니한 것은 신사도적 종말론을 가지고 있는 교회들마다 대부흥과 대추수의 신학을 가지고 있으면서도 세상으로 들어가 빛과 소금이 되는 것보다는 교회로 더 모여 예배하고 종말을 준비하는 경향이 더 강하다는 것이다. 요즘 이단적 종말론들도 보면, 세상을 등지고 교회에만 있게 하는 종말론이 훨씬 많이 성행한다. 심지어, 전통적 복음주의 신학에도 기독교 세계관이 등장하지 않았다면 별 다를 바 없었을 것이다.

이런 상황에서 선교적 교회, 선교적 예배, 그리고 선교적 찬양라는 개념은 선교적 본질을 회복하여 마지막 때에 선교라는 목적을 향해 열심을 내는 교회라는 내용을 포함하고 있기에 마지막 때에 복음에 바로 서서 열심을 내게 하는 건전한 종말신앙을 돕는 역할을 충분히 할 수 있을 것 같다. 신사도적 종말론을 받아들이고자 하는 이들이라면 상관없겠지만 복음주의 안에서 마지막 때에 세상에서 빛으로 사는, 복음과 선교에 있어서 열심을 내는 종말론적 신앙을 추구하는 자들에게는 이런 개념들이 대안으로써 충분히 제 역할을 할 수 있을 것이라 생각한다.

비단 선교적 교회와 관련하여서 이야기를 나누었지만, 이제 기존의 개념과 다른 새로운 차원의 신앙 운동들이 일어날 수 있다. 그리고, 찬양도 마찬가지일수 있다. 무조건 새로운 것이라 좋다는 것이 아니라, 바른 신앙을 위해 새로운 신앙 운동 차원으로 새로운 예배 개념 및 운동, 새로운 찬양 개념 및 운동들이 등장한다면 필자는 환영

한다. 무엇이라도 신앙의 회복을 위한 것이라면 연구하고 생각해 봐야하는 것이 옳다고 필자는 생각한다. 자신의 잘못을 살펴 개혁하는 것과 함께 새로운 것을 등장시키는 것 또한 중요한 것이라 생각 하는 것이다. 과연, 어떤 새로운 예배 운동 및 찬양 운동들이 등장할까?

3. 신사도주의의 확장과 그에 대한 접목과 관련된 연구 계속

지금 신사도주의는 계속 확장되고 있다. 필자가 보기에는 앞으로 더 커질 것 같다. 그래서, 복음주의 안에도 은사주의 교회들 뿐 아니라, 신사도적 은사주의 교회들도 더 많이 등장하게 될 것 같다. 아울러 신사도적 찬양의 영향도 점점 커질 것 같다. 그러므로, 복음주의 교회들은 신사도주의에 대해 잘 알고 더욱 대처할 수 있어야 할 것이라 생각한다. 만약, 받아들인다면 어떤 부분까지를 받아들이고 어떤 부분은 거부할지 또한, 어떻게 접목할지 등을 반드시 연구해야 할 것이다. 찬양에 있어서도 어느 정도까지를 접목할지 어떤 부분들은 조심할지를 앞서서 고찰했지만 더 발전된 연구와 고찰이 뒤따라야 할 것이다.

A worshipper, be the best
최고의 예배자가 되라

30장

신앙전통간의 통합적 경배와 찬양

이제 마지막으로 필자가 이야기하고 싶은 것이 있다. 그것은 통합적 경배와 찬양에 대한 부분이다. 예배학자 로버트는 웨버는 통합적 예배에 대한 비전을 이야기하였다. 미래의 예배는 통합적일 것이라 전망하였던 것이다.[256] 필자는 로버트 웨버의 통합의 정신을 이어서 통합적 찬양, 더 나아가 통합적 경배와 찬양에 대한 비전을 이야기하고자 한다. 필자가 이야기하고싶은 통합적 경배와 찬양은 다음과 같다.

첫째, 복음주의 안에 있는 다른 신앙의 경배와 찬양의 장점을 가져와 자신의 것의 단점을 보완하는 것이다. 앞서서 이야기했지만, 근본주의적인 자신만이 옳다는 자세는 결국 자신의 단점은 절대 볼 수 없고 다른 신앙의 장점 또한 볼 수 없다. 반대로 복음주의는 다른 신앙의 장점을 수용하여 자신의 신앙을 더욱 발전시켜 나갈 수 있는 것이다. 그런 의미에서 로버트 웨버의 통합적인 예배의 비전은 복음주의 정신과 부합한다. 경배와 찬양에 있어서도 다른 신앙에서 나타나는 경배와 찬양의 특징 중에 자신의 신앙을 보완해 주는 장점들이 있다면 가져와서 통합할 때 경배와 찬양은 나의 신앙을 더욱 발전시키는 데에 큰 도움이 될 것이다.

예를 들어, 칼빈적 경배와 찬양에 부족할 수 있는 웨슬리적 경배와 찬양의 행함의 강조를 칼빈적 경배와 찬양이 가져와서 때로는 행함이 강조되는 설교와 함께 복음에 합당한 삶을 살 것을 강조하며 예배할 수 있다. 자칫 구원론에 약할 수 있는 오순절적 경배와 찬양에서 칼빈적 신앙의 주님의 주권을 선포하는 찬양을 가져와서 접목하여 때로는 기본으로 돌아가는 예배를 드릴 수 있겠다. 이처럼, 다른 신앙의 장점을 가져와 접목한다는 것은 나의 신앙의 발전을 위해 유익한 것이고, 경배와 찬양에서도 마찬가지인 것이다.

둘째, 다른 신앙의 장점을 접목하기 이전에 자신의 신앙 전통에서의 경배와 찬양을 자신의 신앙에 걸맞게 발전시켜 나가는 것이 당연히 먼저여야 할 것이다. 앞선 이야기들에서 언급했듯이 많은 경우 아직 자신의 신앙에 걸맞는 경배와 찬양이 그렇게 제대로 정립된 상황은 아니라 할 것이다. 전통적 복음주의 경배와 찬양은 더욱 전통적 복음주의적 경배와 찬양으로서 발전해 가야할 것이고, 성결적 복음주의 경배와 찬양, 오순절적 경배와 찬양도 자신의 신앙의 특성에 맞게 더욱 발전해 나가야 할 것이다. 그래야, 다른 신앙의 장점을 가져와 접목하여도 혼란이 없을 것이고 또한, 다른 신앙에서 장점으로 보고 접목하고 싶은 것이 될 것이다. 다른 신앙이라고 무조건 접목하고 싶은 것이 되는 것은 아니다. 다른 신앙의 것으로써 훌륭한 것이어야 접목하고 싶은 것이 되는 것이다.

전통적 복음주의 경배와 찬양은 예배적 질서에 있어서 보다 발전해 나아가는 모습을 보여 주어야 할 것이다. 예전적 예배에 또는 전통적 예배에 경배와 찬양이 예배학적 질서를 가지고 또한 질서 있게 잘 접목되어 운영되는 모습을 보여줄 필요가 있다. 제대로 된 예배학적 질서를 소유한 그리고 제대로 접목된 경배와 찬양의 모습을 보여준다면 다른 신앙전통에서 자신의 예배에서 예배학적 질서를 추구할 때에 전통적인 예배 및 경배와 찬양을 참조하게 될 것이다.

또한, 전통적 복음주의 경배와 찬양은 전체 예배 안에 메시지 경험의 역할을 제대로 해내기 위한 예배적 노력을 더욱 함으로 다른 신앙 전통에서 경배와 찬양 중에 기본적인 복음주의 메시지 경험에 대한 노하우를 전통적 복음주의 경배와 찬양에서 배워 올 수 있도록 해야 할 것이다. 칼빈적 복음주의는 칼빈 신앙에 중심이 되는 신앙적 내용들에 관한 메시지 경험을 제공해 줄 수 있어야할 것이고, 웨슬리적 복음주의는 웨슬리적 신앙에 중심이 되는 내용들에 관한 메시지 경험을 제공해 주어야한다. 그래서, 예정이나 선택과 관련된 메시지 경험에 대해서는 칼빈적 경배와 찬양을 보고 배울 수 있어야 할 것이고, 만민 구원과 성화에 관련하여서는 웨슬리적 경배와 찬양을 보고 배울 수 있어야 한다.

　성결적 복음주의 경배와 찬양은 성결을 위한 성령 체험으로써 실용적 찬양을 더욱 효과적으로 제공하는 것이 되어야 한다. 그리고, 성결한 삶, 선교와 복음 전파와 관련된 메시지 경험, 알미니안적 부흥 관련한 메시지 경험을 더욱 발전시켜서 이런 내용의 메시지 경험이 필요할 경우 성결적 경배와 찬양을 보고 배워 올 수 있어야 한다.

　오순절적 복음주의 경배와 찬양은 방언과 축복을 위한 성령 체험으로써 실용적 찬양을 더욱 효과적으로 제공하는 것이 되어야 한다. 그리고, 방언 찬양을 더욱 발전 시켜 나가야할 것이다. 전통적 복음주의 안에도 성령 중심의 예배를 드리는 은사주의 교회들이 많다. 오순절적 경배와 찬양을 보고 위와 관련된 내용의 것들은 배워 올 수 있는 것이 되어야 한다.

　신사도적 찬양은 주님과의 연합과 관련하여 영성적인 차원으로 더욱 온전히 발전시켜 나가야 할 것이다. 이 부분에 있어서 이제 거의 대부분의 복음주의 경배와 찬양에서 추구하고 있다. 한국의 경우도 주님과의 연합적 찬양은 현재 복음주의 각각의 신앙 전통의 경배와 찬양에서 이제는 꽤 많은 부분을 차지하고 있다. 그러므로, 주님과의 연합을 추구하는 경배와 찬양에 대해서 바르게 연구 발전시켜서 복음주의 경배와 찬양들에서 보고 배울 수 있도록 해야 할 것이다.

　신사도적 종말론에 근거한 예언적 찬양이나 사도적 찬양에 대해서는 복음주의 교회들에서 논란이 있기에 복음주의 교회들이 자신들의 혼란을 피하기 위해 오히려 이 내용들을 연구해야 한다. 복음주의 교회 안에서 부흥회나 수련회 등에서 특히, 청소년 및 청년 수련회 등에서 예언적 찬양과 은사적 찬양은 생각보다 많이 등장하고 있음을 꼭 직시해야 한다.

미래의 경배와 찬양은 이렇게 자신의 것은 자신 것대로 더욱 발전시켜 나가고, 다른 신앙 전통의 장점들도 가져옴으로 또한 더 발전시켜나가는 것이 되어야 할 것이다. 주님은 편협한 분이 아니시다. 그리고, 사실상, 각각의 신앙 전통은 주님의 어떤 면만을 강조하고 있는 것이다. 리차드 포스터가 생수의 강에서 영성의 여러 갈래를 이야기 하였듯이 주님은 다양한 차원으로 연구되어질 수 있는 분이시다. 주님은 바로 그렇게 풍요롭고 충만하신 분이시기 때문이다. 다양한 신앙전통에서 연구한 내용을 접할 수 있는 것은 그런 의미에서 축복이다. 복음의 또 다른 귀한 면을 발견할 수 있기 때문이다.

경배와 찬양도 마찬가지이다. 자신의 주요 신앙 전통의 내용뿐 아닌 다른 신앙 전통의 장점들도 가져와서 통합적으로 다양한 체험을 찬양 중에 경험할 수 있다면 이는 엄청난 축복이 될 것이다. 그래서, 경배와 찬양이 통합적 특징을 가져, 예배자들이 경배와 찬양 중에 주님께서 주시는 메시지를 경험하는, 주님께서 부어주시는 은혜를 경험하는, 변화를 경험하는, 성령의 역사를 경험하는, 주님과의 연합을 경험하는 예배의 장으로써 역할을 한다면, 예배자들로 진정한 삶의 변화를 가지도록 돕는 그 어떤 예배적 요소보다도 강력한 것이 될 것이다.

아무쪼록 경배와 찬양을 드리는 모든 교회가 자신의 것들은 더욱 깊게 발전시켜 나가고 다른 것들의 장점까지 접목함으로 경배와 찬양이 보다 주님의 풍성한 것을 경험하는 장이 되길 소망한다. 그리고, 그 귀한 사역에 부족한 이 연구가 도움이 되길 진심으로 기도한다. 또한, 앞으로 이 통합적인 경배와 찬양 사역을 위한 여러 신앙전통 안에서 더 깊고 다양한 경배와 찬양의 연구가 나오길 진심으로 소망한다.

미주

01 기독교 그 위험한 사상의 역사, 알리스터 맥그라스 저, 박규태 역, 국제제자훈련원, 2011, 676p

02 공동 예배서, 김소영 김세광 안찬엽 공역, 한국장로교 출판사.2002, 9p

03 이 부분의 내용은 찬송의 이해, 김남수 저, 침례신학대학교출판부, 2005, 117-149pp 를 참조하라.

04 복음주의 미국의 역사, 더글라스 스위니 저, 조현진 역, CLC, 2015, 53p. 더글라스 스위니는 이 시기를 제2의 종교개혁이라고 평가한다. 그리고, 부흥의 시기임을 잘 설명해 준다.

05 교회음악개론, 홍정수 저, 장로회신학대학교 출판부, 1988, 165p

06 기독교의 미래, 알리스터 맥그라스 저, 박규태 역, 좋은 씨앗, 2006, p155

07 기독교의 미래, p156

08 위에서 언급했듯이 복음주의에 대한 내용은 알리스터 맥그라스의 저서들인 '복음주의와 기독교의 미래', '복음주의와 기독교적 지성', '기독교 그 위험한 사상의 역사'를 참조하였다. 마틴 로이드 존의 '복음주의란 무엇인가' 낸시 피어시의 '완전한 복음', 심재승의 '개혁신학의 기초', 박용규의 '복음주의 운동' 등도 참조되었다.

09 복음주의란 무엇인가, 마틴 로이드 존스 저, 이길상 역, 복있는 사람, 2004 내용을 토대로 정리하였다.

10 복음주의와 기독교의 미래, 알리스터 맥그라스 저, 신상길 정성욱 공역, 한국 장로교 출판사, 2009, p73

11 같은 책, 73-77pp

12 세계 오순절 성결 운동의 역사,빈슨 사이난 저, 이영훈 박명수 공역, 서울 말씀사, 2008, 261p

13 복음주의와 기독교의 미래, 81p

14 같은 책, 85p

15 같은 책, 89p

16 같은 책, 58p

17 "이것을 구체적으로 어떻게 믿게 되느냐고 묻는다면 나는 이것이 구원의 과정 (mechanism)에 대한 이해의 문제일 뿐, 구원의 방법(way)에 대한 문제가 아니라고 대답하겠습니다. 나 자신은 이 주제에 대해 분명하고 확고한 견해를 지니고 있지만 선택과 예정 교리를 받아들이고 믿지 못하는 사람과 갈라설 마음은 없습니다. 모든 사람이 오직 은혜로 구원을 받는다고 말하는 한, 그리고 하나님께서 천하 만민을 불러 회개케 하신다는 데 동의하는 한, 그들이 아르미니우스 주의자든 캘빈주의자든 그들과 갈라설 마음이 없습니다." 복음주의란 무엇인가, 130p

18 공동 예배서, 9p

19 예배갱신의 신학과 실제, 조기연 저, 대한 기독교서회, 2002, 134p

20 예배의 신학, 정장복 저, 장로회신학대학교 출판부, 2000, 362-365pp

21 예배의 신학, 205-207pp

22 교회 홈페이지에서 주보를 참조하기 바란다.

23 새로운 대중음악 CCM, 양동복 저, 예영, 2000, pp???

24 기독교 영성사전, 고든 웨이크 필드 저, 엄성옥 역, 은성, 2002, 480p

25 기독교의 미래, 알리스터 맥그라스 저, 박규태 역, 좋은 씨앗, 2006, 151p. 알리스터 맥그라스는 전통 오순절 신앙과 은사주의를 포함하여 오순절주의라고 일컫기도 한다.

26 신사도적 교회로의 변화, 피터 와그너 저, 김영우 역, 쉐키나, 2008 48-49pp

27 "신사도운동, '교회 구조'를 '사도적 갱신'하자는 것", 국제성령신학연구원, 은사-비은사주의 상호 인정과 발전 방안 모색, 기독일보 Jun 16, 2016, http://kr.christianitydaily.com/articles/88319/20160616/%EC%8B%A0%EC%82%AC%EB%8F%84%EC%9A%B4%EB%8F%99-%EA%B5%90%ED%9A%8C-%EA%B5%AC%EC%A1%B0-%EB%A5%BC-%EC%82%AC%EB%8F%84%EC%A0%81-%EA%B0%B1%EC%8B%A0-%ED%95%98%EC%9E%90%EB%8A%94-%EA%B2%83.htm

28 새로운 대중음악 ccm 양동복 저, 예영, 2000, 67-116 참조하였다.

29 박동원, 정선원의 Donkey Music '현대 예배곡 작곡의 시초, Scripture In Song' http://donkeymusic.hosting.paran.com/main/page/frame.html

30 차성수 목사의 칼럼, 나의 찬송을 부르라 http://blog.daum.net/css1227/365

31 차성수 목사의 음악이야기 http://blog.daum.net/css1227/365

32 세계오순절 성결운동의 역사, 빈슨 사이난 저, 이영훈 박명수 역, 서울말씀사, 2008, 254p

33 기독교 그 위험한 사상의 역사, 676p

34 세계오순절 성결운동의 역사, 271-287pp

35 가톨릭에서 은사운동이 일어났다는 것은 많은 의미를 가진다. 가톨릭의 교황은 그 동안 보수 개신교에게서 적그리스도로까지 매도되고 있었다. 그런데 성령의 역사를 경험함으로 가톨릭 안에도 진정한 신도가 나올 수 있다는 것을 보여주는 증거가 된 것이다.

36 기독교 영성사전, 고든 웨이크필드 저, 엄성옥 역, 은성, 2002, 480p

37 같은 책, 480p

38 신사도적 교회로의 변화, 피터 와그너 저, 김영수 역, 쉐키나, 2004, 49p. 이는 사실상 그들 스스로의 판단이고 평가이다. 그들의 판단과 평가를 존중하여 필자도 이야기 하고 있는 것이다.

39 사도와 선지자, 피터 와그너 저, 임수산 역, 쉐키나, 2008, 130p

40 차성수 목사의 음악 이야기 1, http://blog.daum.net/css1227/443

41 하나님 나라, 존 윔버 저, 조병철 엄정섭 역, 하나님나라빌더스, 2014 를 참조하기 바란다.

42 세계 오순절 성결 운동의 역사, 336-341pp

43 사도와 선지자, 131p

44 하나님을 갈망하는 예배 인도자, 앤디 파크 저, 김동규 역, ivp, 2005, 331p

45 같은 책, 325-344pp

46 웨일즈 부흥의 주역, 이반 로버츠에서 먼저 이런 현상들이 나타났다. 그리고, 역사적으로는 교부 시대부터 등장 했었다고 볼 수 있다. 세계를 변화 시키는 능력, 릭 조이너 저, 김주성 역, 순전한 나드, 2008을 참조하라.

47 Intimacy of God, 존 윔버, http://www.piney.com/VineyardIntimacy.html

48 하나님을 갈망하는 예배 인도자, p335

49 이 부분 인물 등에 대한 내용은 '차성수 목사의 음악 이야기 1,2,3' http://blog.daum.net/css1227/443 을 참조하였다.

50 하나님을 갈망하는 예배 인도자, 325p

51 하나님을 갈망하는 예배 인도자, 325-344pp. 존 윔버는 이미 성도 안에 내주해 계시는 성령님에 대한 성령의 내주에 대한 개념만을 가지고 있고 성령세례를 거부하는 칼빈 신학에 대해서 주님을 경험하고 체험하고자 하는 신앙회복에 대한 갈망이 적을 수밖에 없다고 말한다. 성령의 기름 부으심의 개념을 가지고 있는 은사주의적 개념이야말로 진정한 갈망과 겸손을 가져다주는 그래서 신앙회복을 가져다줄 수 있다고 보았다. 그리고, 록 밴스 스타일의 찬양보다 성가대 중심의 전통적 찬양이 더 콘서트스타일이 될 우려가 있다고 보았다.

52 같은 책, 334p

53 같은 책, 340-344pp

54 하나님을 갈망하는 예배 인도자, p333

55 사도와 선지자, 132p

56 사도와 선지자, 205-206pp

57 새로운 대중음악 CCM, 601-602pp

58 "경배와 찬양운동의 이단적 기원과 신학적 비판", 이남규 http://blog.naver.com/PostView.nhn?blogId=simson77&logNo=80014127908

59 회중을 춤추게 하는 예배 인도자, 탐 크라우터 저, 김동규 역, 예수전도단, 2006, 153-163pp

60 복음적 예배의 이해, 일리온 존스 저, 정장복 역, 한국장로교출판사, 1995, 225p. 일리온 존스 교수의 신령한 예배라는 부분을 참조하였다.

61 현대 사회와 예배 설교사역, 임성빈외 다수, 예배와 설교 아카데미, 2002, 467- 471pp

62 예배학, 로버트 웨버 저, 김지찬 역, 생명의 말씀사, 2005, 123-138pp

63 필자가 작사 작곡한 곡이다. 참고로 필자가 섬기는 anc 온누리 교회에서 입례송으로 부르는 곡이다. 악보는 갓피플 등 ccm 악보 판매 싸이트에서 판매하고 있다. 음악을 듣기 원하면 유투브 2000worshipers로 들어가면 들을 수 있다.

64 이 찬양 역시 필자의 곡이다.

65 이 찬양 역시 필자의 곡이다.

66 이 찬양 역시 필자의 곡이다.

67 이 찬양 역시 필자의 곡이다.

68 서울장신논단 17권 2009, "아빌라의 테레사의 기도신학", 송인설, 139-140pp,

69 리차드 포스터의 '기도'를 참조하였다.

70 교회음악신학, 데이빗 페스 저, 이석철 역, 요단 출판사, 1997, 93-166pp

71 같은 책 153p. "그러나, 코이노니아 음악은 케리그마적인 수술이 있는 후에 권면, 도움, 세워줌 그리고 건설적인 성장을 다루는 것이다....그것은 위로가 되는 음악이기는 하지만 혼수상태에 빠지게 하는 것은 아니며, 편하게 해주는 음악이지만 잠재우는 음악은 아닌 것이다"

72 목사와 설교, 마틴 로이드 존스 저, 서문강 역, 기독교문서선교회. 1993, 79-81pp

73 개혁신앙의 도표를 참조하였다. 새길 개혁 교회 홈페이지에서 재인용, '캘거리 개혁신앙 연구회, 김병혁 목사' "http://www.nprchurch.com/44060547854436854924446976.html"

74 조직신학 개론, 밀라드 에릭슨 저, 나용화 황규일 공역, 기독교문서선교회, 2007, 475-562pp 의 내용을 정리한 것이다.

75 감리 교회사, 김홍기 저, kmc, 2005, 364p

76 같은 책, 365p

77 같은 책, 360p

78 이 찬양 역시 필자의 곡이다.

79 이 부분 부흥과 관련된 내용은 청교도 신앙 그 기원과 계승자들, 마틴 로이드 존스 저, 서문강 역, 생명의 말씀사, 2009, 512-526pp 를 참조하였다.

80 이 찬양 역시 필자의 곡이다.

81 이 찬양 역시 필자의 곡이다.

82 이 부분은 기독교 그 위험한 사상의 역사, 471-489pp 을 참조하였다.

83 존 칼빈의 예배관, 조해수 저, 참조.
http://cafe.daum.net/harooah/liYO/30?q=%BF%B9%B9%E8%C0%C7%BD%C4%20%BC%AD%B9%AE%20%C4%AE%BA%F3%20%BF%B9%B9%E8%B0%FC&re=1

84 예배론, 마이클 호튼 저, 윤석인 역, 부흥과 개혁사, 2012, 236p

85 감리교 예배의 뿌리를 찾아서, 박은규 저. 참조
http://cafe.daum.net/M12/22I0/5?q=%BF%FE%BD%BD%B8%AE%B0%A1%20%BF%B9%B9%E8%20%B1%E2%C1%D8%20%B9%DA%C0%BA%B1%D4&re=1

86 기독교 예배학 입문, 제임스 화이트 저, 정장복 조기연 공역, 예배와 설교 아카데미, 2005, 177p

87 기독교 그 위험한 사상의 역사, 481p

88 그리스도 중심적 예배, 브라이언 채플 저, 윤석인 역, 부흥과 개혁사, 2011, 225-249pp

89 예배가 보인다 감동을 누린다, 로버트 웨버 저, 김세광 역, 예영, 2004, 60p

90 같은 책, 56-59pp

91 공동 예배서, 김소영외 2명 편저, 한국 장로교 출판사, 2002, 49-51pp

92 한국 교회 예배사, 허도화 저, 한국 강해설교학부 출판부, 2003, 249p

93 같은 책, 258p

94 현대 예배학 개론, 김소영 저, 한국 장로교 출판사, 2002, 65-80pp

95 "예배의 요소와 순서, 허도화 저", 복음주의 예배학, 한국복음주의 실천신학회 편저, 요단 출판사, 2001, 117-156pp

96 예배학, 로버트 웨버 저, 김지찬 역, 생명의 말씀사, 205-214pp

97 "The Renewal of Sunday Worship" The Complete Library of Christian Worship Vol III, Nashville, Stars Song Press, 1994, 214p

98 예배학, 로버트 웨버 저, 김지찬 역, 생명의 말씀사, 248-257pp

99 기독교 예배학 입문, 제임스 화이트 저, 정장복 조기연 공역, 예배와 설교 아카데미, 2005, 187p

100 예배가 보인다 감동을 누린다, 207p

101 주보들은 지면 관계상 이 책에 포함하지는 않는다. 각 교회의 홈페이지를 참조하면 볼 수 있다.

102 예배 학자 조기연 목사는 개신교 예배 갱신의 원리를 이야기하면서 좋은 예배가 되기 위해서는 하나의 주제를 가져야 하고 그 하나의 주제를 지향하는 예배가 되어야 한다고 역설한다. 예배 갱신의 신학과 실제, 조기연 저, 대한 기독교서회, 2002, 171p

103 복음적 예배의 이해, 일리온 존스 저, 정장복 역, 한국 장로교 출판사, 1995, 220p

104 찬양이 하늘에 닿다. 이천 저, 누가 출판사, 2008 를 참조하였다.

105 사도적 왕국 찬양, 딘 미첨 저, 김현우 역, HPWM, 2010, 25-48pp

106 로버트 웨버의 "The Renewal of Sunday Worship." The Complete Library of Christian Worship Vol III. Nashville : Stars Song Press. 참조하라.

107 필자의 책에서 예배학적 틀인 계시와 응답에 대한 연구를 충분히 하였다. 찬양이 하늘에 닿다, 241-249pp

108 같은 책, 130-145pp

109 청교도 신앙 그 기원과 계승자들, 마틴 로이드 존스 저, 서문강 역, 생명의 말씀사. 2009, 275-278pp

110 기독교회사, 661-673pp 를 참조하였다.

111 이 부분은 마틴 로이드 존스의 '청교도 신앙 그 기원과 계승자들' 147-185, 272-278pp 를 참조하여 정리한 내용이다.

112 웨슬린 관련 부분은 감리교회사, 87-165pp 를 참조하였다.

113 청교도 신앙 그 기원과 계승자들, 278-306pp 를 참조하였다.

114 오순절 운동의 신학적 뿌리 도널드 데이턴 저, 조종남 역, 대한 기독교서회, 2007, 55-87pp

115 시간이 흘러 칼빈주의적 메소디스트들과 결별하면서 보다 알미니안주의적인 복음찬양을 많이 만들게 되었다.

116 근대사회와 복음주의, 박명수 저, 한들출판사, 2008, 15-33pp 와 '청교도 신앙 그 기원과 계승자들' 494-502pp 를 참조하였다

117 '청교도 신앙 그 기원과 계승자들' 496p

118 같은 책, 514p

119 같은 책, 515p

120 청교도 신앙 그 기원과 계승자들, p517

121 같은 책, p518

122 같은 책, p511

123 같은 책, p521

124 근대사회와 복음주의, 29p

125 영적 감정을 분별하라, 조나단 에드워즈 저, 김창영 역, 생명의 말씀사, 2013, 252-269pp

126 경외 [敬 畏], 놀라움으로 우러러 두려워하다.

127 경탄 [驚 歎], 놀라움으로 우러러 기리며 노래하다.

128 이 부분의 내용은 오순절 운동의 신학적 뿌리, 도널드 데이턴 저, 조종남 역, 대한 기독교 서회, 2007을 참조하였다.

129 세계 오순절 성결 운동의 역사, 26-29pp

130 이안 머리의 '부흥과 부흥 주의' 및 '부흥관 바로 세우기' 등을 참조하라

131 근대사회와 복음주의, 61p

132 같은 책, 27p 몸을 떠는 현상을 "진동하는 현상"(Motor Phenomena) 이라 하였다.

133 오순절 운동의 신학적 뿌리, 74p

134 다시 보는 복음주의 유산, 도널드 데이턴 저, 배덕만 역, 요단, 2003, 45-60pp 의 내용을 참조하였다.

135 미국. 캐나다 기독교 역사, 마크 놀 저, 최재건 역, clc, 2005, 제7장 복음주의의 총동원 중 '찰스 피니와 현대 부흥운동 사상' 부분을 참조하였다.

136 예배의 신학6 "미국의 장로교 예배", 김경진
http://blog.cyworld.com/joohopark/2583857

137 예배의 신학6 "미국의 장로교 예배", 김경진
http://blog.cyworld.com/joohopark/2583857

138 오순절 운동의 신학적 뿌리, 다시 보는 복음주의 유산 두 책을 참조하였다.

139 세계 오순절 성결 운동의 역사, 38-64pp

140 같은 책, 65-111pp

141 만국성결연맹, 동양선교회 그리고 한국성결교회, 박명수 저, 성결신학 연구소
http://sgti.kehc.org/data/person/mspark/3.htm

142 만국성결연맹, 동양선교회 그리고 한국성결교회, 박명수 저, 성결신학 연구소
http://sgti.kehc.org/data/person/mspark/3.htm

143 이 부분은 전 성결대학교 총장 성기호 박사의 '100년 한국성결교회의 신학적 이해와 전망'을 참조하였다. http://blog.naver.com/hso7004/70188031549

144 근대복음주의의 주요 흐름, 박명주 저, 대한 기독교서회,1998, 173-214pp 를 참조하였다.

145 조직신학 개론, 667p

146 백투 예루살렘 운동 무엇이 문제인가, 이필찬 저, 새물결플러스, 2014, 314-326pp

147 이 찬양 역시 필자의 곡이다.

148 이 찬양 역시 필자의 곡이다.

149 관련주의는 외적인 메시지와 감정을 음악이 나타내야 한다는 것이다. 외적인 것의 필요에 따라 음악이 사용되는 것이다. 정보 전달, 또는 정서유발 등이 음악의 목적인 것이라 이야기한다면 이는 관련주의인 것이다. 물론, 선한 영향력이어야 한다. 만약, 좋지 못한 감정을 유발하거나 혼란스러운 감정상태를 가져오게 한다면 이는 좋지 못한 음악인 것이다. 관련주의는 이를 철저히 거부해야 한다는 자세를 견지한다.
좀 더 나아가 영국의 미학자 데리 쿡에 이르러서는 화성과 리듬에 따라 좋은 감정과 나쁜 감정들이 정해져 있음을 주장한다. 예를 들어, 장3도 화음은 기쁨을 나타낸다. 증 4도는 악마적인 힘을 나타낸다. 단 3도는 비극적인 감정을 나타낸다. 표현주의는 어떤 외부적인 관련을 거부하고 음악자체로 경험하는 것을 추구한다. 음악 자체를 감상함으로 표현할 수 없는 내적인 감정들을 경험하는 것을 말한다. 이는 재능과 교육을 겸비한 자만이 누릴 수 있는 음악적 경험이다.

예를 들어, 클래식 음악에 대한 감상 경험과 훈련이 된 사람만 클래식 음악을 들을 때 그 음악자체에서 품어내는 감정적 경험을 할 수 있다. 음악 미학, 베닛 리머 저, 안정모 역, 도서출판 다라, 1997, 23-39pp

150 100년 한국성결교회의 신학적 이해와 전망, 성기호 저
http://blog.naver.com/hso7004/70188031549

151 세계 오순절 성결 운동의 역사, 72-111pp 를 참조하였다.

152 근대복음주의의 주요 흐름, 223p

153 근대복음주의의 주요 흐름, 225p

154 세계를 변화시키는 능력, 릭 조이너 저, 김주성 역, 순전한 나드, 2008, 36-128pp

155 세계를 변화 시키는 능력, 71p

156 영적 각성운동의 역사적 고찰 11 - 웨일즈의 부흥운동
http://blog.naver.com/PostView.nhn?blogId=moses8291&logNo=130124772842&categoryNo=105&parentCategoryNo=0&viewDate=&currentPage=2&postListTopCurrentPage=1&userTopListOpen=true&userTopListCount=10&userTopListManageOpen=false&userTopListCurrentPage=2

157 세계오순절 성결 운동의 역사, 117-138pp

158 기독교 그 위험한 사상의 역사, 678p

159 기독교 대한 하나님의 성회 홈페이지, "교단 역사", http://www.kihasung.org/

160 더햄은 시무어에 의해 영향을 받아 시카고에서 그 신앙을 펼친 인물이다. 그는 시카고에서 North Avenue Mission)을 세웠고 이후 하나님의 성회를 세우는 데에 큰 공헌을 한다. 21세기에 있는 오순절 신학, 복음신학대학원대학교 오순절 신학 연구소 편저, 복음신학대학원대학교 출판부, 2009, 32p

161 오중복음과 삼중축복, 조용기 저, 서울 말씀사, 1997 를 참조하였다.

162 성령론, 조용기 저, 서울 말씀사, 2009를 참조하였다.

163 성령체험, 로버트 하이들러 저, 크리스 차 역, WLI, 2008, 140-157pp

164 성령론, 167p

165 현대인을 위한 오중복음 이야기, 조용기 저, 서울 말씀사, 2010, 78p

166 성령세례, R.A. 토레이 저, 최복태 역, 크리스천 헤럴드, 2005 참조하였다.

167 성령 체험, 51p

168 오순절 운동의 신학적 뿌리, 121-151pp

169 그는 사중복음, 즉, 중생, 성결, 신유, 재림을 완전한 구원의 복음 (The Gospel of Full Salvation),온전한 복음 (The Whole Gospel), 전 세계를 향한 온전한 성경 (The Whole Bible to the Whole World) 등으로 표현하였다.

170 성령론, 157-160pp

171 알리스터 맥그라스 오순절의 직접적으로 주님을 만나는 초월성으로 인해 라틴 아메리카, 아시아, 아프리카의 노동자 계급에 더욱 파급력이 있다고 설명한다. 직접적으로 인간의 삶에 찾아오셔서 관여하시는 주님으로 인하여 더 매력적으로 다가간다는 설명이다. 즉, 이는 오순절 신앙이 더 삶에 밀접한 개신교라는 설명이 된다. 필자는 이에 동의 한다. 기독교 그 위험한 사상의 역사, 692p

172 이 찬양 역시 필자의 곡이다.

173 서울장신논단 13권 2005, 세가지 길의 발전 "정화 조명 연합" 송인설, 102p

174 기독교회사, 윌리스턴 워커 저, 송인설 역, 크리스챤다이제스트, 2000. 105p

175 기독교 영성사, 브래들리 홀트 저, 엄성욱 역, 은성, 2002, 77-79pp

176 영성을 살다, 리처드 포스터 저, 김명희 양혜원 역, ivp, 2009, 35p

177 서울장신논단 13권 2005, 106-107pp

178 서울장신논단 13권 2005, 108p

179 영성을 살다, 36p

180 같은 책, 37p

181 같은 책, 393-398pp

182 기독교 영성사, 100p

183 영성을 살다. 399p

184 기독교 영성사, 125-134pp

185 영성을 살다, 245-257pp

186 같은 책, 248-251pp

187 같은 책, 252-253pp

188 기독교 영성사, 155p

189 서울장신논단 17권 2009, "아빌라의 테레사의 기도신학", 송인설, 143-149pp,

190 영성을 살다, 439p

191 서울장신 논단, 제 16회 2008년 "십자가 요한의 영성" 송인설, 서울장신대학교 출판부 2008, 145p

192 퀘이커 관련 내용은 퀘이커 300년, 하워드 브런턴 저, 함석헌 역, 한길사, 2009를 참조하였다.

193 같은 책, 51-52pp

194 같은 책, 24-31pp

195 기독교 영성사, 24p

196 서울장신논단 17권 2009, 137-138pp,

197 서울장신논단 13권 2005, 94-95pp.

198 같은 책, 95-99pp

199 같은 책, 95-99pp

200 영성을 살다, 167-185pp

201 기독교 영성사, 146p

202 서울장신논단 13권 2005, 95-99pp

203 같은 책, 98p

204 기독교 영성사전, 고든 웨이크 필드 저, 엄성옥 역, 은성, 2002, 480p

205 신사도적 교회로의 변화, 피터와그너 저, 김영우 역, 쉐키나, 2008 49pp

206 같은 책, 46p

207 같은 책, 48p

208 같은 책, 49p

209 같은 책, 49p

210 교회와 신앙 2013년 03월 17일, "신사도운동은 기독교 대적자이자 이단사상 집합소" 신사도운동에 대한 세이연 연구보고서, http://www.amennews.com/news/articleView.html?idxno=12575

211 영원한 교회, 빌 해몬 저, 박노라 역, CI KOREA, 2008, 351-358pp

212 늦은 비의 유산, "new thing" 찰스 S. 그레이브즈 저
http://blog.naver.com/yoochinw/130034372525

213 영원한 교회, 359-363pp

214 사도와 선지자, 191-196pp

215 늦은비 성령, 애단 저, http://blog.daum.net/dlsdnjs2004/15966883

216 위키 백과 사전, 이스라엘 참조
https://ko.wikipedia.org/wiki/%EC%9D%B4%EC%8A%A4%EB%9D%BC%EC%97%98

217 예언서 개론, 로버트 치즈홀름 저, 강성열 역, 크리스찬다이제스트, 2006, 565-566pp

218 21세기에 읽는 오순절신학, "바울의 종말론을 통해 본 오순절 종말론의 이해" 전용란 저, 105-115pp

219 같은 책, 113p

220 같은 책, 124p

221 영원한 교회, 372p

222 이 내용은 빌 해몬의 영원한 교회를 참조하였다.

223 히브리서 6장 1그러므로 우리가 그리스도의 도의 초보를 버리고 죽은 행실을 회개함과 하나님께 대한 신앙과 2.세례들과 안수와 죽은 자의 부활과 영원한 심판에 관한 교훈의 터를 다시 닦지 말고 완전한 데로 나아갈지니라.

224 사도와 선지자, 30p

225 조직신학 개론, 밀라드 에릭슨 저, 나용화 황규일 공역, 기독교문서선교회, 2007, 요한 계시록 신학, 리챠드 보쿰 저, 이필찬 역, 한국신약학회, 2013, 종말론 강해, 한정건 저, 기독교문서 선교회, 2006, 예수께서 말씀하신 종말, 스프라울 저, 김정식 역, 좋은씨앗, 2003 등을 참조하였다.

226 이에 대한 내용은 오메가, 마이크 비클 저, 남상훈 역, 데보라출판사, 2009 를 참조하였다.

227 백 투 예루살렘 운동 무엇이 문제인가, 279-313pp

228 이에 대한 내용은 선두주자 커뮤니케이션
http://cafe.daum.net/forerunnerkorea 를 참조하였다.

229 하나님을 연인으로 사랑하는 즐거움, 마이크 비클 저, 김주성 역, 순전한 나드, 2009, 인간의 7가지 갈망하는 마음, 마이크 비클, 데보라 히버트 저, 남상훈 역, 순전한 나드, 2008 를 참조하였다.

230 부흥의 우물을 파라, 루 잉글, 캐더린 패인 저, 김영우 역, 쉐키나, 2006 을 참조하였다.

231 이스라엘아! 여호와의 날을 준비하라, 박준서 저, 대한 기독교서회, 2011 을 참조하였다.

232 이스라엘아! 여호와의 날을 준비하라, 30p

233 존 비비어의 음성, 존 비비어 저, 서경의 역, 터치북스, 2012, 36p. 예언 관련한 내용은 존 비비어의 내용을 참조하였고 사도와 선지자, 피터 와그너 저, 책도 참조 하였다.

234 존비비어의 음성, 존 비비어 저, 서경의 역, 터치북스, 2012 을 참조하였다.

235 존 비비어의 음성, 101p

236 사도와 선지자, 151p

237 이 내용은 신사도적 교회로의 변화, 피터와그너 저, 김영우 역, 쉐키나, 2008 를 참조하였다.

238 하나님의 다섯 손가락, 마크 텁스 저, WLI 출판부 역, WLI, 2008 을 참조하였다. 마크 텁스는 5중직임으로 박사학위를 받은 인물이다.

239 DOMINION(도미니언), 피터 와그너 저, 서종대 역, WLI, 2007 을 참조하였다.

240 Intimacy of God, 존 윔버, http://www.piney.com/VineyardIntimacy.html

241 이 찬양 역시 필자의 곡이다.

242 예언적 노래, 스텐 스미스 저, 김아름 역, 유다의 사자, 2009, 185p

243 사도적 왕국 찬양, 딘미첨 저, 김현우 역, HPWM, 2010, 77p

244 같은 책, 68p

245 같은 책, 80p

246 찬양이 하늘에 닿다. 156-158pp

247 예배학 원론, 프랭클린 지글러 저, 정진황 역, 요단, 1999, 99-102pp

248 예배학원론, 지글러 저, 정진황 역, 요단출판사, 1979, 99p. 복음적 예배의 이해, 일리온 존스 저, 정장복 역, 한국장로교 출판사, 1995, 18p

249 성경적 부흥관 바로 세우기, 이안 머리 저, 서창원 역, 부흥과 개혁사, 2008. 187-228pp 을 참조하라.

250 사도적 왕국 찬양, 96p

251 같은 책, 112p

252 찬양의 예언적 목적들, 임동철 저, HPWM, 2007, 15p

253 같은 책, 59p

254 복음주의와 기독교의 미래, 213p

255 "세상을 구원코자 하시는 하나님의 마음을 품고, 일상의 삶 속에서 하나님의 선교에 동참할 수 있도록 인도하는 예배가 바로 선교적 예배인 것이다." 풀러 신학교의 이상훈 교수는 이렇게 선교적 예배를 정의했다. 2012년 워십리더 매거진 12월호 '선교적 교회, 선교적 예배', 이상훈 저, http://worshipleader.kr/theology/1402

256 예배가 보인다 감동을 누린다. 27p